中国装备制造业
自主创新模式与路径研究

彭中文 著

ZHONGGUO ZHUANGBEI
ZHIZAOYE
ZIZHU CHUANGXIN MOSHI
YU LUJING YANJIU

知识产权出版社
全国百佳图书出版单位

图书在版编目（CIP）数据

中国装备制造业自主创新模式与路径研究/彭中文著. —北京：知识产权出版社，2014.6

ISBN 978-7-5130-2793-9

Ⅰ.①中… Ⅱ.①彭… Ⅲ.①制造工业—技术革新—研究—中国 Ⅳ.①F426.4

中国版本图书馆 CIP 数据核字（2014）第 130871 号

内容提要

本书围绕装备制造业自主创新这一中心，借鉴和参考各国提升装备制造业自主创新能力的经验，深入系统地总结了国内外装备制造业自主创新的经验教训，梳理了装备制造业自主创新的影响因素及作用机制，通过定性与定量、实证研究与规范研究相结合的方法，结合中国装备制造业的发展实际开展了深入的研究和探讨。最终构建装备制造业自主创新的测度指标体系；建立静态面板模型和动态面板模型研究影响我国装备制造业自主创新能力的因素；运用数据包络分析方法对我国装备制造业的七个子行业的大中型工业企业自主创新能力的研发投资的技术效率、纯技术效率、规模效率和规模报酬进行分析与评价；并提出推动中国装备制造业自主创新能力快速提升的对策建议。

责任编辑：许　波　　　　**责任出版**：谷　洋

中国装备制造业自主创新模式与路径研究

ZHONGGUO ZHUANGBEI ZHIZAOYE ZIZHU CHUANGXIN MOSHI YU LUJING YANJIU

彭中文　著

出版发行：知识产权出版社有限责任公司　**网　址**：http：//www.ipph.cn
社　址：北京市海淀区马甸南村1号　**邮　编**：100088
责编电话：010-82000860 转 8380　**责编邮箱**：xbsun@163.com
发行电话：010-82000860 转 8101/8102　**发行传真**：010-82000893/82005070/82000270
印　刷：北京中献拓方科技发展有限公司　**经　销**：各大网上书店、新华书店及相关专业书店
开　本：787mm×1092mm　1/16　**印　张**：14.25
版　次：2014年7月第1版　**印　次**：2014年7月第1次印刷
字　数：248千字　**定　价**：48.00元
ISBN 978-7-5130-2793-9

前　言

装备制造业是为国家经济各部门提供技术装备的产业，被誉为“工业母机”，是制造业的核心和基础，也是关系到国计民生和国家安全的战略性产业，关联度高，技术资金密集，是产业升级和技术进步的重要保障。从发达国家的经济发展历程来看，它们都是把优先发展装备制造业作为工业化的基础，并依托强大的装备制造业成为世界工业强国。一个国家的装备及其设计制造水平，特别是大型装备的设计制造水平是这个国家硬实力大小及强弱的重要表征。“建设创新型国家”已成为中国的一项基本国策，装备制造业自主创新能力和整体发展水平决定了中国的经济实力、科技实力、国防实力及其在全球竞争中的地位，提高装备制造业自主创新能力对中国经济的稳健、快速发展具有重要的意义。

装备制造业自主创新水平是反映一个国家或地区经济素质、综合实力和国际竞争力强弱的重要标志。在系统分析国内外装备制造业自主创新相关文献、了解最新的自主创新的相关理论和研究方法的基础上，本书围绕装备制造业自主创新这一中心，借鉴和参考各国提升装备制造业自主创新能力的经验，深入系统地总结了国内外装备制造业自主创新的教训，梳理了装备制造业自主创新的影响因素及作用机制，通过定性与定量、实证研究与规范研究相结合的方法，结合中国装备制造业的发展实际，开展了深入的研究和探讨。在总结以往调查研究的基础上，深入地分析研究了装备制造业自主创新能力理论及其自主创新现状；对世界各国装备制造业自主创新经验和模式进行比较分析；从装备制造业自主创新动力机制分析入手，研究了我国装备制造业自主创新模式的条件，并在此基础上，提出了中国装备制造业自主创新的三种基本模式及其实现形式，分别是引进—消化吸收—再创新模式、产学研三螺旋自主创新模式及集群式自主创新模式；从生物群落进化的角度出发，基于演化博弈理论，系统分析了装备制造企业自主创新投资的演化过程，利用演化博弈理论对装备制造业自主创新投资及创新合作与竞争行为进行了演化博弈分析；介绍了测度自主创新能力的具体方法，对自主创新能力的测度指标取值并建立相应的测度模型，最终构建装备制造业自主创新的测度指标体系，建立静态面板模型和动态面板模型研究影响我国装备制造业自主创新能力的因素，运用数据包络分析方法对我国装备制造业的七个子行业的大中型工业企业自主创新能力的研发投资的技术效率、纯技术效率、规模效率和规模报酬进行分析与评价；从政府宏观层面、行业层面和企业层面提出推动我国装备制造业自主创新能力快速提升的对策建议。

书在吸收国内外有关自主创新最新研究成果的基础上，尽量反映自主创新的核心内容，又兼顾装备制造业发展的最新研究成果，还要考虑体系的相对完整性。由于装备制造业自主创新的研究时间还很短，有关这方面的理论和方法还很不成熟，笔者在前人研究成果的基础上，在相关理论成果的基础上，通过借鉴、引用和发展等研究方法的采用，努力把它作为一个框架体系来构建。在本书的写作过程中，我们参阅和引用了国内外大量的文献和数据，其中绝大部分都一一注明了出处，我们向各位文献作者表示深深的谢意，如果由于我们的疏忽有个别之处未注明出处，在此我们深表歉意。本书内容来源于国家社科基金项目“提高我国装备制造业自主创新能力对策研究”，从本书的写作到出版均获得湘潭大学商学院有关领导、老师的大力支持和帮助；同时也对参与该书写作过程当中付出大量辛勤劳动的熊炬成、倪佳杰、王媚华、文磊、文亚辉、丁超等硕士研究生表示诚挚的谢意，他们为本书在资料收集等方面做了大量的工作，也参与了部分章节的讨论和写作；知识产权出版社的许波老师对此书的完善也提出了很好的建议。最后，由于作者的水平有限和研究时间较短，本书一定还存在许多不成熟之处，恳请同行前辈批评指正，以待今后的深入研究。

彭中文

2014 年 5 月

目　录

第1章 导 论

装备制造业是为国家经济各部门提供技术装备的产业，被誉为“工业母机”，是制造业的核心和基础，也是关系到国计民生和国家安全的战略性产业，关联度高，技术资金密集，是产业升级和技术进步的重要保障。“建设创新型国家”已成为中国的努力方向，装备制造业自主创新能力和整体发展水平决定了中国的经济实力、科技实力、国防实力及其在全球竞争中的地位。

1.1 问题的提出及意义

目前世界上发达国家基本都是装备制造业强国。从发达国家的经济发展历程来看，它们都是把优先发展装备制造业作为工业化的基础，并依托强大的装备制造业成为世界工业强国。一个国家的装备及其设计制造水平，特别是大型装备的设计制造水平是国家硬实力的重要表征。装备制造业是为国民经济发展和国防建设提供技术装备的基础性、战略性产业，是国家综合实力和技术水平的重要体现，也是国家安全的重要保障，其发展水平体现了一个国家的工业化水平和国际竞争力。

装备制造业处于价值链高端和产业链核心环节，是推动工业转型升级的引擎。党中央、国务院非常重视装备制造业的发展，十六大、十七大、“十一五”规划都对装备制造业发展提出了明确要求，如在《国务院关于加快振兴装备制造业的若干意见》（2006 年）《国家中长期科学和技术发展规划纲要（2006—2020 年）》（2006 年）《装备制造业调整和振兴规划》（2009 年）《国务院关于加快培育和发展战略性新兴产业的决定》（2010 年）《国家“十二五”战略性新兴产业发展规划》（2011 年）《工业转型升级规划（2011—2015 年）》（2011 年）《高端装备制造业“十二五”发展规划》（2012 年）中，出台了一系列重大决定和政策支持，从国家层面提出装备制造业的目标、原则、任务和政策，着重提出要增强中国装备制造业的自主创新能力建设。未来 10

年，装备制造业正肩负由“中国制造”到“中国智造”的重任，在这个转变过程中，高新技术产业园区的装备制造业集群成为发展的主力军。

中国装备制造业经过60多年的技术引进和自主创新，发展比较快，技术水平也有了大幅度提高，掌握了一批重大技术装备的关键技术，为国民经济各部门提供大型、成套装备的能力日益增强，并已成为世界装备制造业大国之一。2009年中国装备制造业的销售额达到1.5万亿美元，超过了日本的1.2万亿美元和美国的1万亿美元，跃居世界第一，其中一批企业进入了全球领先行列。但总体上还处于规模总量大但技术含量和附加价值低、制造能力强但自主研发设计能力弱、引进装备多但消化吸收再创新能力不足、单机制造能力较强但成套制造和工程总承包能力薄弱的不均衡发展状态，形成了引进—落后—再引进—再落后，反复引进的局面。装备制造业很多领域还停留在国际分工的低端，大部分产品是依靠低廉劳动力和以资源浪费、环境污染为代价而形成国际比较优势，我们只能被称为非创新的国际“加工中心”，还远未成为世界制造中心和世界装备制造业强国。近年来，中国全社会固定资产设备投资的三分之二都靠进口支撑，大部分关键产品及技术没有自主知识产权，其中光纤设备、集成电路、高端纺织设备、高级数控机床、大型石化设备、重型燃气轮机、核电设备及高端医疗设备等几乎全部依靠进口。作为装备制造业“心脏”的关键技术和核心技术大多数被控制在跨国公司手中，形成所谓“中国身外国芯”的现象。

长期以来，由于认识上的偏差和战略上的失误，中国装备制造业自主创新能力薄弱、缺乏核心技术，在很多战略性装备制造产品上严重受制于人，从而使得装备制造业的整体竞争力不强。Lee等（2001）认为，发展中国家在初期可以依赖进口技术结合当地廉价的劳动力来增加市场份额，但当市场份额增长到一定程度时，技术获取将变得越来越困难，且成本更高，因此企业需要进行自主创新。可见，自主创新是发展中国家实现技术追赶与市场份额追赶互动的动力源泉，因而更具紧迫性。目前，中国经济发展正处于高速增长的调整期，由经济大国转向经济强国；经济增长方式由粗放型转变为集约型；自主创新能力由弱转强；产业结构转型升级。针对中国装备制造业的自主创新能力弱、对外依存度高、核心竞争力滞后等问题，探索出一条具有中国特色的自主创新之路是振兴中国装备制造业的必然选择，尽快制定增强中国整体装备制造业自主创新能力、培育持久强大国际竞争力的政策措施，具有非常重大的理论与现实意义。

1.2 相关概念的界定

1. 装备制造业

目前，世界其他国家和国际组织尚无“装备制造业”的概念。中国提出装备制造业这个概念，主要是为了区别于一般的加工制造业。它的正式出现，见诸于1998年中央经济工作会议明确提出的“要大力发展装备制造业”。[1]

通常而言，装备制造业可以从两个方面来界定，一是从其重要性出发，装备制造业是指为国民经济发展和国防建设提供技术装备的基础性、战略性产业，具有技术含量高、产业关联度大、带动能力强和资源能源消耗低等特点；二是从其本质特性出发，装备制造业是为国民经济各部门进行简单再生产和扩大再生产提供生产工具的制造部门的总称。

综上，装备制造业又称装备工业，主要是指资本品制造业，是为满足国民经济各部门发展和国家安全需要而制造各种技术装备的产业总称。《国民经济行业分类》（GB/T 4754—2011）将装备制造业分为七大类：金属制品制造业、通用设备制造业、专用设备制造业、交通运输设备制造业、电气机械及器材制造业、通信设备和计算机及其他电子设备制造业、仪器仪表及文化办公用机械制造业，7个大类下设46个中类，185个小类。

2. 自主创新

“创新”一词最早是由美籍奥地利学者熊彼特（Schumpeter）在1912年出版的《经济发展理论》一书中提出的，用以指在生产体系中引入“新的组合”。这种新的组合包括：引进新的产品，引用新技术，开辟新市场，控制原材料新供应来源，实现新工业组织。创新发展理论的实践使经济社会得到快速发展，创新成为经济社会发展的根本动力。

广义上，自主创新是指创新主体依赖自身所具有的能力和资源进行创新并完成创新的活动。自主创新中知识、技术或制度等方面的关键性突破是依靠自身力量完成的，这是自主创新的本质特点。一般来说，自主创新所具有的率先性不但为创新者在竞争环境中优势地位的确立提供前提，而且可能导致大量的渐进创新。各种创新活动中，自主创新是最具主动性，同时也是最具难度性的创新形式。

---

[1] 中央经济工作会议：《经济日报》，1998年12月10日，第1版。

狭义上，自主创新是指企业通过自身的努力和探索产生技术突破，攻破技术难关，并在此基础上依靠自身的能力推动创新的后续环节，完成技术的商品化，获取商业利润，达到预期目标的创新活动。

自主创新是中国自行提出的一个组合名词，因此在国外没有等同的概念，不过还是有比较相似的概念，内生创新（endogenous innovation）便是与自主创新类似的概念。

杨德林、陈宝春（1997）认为，企业自主创新是指依靠自身力量独自研究开发、进行技术创新的活动。傅家骥教授（1998）[1] 早在 1998 年就指出，自主创新是企业通过自身的努力或联合攻关探索技术的突破，并在此基础上推动创新的后续环节，完成技术的商品化，获得商业利润，以达到预期目标的一种创新活动。刘凤朝等（2005）[2] 指出，从一般意义上说，自主创新是创新主体依靠自身或主要依靠自身的力量实现科技突破，进而支撑和引领经济社会发展，保障国家安全的活动。虽然不同领域的人对自主创新的理解有着不同的观点，但其一些重要的特征可归结如下：一是在核心技术上的自主突破；二是关键技术的领先开发；三是新市场的率先开拓。因此，装备制造业自主创新是指装备制造企业以自身的研究开发为基础，通过围绕核心技术的突破及获取自主知识产权的一系列研究活动，一般包括原始创新、集成创新、引进消化吸收再创新。

3. 原始创新

原始创新是指独立开发一种全新技术并实现商业化的过程。也有观点认为，原始创新是指“元创新”（meta - innovation），即是一种观念上的根本性创新，由元创新将会带出其他科技创新。

原始创新是指重大科学发现、技术发明、原理性主导技术等原始性创新活动。原始创新成果通常具备三大特征：一是首创性，研究开发成果前所未有；二是突破性，在原理、技术、方法等某个或多个方面实现重大变革；三是带动性，在对科技自身发展产生重大牵引作用的同时，对经济结构和产业形态带来重大的变革，也就是在微观层面上将引发企业竞争态势的变化，在宏观层面上则有可能导致社会财富的重新分配、竞争格局的重新形成。

---

[1] 傅家骥．技术创新学［M］．北京：清华大学出版社，1998.

[2] 刘凤朝等．基于集对分析法的区域自主创新能力评价研究［J］．中国软科学，2005，（11）：83 －91.

4. 集成创新

集成创新指把已有技术单项有机地组合起来、融会贯通，构成一种新产品或经营管理方式，创造出新的经济增长点。集成创新的主体是企业，集成创新的目的是有效集成各种要素以创造更大的经济效益。

集成创新是利用各种信息技术、管理技术与工具等，对各个创新要素和创新内容进行选择、集成和优化，形成优势互补的有机整体的动态创新过程。集成创新强调灵活性，重视质量和产品多样化。金军、邹锐（2002）认为集成创新是创新行为主体的优化、选择搭配，相互之间以最合理的结构形式结合在一起，形成一个由适宜要素组成的，相互优势互补、匹配的有机体，从而使有机的整体功能发生质变的一种自主创新过程。李文博、郑文哲（2004）认为集成创新是创新主体将创新要素优化，整合相互之间以最合理的结构形式结合在一起，形成具有功能倍增性和适应进化性的有机整体，通过组织学习为商业创新和竞争优势创建一个管理秩序。集成创新的概念虽然还无定论，但无论何种表述都一致认为，集成创新的主体是企业，集成创新的目的是有效集成各种要素，在主动寻求最佳匹配要素的优化组合中产生“一加一大于二”的集成效应，更多地占有市场份额，创造更大的经济效益。现代企业集成创新以提高企业持续的整体竞争力为目标，创新过程与创新资源创造性地集成与协同。

5. 引进消化吸收再创新

引进消化吸收再创新是指在引进国内外先进技术的基础上，学习、分析、借鉴，进行再创新，形成具有自主知识产权的新技术。引进消化吸收再创新是提高自主创新能力的重要途径。发展中国家通过向发达国家直接引进先进技术，尤其是通过利用外商直接投资方式获得国外先进技术，经过消化吸收实现自主创新，不仅大大缩短了创新时间，而且降低了创新风险。

1.3 文献评价

目前国内对装备制造业自主创新的研究主要涉及装备制造业自主创新的现状分析、模式分析、能力评价，以及提升对策等方面。

1. 关于装备制造业自主创新现状研究

陈至立（2005）认为，中国几乎全部光纤制造设备、集成电路制造装备的85%、石化设备的80%、数控机床的70%、医疗装备的95%依赖进口，装备制造业自主创新是国家的重大战略抉择；中国机械工程学会荣誉理事长陆燕苏（2007）研究发现，尽管中国装备制造业规模大，但是从总体上来看是“量大质弱”，即素质比较弱，能力比较弱，这突出反映了我们的自主创新能力不强。一般的产品加工制造需求我们可以满足，但是国民经济发展急需的重大成套装备和高技术装备仍然有很大一部分需要进口，对外依存度比较高；夏美霞（2004）、王家青、高全杰、张国宝（2004，2006，2008）等学者都认为，与发达国家相比，中国的装备制造业在自主创新能力上还存在着明显的差距。中国装备制造业仍停留在引进技术这种创新模式上，宏观调控不力，开展技术创新的联动体系没有形成，研发资金投入匮乏。尽管中国装备制造业取得了很大的发展，但创新能力仍旧比较弱，自主创新能力严重制约着装备制造业的可持续发展和国际竞争力的提高。

2. 关于装备制造业自主创新模式研究

国内较早使用“自主创新”概念的是浙江大学陈劲教授（1994），他对技术引进到自主创新中的学习模式进行了研究，认为研究开发中学习的是自主创新过程中的主导学习模式，只有通过研究与开发才能掌握技术的本质。杨德林、陈宝春（1997）认为，企业自主创新是指依靠自身力量独自研究开发，进行技术创新的活动。它具有三个显著的特点：一是在核心技术上的自主突破；二是关键技术的领先开发；三是新市场的率先开拓。毛蕴诗（2006）等认为自主创新就是引进—消化吸收—模仿—自主创新，是一个积累和学习的过程，在模仿和积累的过程中形成自己的自主创新能力。

目前大部分学者认为装备制造业自主创新包括原始创新、集成创新、技术引进消化吸收再创新等三种模式。一些学者对装备制造业的具体产业的自主创新模式进行了研究。陆燕荪（2006）对中国电力装备制造行业自主创新模式进行了分析和研究；陈志、苏文凤等（2007）对农业装备的技术原始创新模式、技术集成创新模式、技术引进消化吸收再创新模式进行了分析，并对农业装备制造业自主创新体系建设、提高行业自主创新能力的战略和关键技术三个方面进行了细化研究；田硕（2007）结合国内外现有研究成果，对中国汽车产业的发展环境进行了分析，对合资企业的创新模式、民族汽车企业的集成创新和反向 FDI 创新模式进行了论述，并对自主创新模式的选择进行了探索。

3. 关于提高中国装备制造业自主创新能力研究

这方面的研究涉及新技术的来源、自主创新的主体问题、产业集群化与企业自主创新的关系等三个方面。许多学者认为“自主”是针对“引进”，即针对中国在过去一段时期内过分依赖引进技术而言的，因此在学术界和实业界达成共识，认为自主创新绝不是闭门造车，我们既要引进吸收，又要强调自主，还要以开放的态度进行合作创新。

中国社会科学院研究员史丹（2002）认为，装备制造业发展的最大问题是缺乏核心技术，对国外先进技术仍然有很强的依赖性，提高装备制造业技术的独创性才是振兴装备制造业的根本出路；王乃静（2006）分析总结了潍柴动力股份有限公司在技术引进、消化吸收和再创新中的成功经验，以期能为中国企业的自主创新提供一条可供借鉴的有效路径；宋河发（2006）认为中国特有的国情决定了本国企业自主创新能力的路径演进不能等同于韩国和日本，中国企业自主创新的模式应当“确立自主创新目标—自主创新设计—存量技术扫描—创新—获得自主知识产权—必要的知识产权引进—自主实施的模式演进”；王小产（2006）认为在“十一五”期间重点是提高集成创新能力和引进消化吸收再创新能力；贺伟，刘明霞（2006）提出，企业应该重视其R&D商业化能力的改善，因为它为企业在技术创新活动中实现真正意义上的自主提供了必要的资源支持，是企业实现自主创新战略的必然选择；马野青，张二震（2007）指出企业在重视重大科技原始创新的同时，更应注重集成创新、引进消化吸收再创新，努力将跨国公司的创新活动纳入本国的自主创新体系。

关于装备制造业自主创新实证方面的研究近几年来也越来越多。有些学者探讨了装备制造业区域集聚和技术创新之间的影响机制，认为区域集聚有利于提升装备制造业的自主创新能力（李凯，李世杰，2004，2005；霍春辉，刘力钢，2008；赵忠华，赵凌飞，2008；刘春芝，2008；彭中文等，2009，2011；郭思等，2011）。王章豹和孙陈（2007）在分析产业技术创新能力概念和内涵的基础上，设计了由创新支撑保障能力、创新资源投入能力、技术成果转化能力、技术创新产出能力和技术创新环保能力5大模块共18个指标构成的技术创新能力评价指标体系，并用主成分分析法建立评价模型，以装备制造业7个行业作为研究样本，对其技术创新能力进行了定量评价和实证分析；谭蓉娟等（2008）通过实证分析，对珠江三角洲装备制造行业自主创新能力进行了量化研究；冯梅（2008）通过对1996—2000年中国装备制造业的技术进步情况进行了实证研究，分析了技术进步路径、工业化模式及制度变迁对技术进步的影响，指出现阶段提高装备制造业的技术贡献率，可以通过制度的变迁实现全球范围内要素的重组、自身创新能力的提高和重点技术的突破；杨东奇、杜军、刘晓林、谭绍鹏（2003，2008，2009）分别对黑龙江省、湖北省和辽宁省的装备制造业自主创新能力进行了实证研究；吴勇刚、李春燕（2010）将自主创新能力评价指标分为创新投入与产出和创新效率两部分，通过对中国装备制造业自主创新能力进行实证分析，发现装备制造业自主创新投入与创新效率存在相当大的不一致性，缺乏自主创新及技术创新效率低下是制约中国装备制造业发展的瓶颈；一些学者对集群式创新进行分析，探讨了东北装备制造业的发展（霍春辉、刘力钢，2008；赵忠华、赵凌飞，2008；刘春芝，2008）。于伟和倪慧君（2010）分析了模块化设计的关键因素和升级机制，并以台湾新竹产业集群为例进行了实证分析。欧光军等（2010，2011）通过阐述产品创新系统化理论逻辑入手，运用系统协同思想构建了基于集群产品创新有序集成的集群知识互动价值创造网络系统，提出基于价值创造知识网络和集群学习机制的集群协同创新模式。张宝辉（2010）指出区域装备制造业自主创新优势依赖于规模经济、产业集群、网络化制造的形成，而这些优势的形成主要是对现有的工业体系、知识结构、区位优势进行创新升级，从而提高区域装备制造业的科技含量和配置水平。王章豹和郝峰（2010）在分析创新和产业创新力的内涵及构成要素的基础上，设计了由技术创新、制度创新、市场创新三方面指标构成的指标体系，尝试采用因子分析和黄金分割相结合的方法，对中国内地 28 个省、市的装备制造业产业创新能力进行了综合评价和聚类分析。

第2章　装备制造业自主创新的理论基础

随着经济全球化的快速发展，依靠科技进步来提高自主创新能力成为全球竞争的焦点。本章主要是围绕自主创新能力的理论基础和基本模式进行深入探讨，对于进一步深化中国装备制造业的自主创新研究，具有重要的理论和现实意义。

2.1　自主创新理论

不论是对一个国家还是对一个企业而言，自主创新既是一种技术创新的战略模式，同时又是一种能力的表征。自主创新的概念是由中国率先提出来的，并且在新的发展阶段不断地得到完善和积累，形成了较为科学的理论体系。本小节主要从自主创新的基本模式着手，探析自主创新过程，并总结出自主创新战略的理论框架。

2.1.1　自主创新的基本模式

具体来说，自主创新的基本模式主要包括以下三个方面：一是通过原始创新获得更多的科学发现和技术发明；二是在引进国外先进技术的基础上，积极促进消化吸收和再创新；三是通过集成创新，使各种相关技术有机融合，形成具有市场竞争力的产品和产业。因而，自主创新在原始创新、引进—消化吸收—再创新和集成创新三个层面上进行，是在原始创新、引进—消化吸收—再创新和集成创新三个层面上创新能力此消彼涨的演化过程（图2－1）。

1. *原始创新模式*

原始性创新是指第一次系统地提出具有自主知识产权的基本概念、基础理论或首次做出重大发现。原始性创新的成果在世界范围内是突破性的，其结果是推动常规学科的“范式”变革，或开辟新的研究方向、新的研究领域、或开创新的学科。这样的创新大致集中在四个领域：基础研究领域的重大突破；

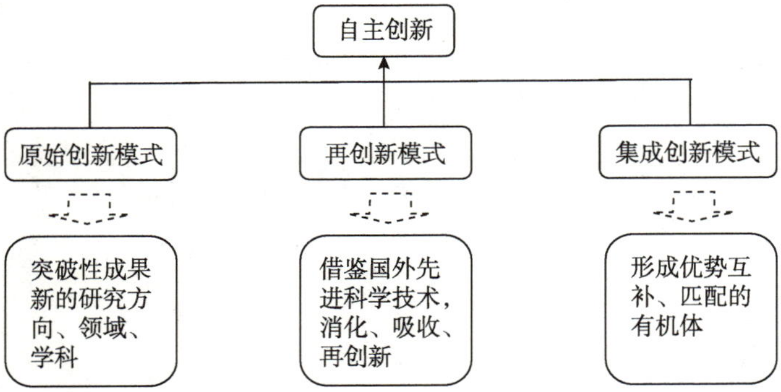

图2－1　自主创新的基本模式及其实现

高技术领域内的根本性创新；重大工程项目的自主设计与完成；管理领域内重大变革和社会科学领域内的新成就。

原始创新模式是创新主体以自身的研究开发为基础，通过实现科技成果的商品化，进而获取商业利益的创新活动。它具有率先性，是市场的领导者，其他企业只能是跟随者。由原始创新产生的核心技术来源于创新主体系统内部的技术积累和突破，这是它区别于其他创新模式的本质特点。此外，在原始创新模式中，技术创新的后续过程也都是通过创新主体自身知识与能力的支持实现的。

原始创新模式具有很大优势。一是有利于创新主体在一定时期内掌握和控制某项产品或工艺的核心技术，在一定程度上左右行业的发展，从而赢得竞争优势。二是在一些技术领域的原始创新往往能导致一系列的技术创新，带动一批新产品的诞生，推动新兴产业的发展。三是有利于创新主体先于竞争对手积累起生产技术和管理经验，获得产品成本和质量控制方面的经验。四是原始创新产品初期处于完全独占性垄断地位，有利于创新主体较早建立原料供应网络和牢固的销售渠道，获得超额利润。

当然，原始创新模式的应用也相应具有较大的难度。首先，需要巨额资金和研发投入。原始创新不但要求企业在研究与开发领域投入巨资，而且还必须拥有实力雄厚的研发队伍，具备一流的研发水平。其次，原始创新还具有高风险性。原始研发的成功率相当低，即使在一些发达国家，基础性研究的成功率也没有超过10%，在应用研究中能给企业带来利润的仅仅不到20%。另外，原始创新还具有周期性长、市场开发难度大等特点，这些特点足够说明原始创新模式的实现是相当不容易的。

2. 引进消化吸收再创新模式

要提高一个国家或一个企业的自主创新能力，通过引进消化吸收再创新模式，在对外来技术消化、吸收的基础上进行创新，也是提高自主创新能力的途径。自主创新要在广泛吸收全球科学成果、积极引进国外先进技术的基础上，充分进行消化吸收和再创新。在当今日益开放的国际环境下，我们应当从更多的途径和方式学习借鉴国外先进科学技术。

引进消化吸收再创新模式的技术创新源在创新主体系统的外部，这是一种源于引进技术基础上的自主创新。它是国际上技术相对落后的国家和地区实现跨越式发展的普遍做法，在国内各类企业中的应用已相当广泛。大量的典型案例表明，这种模式是创新主体通过学习模仿率先创新者的方法，引进、购买或破译率先创新者的核心技术和技术秘密，并以此为基础进行消化吸收、二次开发和再创新的过程。

此外，该模式还具有技术上的跟随性、产品的差异化和市场适应性强等特点，以及研发周期短、开发成本低、成功率高等优点。但同时，模仿创新模式也具有明显的弱点。一是在技术上具有较大的被动性、缺乏超前性。当新的原始创新高潮到来时往往处于从属的地位、不利的境地，如日本企业在信息技术革命中就处于从属的地位。二是还可能受到率先创新者技术壁垒、市场壁垒的制约，有时还面临法律、制度方面的障碍等。

正因为如此，对引进消化吸收再创新模式的应用有必要注意以下几点：一是要强化消化吸收。企业引进技术必须把技术创新放在更加突出的重要地位。通过消化吸收将先进技术融入企业的研发和生产体系，在消化吸收基础上力争实现创新，并形成具有自主知识产权的技术体系。二是要立足于自主创新。对于能够引进、可以降低创新成本的技术，以引进为主；对于不能引进的关键技术和核心技术，一定要力争自主开发。三是在由引进吸收向二次创新的过渡中，强化实施自主创新和知识产权战略。

3. 集成创新模式

集成创新是创新行为主体采用系统工程的理论与方法，将创新要素经过主动的优化、选择搭配，相互之间以最合理的结构形式结合在一起，形成一个由适宜要素组成的、相互优势互补、匹配的有机体，从而使有机体的整体功能发生质的跃变的一种自主创新过程。这个定义说明了集成创新具有自主创新的内在特点，即集成创新和原始性创新都是创新行为主体的自主创新过程，都具有创新行为主体的主动意识和行动。

集成创新的技术创新来源在于创新主体系统内外部创新要素的持续融合，它是一种源于系统创新要素集成基础上的自主创新。集成创新模式已成为国际上大型跨国公司制胜的法宝，目前在大中型企业中的应用日益突出。这种模式是创新主体利用各种信息技术、管理技术等，对各种创新要素进行选择、优化和整合，以最佳的结构结合成为一个有机整体，形成具有功能倍增和能适应更大目标的自主创新过程。大量的典型案例表明，集成创新具有以下显著特征：首先集成创新具有系统的层面性，即以系统的信息、技术、资金、人才、知识、战略、组织等要素集成为基础，又区别于单一的将信息、技术、知识、战略和组织等要素简单集成，集成创新的这一特征要求企业进行任何层面的创新都不仅仅是要素的组合，更是要按照既定的目标来组织和集成资源。其次，集成创新具有要素的协同性特征。这一特征要求创新主体具有一定知识、能力、资源等创新要素，经过有目的、有意识的比较选择，其各成员既能发挥各自的最大优势，又能够在相互之间实现优势互补和高度协同。集成创新更注重操作层面、管理层面和战略层面的优化集聚，以整合企业的资源和能力为主要手段，有效地促进创新主体系统核心竞争能力的形成和发展。最后，集成创新还具备持续的融合性特征。集成创新的关键在于实现创新的持续融合。而持续融合主要通过横向与纵向的创新要素和环节联系起来，即横向上加强设计、研发、中试、生产、销售的内部协作信息化，向前、后端环节延伸的供应链协作信息化；而在纵向上从业务操作层面和管理层面向决策层面提升，实现企业内外部资源的集成与共享，提升供应链的协同能力。

集成创新的上述特征说明，创新主体在把世界上一流的技术与产品进行有效利用的同时，还能够充分发挥自身的技术力量优势，通过对特定目标的各要素和各层面的系统集成，在较短时间内形成自己的产品，再配合自己的品牌战略，率先占领市场，从而取得经济竞争上的主动权。在这一过程中，不但加速培养了自己的技术力量，尽快了解和掌握先进技术的产品本质特征，而且还为最终掌握这一领域的核心或关键技术打下了基础。此外，集成创新还要求创新主体增强自身的集成能力。在企业实现自主创新的过程中，由于信息、知识、战略、组织、文化等集成能力对企业创新活动有更为显著的影响，因此，只有把各种创新要素和层面进行有效的系统集成，企业技术创新才可能取得最佳效果。

2.1.2 基于模式发展的自主创新过程

通过对自主创新基本模式的分析和探讨，可以知道要想实现企业自主创新，必须要经历相对复杂的自主创新过程才能得以实现，因此，本部分内容主要从上述分析的模式入手，分析企业在这些模式发展中是怎样逐步实现自主创新的。

1. 基于研究与发展的自主创新过程

不同类型的自主创新有不同的模式，以研究与发展为基础的原始创新过程模式的基本形态如图 2－2 所示。

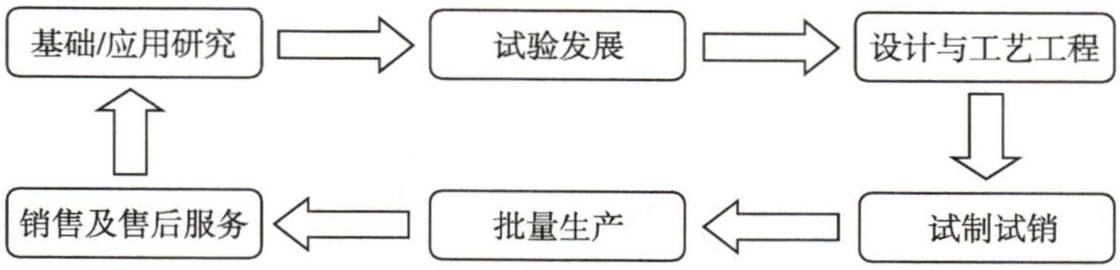

图 2－2　以研究与发展为基础的原始创新过程模式

这是一种自主开发的技术创新模式，主要用于全新创新、重大的突破型技术创新。它需要有很大的资源投入、较大的研究与发展资金和研究与发展力量投入。运用这种模式，必须有较雄厚的技术力量，特别是研究与发展的力量，并具有较多的技术积累。

2. 基于技术集成的自主创新过程

“集成创新”中的“集成”，是与知识创新全过程匹配的“集成”，也是通过体制创新使参与知识创新的各要素能集合为一个利益主体的“集成”，本质上是创新要素的交叉和融合。集成首先是对不同创新要素的主体的集成，通过集成平台，提供一种组织方式和环境安排，包括硬件环境和软件环境。集成创新平台形成组织的核心能力，包括系统整合能力和在某一领域进行研究开发的能力。

集成创新从技术应用的市场需求出发，形成产品概念，以开放的产品建构来选择和整合各种技术，开发出在市场上具有竞争优势的产品（图 2－3）。对于中国企业来说，就是主动根据本土市场需求结构的特点来定义产品的性能特征，摆脱对外国产品设计和技术方案的盲从，选择相应的技术并开发出具有竞争力的产品。集成创新通过集成各种单项和分散的相关技术成果，可以确立企业竞争优势和国家科技创新能力。

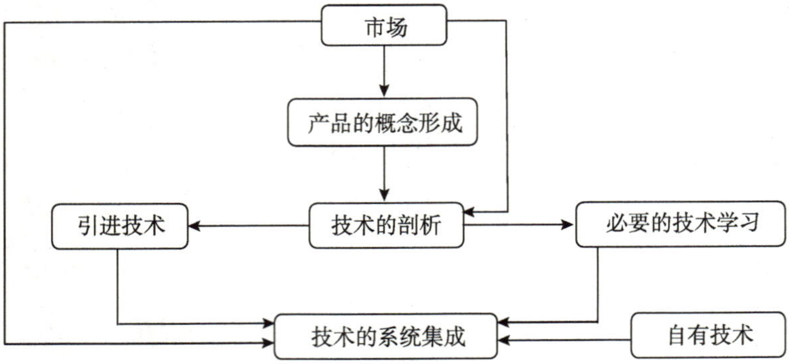

图 2－3　基于技术集成的自主创新过程

资料来源：江辉，陈劲. 集成创新：一类新的创新模式［J］. 科研管理，2000，21（5）.

3. 基于引进、消化吸收的再创新过程

引进、消化吸收再创新过程反映了一个反向的技术能力积累过程。它遵循的进化过程如图 2－4 所示。

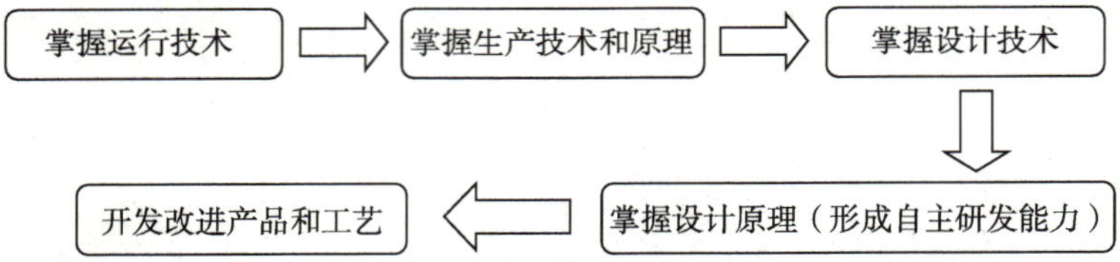

图 2－4　基于引进、消化吸收的再创新过程

联系中国的实际，突破传统引进、消化吸收、再创新的封闭式线性观点和西方技术创新理论的束缚，关注引进、消化吸收、再创新的动态性，根据自身能力及引进技术所处的阶段和水平，适时地进行功态的技术引进，并加强自主研究与发展的结合。

以引进消化为基础的引进、吸收再创新的模式，适用于技术力量尤其是研究发展力量不足、可用于研究与发展的资金不足的情况。可在有限资金和技术力量条件下尽快地满足经济发展的需要，并在较短期限内通过引进消化与吸收，积累技术能力、提高研究与发展水平，以便在不久的将来，迎头赶上发挥后发优势。

一般来说，发展中国家大多采取这种二次创新的模式。表 2－1 表示了引进、吸收再创新动态模式的特点，在模仿阶段、消化吸收阶段和改进创新阶段各有不同。

表 2 – 1　引进、吸收再创新动态过程的特点

	模仿阶段	消化吸收阶段	改进创新阶段
竞争焦点	产品质量	降低成本	改进的产品性能
创新动力	内部技术瓶颈	社会需求内部技术瓶颈	新市场需求
创新主要类型	工艺创新	工艺创新产品衍变	改进型产品创新
产品种类	单一	标准产品系列化	产品多样化
生产过程	向预订方式跃迁	适应性调整	高效、稳定
组织管理	强调目标与规则	标准化、专业化	发挥企业家作用
主导战略	尽早打入市场	低成本、高质量扩大市场	多样化开拓新市场

资料来源：许庆瑞. 研究、发展与技术创新管理［M］. 北京：高等教育出版社，2000：73.

2.1.3　自主创新战略的动态理论框架

通过前面对自主创新内涵、特征、过程及模式等的分析，可以清楚地看到自主创新和自身能力是“互为驱动、互动增强”的，创新为能力提供源泉，能力为创新找到出口和基础。企业从创新行为到创新战略的转变，是与企业能力成长息息相关的，其转变标志在于创新能否促进企业能力的发展。没有促进企业能力或与企业能力相关的创新仅仅是偶然性的创新行为，并不能称为创新战略，创新只有增强企业能力并实现互动演进才能称为创新战略的形成。因此，仅有创新是不够的，必须将创新和能力纳入到战略框架中才能使二者获得有效连接。在此，将构建关于企业自主创新战略的动态理论框架，如图 2 – 5 所示。

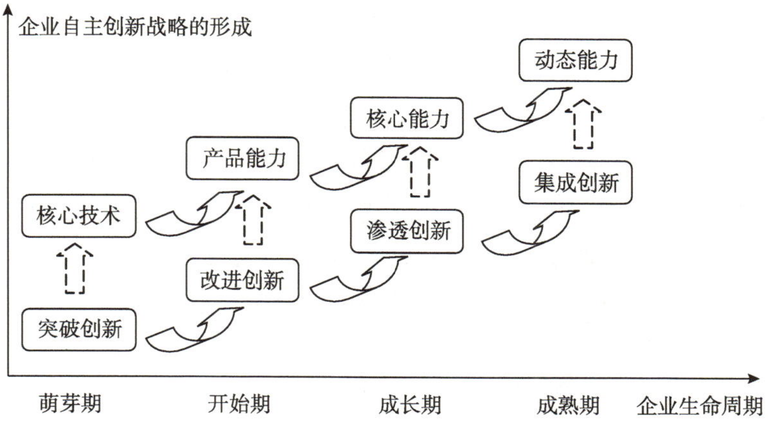

图 2 – 5　企业自主创新战略的动态理论框架

企业自主创新战略是一个基于时间的动态概念，在不同的阶段有着不同的特征和表现形式。它的形成是一个复杂的动态累积过程，是遵循着创新和能力“互动增强”的路径发展演进并最终形成的，从突破创新、改进创新、渗透创新到集成创新，从核心技术、产品能力、核心能力到动态能力，这一系列演化并不是时间序列上简单的承接过渡，而是一种战略层次的累积跃升，呈现出螺旋式上升的发展轨迹，体现了企业创新和能力伴随着企业成长的不断增强。

自主创新战略并不是任何企业一开始就能选择的，它还受到企业家创新精神、创新人才资源投入及企业组织结构等重要因素的影响。

首先，成功企业的一个重要经验在于思想观念的领先，企业家精神即为这种创新思想的核心所在。企业的创新需要敢于承担风险、有目的地寻求创新源泉、善于捕捉变化、并把变化作为可供开发利用的机会的企业家。其次，与技术引进、技术消化吸收相比，自主创新更多地需要关键性创新资源——人才，尤其是科技人才。企业人员创新潜能识别、人员相互信任联系、人员职责明确、宽松研发氛围构建，对提高企业创新效率十分重要。因此，科技人才是影响企业自主创新能力高低的重要因素。最后，自主创新活动要求企业以相应的组织结构与之配合，当企业的组织结构不利于企业家实现生产要素新组合的时候，企业家必须对这种组织形式予以创新。

一般而言，针对自主创新的企业组织结构应当具有如下特点：企业组织结构中各单元能有效地进行信息传递，不管是基本生产单元，还是创新单元、辅助单元；组织结构能协调各个职能部门的创新活动；组织结构能有效地激发员工的创新积极性。

2.2 技术学习理论

技术知识正在超越或替代传统的资金、劳动力、能源等生产要素，而成为经济增长过程的核心和第一推动力。对于企业来说，通过外部知识环境的搜索，获取对企业有用的技术知识，并且进行消化吸收，重新组合，将其纳入自己的技术轨道或重建技术轨道，从而增强组织整体的技术能力。因此，技术学习对企业自主创新能力的提升是非常重要的。本节将主要从技术学习的涵义和来源入手，分析技术学习过程模式，并探究企业怎样在集群中进行技术学习，最后，将分析企业内外部技术学习的过程。

2.2.1 技术学习的内涵与来源

1. 技术学习的内涵

技术学习指的是组织利用内部和外部有利条件，获得新技术的行为。技术学习和组织学习的概念很相近，都是指一种组织的学习行为。所不同的是，技术学习是指一个组织以技术为目的的学习行为，而组织学习是指从事学习的实体是一个组织。

在企业发展的初期，技术引进占据着重要的地位，而技术引进的目的，不仅是建立产业生产能力，而且要通过引进来学习和提高技术能力，从而形成和提高产业竞争力。产业从技术引进到形成自主创新能力的过程，一般被称为技术学习过程。弗里曼认为，关于发展中国家技术学习过程的研究，是经济追赶（catching - up）理论的一个重要组成部分。技术学习过程研究，不但对经济学，而且对正处于变化期的二十世纪末人类社会的发展都是极为重要的。

在技术学习理论研究领域，目前国内学者的主要工作是研究了技术学习的来源，如创新学习、研究和开发中学习、模仿学习等，当然国内也有相当多的学者提出了“引进、消化吸收和创新”的学习过程模式。

国外学者在技术学习研究领域除揭示了技术学习来源之外，还提出了发展中国家技术学习的过程模式，如有学者提出发展中国家技术学习过程模式的核心是“引进、吸收和提高”（acquisition，assimilation and improvement），Hobday提出了发展中国家技术学习模式之一是 OEM - ODM - OBM（OEM，original - equipment manufacture，贴牌制造；ODM，own - design manufacture，自己设计制造；OBM，own - brand manufacture，自有品牌制造）。

综合目前国内外学者对技术学习理论的定义及内涵的研究，本书认为技术学习是装备制造企业实现自主创新的必要过程，是企业提高创新能力和技术能力的有效手段，从某种程度上来说，技术学习能力的强弱决定了行业的兴衰，是一个行业能否实现技术飞跃的基础。接下来，将对技术学习的来源进行深入的探讨和研究。

2. 技术学习的来源

关于技术学习的来源，在技术创新研究领域内其主要理论进步体现在以下几个方面。

第一，David 和 Rosenberg 指出，干中学可以产生增量的创新，并将干中学植入了创新扩散的组织模型中。

第二，Rosenberg 强调企业要在用中学，这样可以提高生产效率并可在企业内导入体现型或非体现型的产品和工艺变化。

第三，Sahal、Nelson 和 Winter 等则认为，研究和开发作为一种搜索过程（search process），可以使企业在特定的技术进步方向上，产生技术提高效应。Lundvall 和 Von Hippel 等主要讨论了与供应商和顾客交互作用中的学习。

第四，Teece、Cohen 和 Levinthe 等提出企业和能力存量在企业产生和吸收技术过程中的作用。在这方面，Cohen 和 Levinthe 用数学模型证明了：在过去的经济研究中，研究和开发对学习的作用长期受到忽视。也有部分学者认识到了知识扩散或转移的成本，但他们认为这一成本很小。在现实中，若这一成本很小，往往是因为企业内部已进行了研究和开发活动。经济学家长期以来认为研究和开发仅仅是产生新的产品和新的信息，但这种认识不够全面，研究和开发不仅产生新的信息，而且提高了企业吸收和探索现有信息的能力。

表 2－2　技术学习理论的来源

技术学习的来源	研究成果	研究者	技术学习的渠道和方式
企业内部	干中学（learning by doing）	Arrow（1962）	与生产活动相关
	用中学（learning by using）	Rosenberg（1976，1982）	与产品、机器和投入的使用相关
	通过创新和研究开发来学习（learning by innovation and R&D）	Cohen and Levinthal（1989）、Kim Linsu（1997）、Hobday（1995）	通过内部的创新和研究开发来学习新知识
	共享的学习	Adler（1990）	企业内部部门间的学习
	通过搜索来学习（learning by searching）	Nelson and Winter（1982）、Sahal（1981）、Dosi（1988）	主要是集中于产生知识的规范化活动如研究和开发
企业外部	从科技进步中学	Kline and Rosenberg（1986）	吸收科技发展的新知识
	通过交互作用来学习（learning by interacting）	Von Hippel（1987）、Lundvall（1988）	与价值创造链条中的上下游企业或竞争对手合作
	通过雇佣来学习（learning by hiring）	Bell（1984）	通过雇佣其他企业人员来学习知识
	基于联盟的学习（alliance－based learning）或（learning by strategic alliances）	Hagedoorn and Schakenraad（1994）、Lei，Slocum and Pitts（1997）	与其他企业结成战略联盟来学习
	通过模仿来学习（learning by imitating）	Dutton and Thomas（1984）	主要集中于对企业外竞争对手的产品或工艺的学习

续表

技术学习的来源	研究成果	研究者	技术学习的渠道和方式
企业内外部	通过培训来学习（learning through training）	Enos and Park（1988）	通过内外部培训来提高整个企业的知识存量
产业外部	从产业间竞争的溢出中学习（learning from inter – industry spillovers）	Nonaka and Takeuchi（1988）	通过内外部培训来提高整个企业的知识存量

表 2－2 不但包括了企业对外部技术的学习，同时包括了企业内的技术学习。在 2.2.2 节中将就企业内外部的技术学习做深入的研究和分析。这里只就为什么强调企业内技术学习做简单的阐述。

第一，国内关于技术引进的大量实证研究，已经证明了单纯的机械设备进口并不一定导致企业技术能力的提高，也就是说技术能力的提高，并不是技术引进所自动产生的副产品（by – product），要提高技术能力，企业必须要进行相应的对引进技术的消化、吸收的工作，也就是技术学习的过程。

第二，从理论上而言，企业对外部技术的学习，是要以一定的技术能力为基础的，没有一定的技术能力为基础，企业难以进行相应的技术学习工作。

2.2.2　技术学习过程模式

通过对技术学习基本理论的研究和探讨，我们得出企业技术能力演化的一般轨迹：通过技术引进到模仿能力，再到创造性模仿能力，最后形成自主创新能力。其间所经历的三个能力阶段对企业技术能力各维度的要求很不相同，因此企业在建立每一种能力时所进行的学习方式也不同。下面我们就针对每个阶段进行详细地分析。

1. 模仿能力的学习

企业模仿能力的获得开始于生产技术的引进，但这并不仅仅是简单的拿来即可，往往得根据技术要求进行引进设备和过程与原来的设备和过程按工艺进行重组。尽管企业在此阶段无法掌握该技术的原理和诀窍，对引进技术有很大的依赖性，但它毕竟使企业的技术能力上了一个台阶，使企业被纳入到先进的技术体系中，并逐渐掌握主流的技术范式，走向技术轨道的国际前沿。在这个阶段，技术学习的方式主要是“干中学”和“用中学”，通过生产过程中工人操作技能的提高，达到提高产品质量、降低生产成本的目的。同时，在用户使用经验的基础上，进行产品工艺的部分调整，这是企业学习设计技巧的第一步。然后，在企业对引进技术进行消化的过程中，开始对工艺和管理流程进行部分的改进与调整，形成规范化的工艺与管理标准。在这个过程中，相关的隐性技能知识与相应的价值观将成为企业员工的共识。从技术引进到模仿能力形成的过程中，企业获取的知识就像知识创造过程中知识的循环一样，经历一个循环转换的过程。此时，隐性与显性知识的交融、个人与组织知识的协调，便形成了运作现代生产大系统的能力。

企业模仿能力的学习机制是知识吸收，技术引进工作一般是由少数技术专家完成，因此必须经过培训，这些知识才能在企业内传播，为大家接受。这个阶段的知识仍是显性知识，其学习机制是知识共享；当企业内多数员工接受了这些技术后，就开始运用，并在实践中学会怎样有效地使用。于是，逐渐形成使工作效率提高的隐性知识（诀窍、对原理的理解）。这个阶段获得的主要是隐性知识，是显性知识的内部化；可以说每个员工都会形成自己独特的隐性知识，而同时企业内员工在工作中不断地发生相互作用，不断在进行相互协调，这样就使各自独特的隐性知识关联起来，形成组织知识（融合）。最后，这些知识的融合与常规化就形成了模仿能力（图 2-6）。

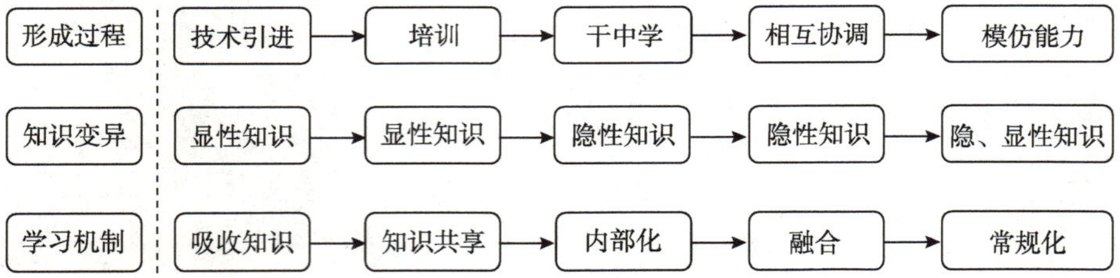

图 2-6　企业模仿能力的学习

当新的技术和生产体系建立起来，新的技术范式逐渐为员工所接受后，企业很快就进入到良性运作状态。新技术范式为生产效率提高和质量改进提供了明确的方向，也为问题求解提供了标准而有效的手段。因此，许多大中型企业仰仗其良好的技术基础和员工素质，在新技术范式的指引下，开始了“干中学”和“用中学”，很快就掌握了现代生产技术和管理方式。

2. 创造性模仿能力的学习

企业在模仿能力阶段就开始了对引进技术的模仿，如产品工艺的调整和零部件的国产化。但这仅仅是简单模仿，即复制已有的成熟产品。复制模仿不需要在研究发展和市场知识上进行投资，只需要低等的技术水平。而创造性模仿与单纯的复制模仿不同，它是一种创造性活动，包括以最新产品为基本进行重新设计和根据本国市场特点进行的创造性改进。创造性模仿要求企业对国际最先进产品技术和对本国市场需要有很深入的理解，对新技术原理和设计方法有全面的掌握。从技术学习的人员组成看，模仿能力的学习主要是通过生产线上的技术人员和工人，而创造性模仿能力的学习则主要通过专职的研究与开发人员。因为创新能力的学习并不是仿制能力的简单延伸，而是要建立全新的能力。

创造性模仿的学习一般是通过“研究开发中学习”和“合作中学习”。研究开发中学习可以从模仿能力阶段的简单模仿延伸过来，但创造性模仿对设计原理的掌握、对产品构架的整体理解和对用户需求的了解，都远远超过简单模仿时的个别技巧。因此，通过与国外企业的合作设计或者引入高水平的研发人员，是获取设计技能与产品构架知识的最佳途径。当然，这时的合作并不是平等意义上的合作，而是一方通过参与设计，学习另一方的经验与方法。另一方面，在用户需求主导的产业中，企业与其产品用户的密切联系和合作，是获取市场知识，通过产品变异赢得竞争优势的捷径。因此，我们可以把设计知识和需求知识的获取过程称为“参与式学习”，包括企业派出研发人员参与国外企业的研发、引入国外研发专家，以及用户知识在研发中的参与。

当企业通过合作掌握了必要的技术设计知识或市场知识后，就已经使自己站在一个新的技术平台上，进一步创新能力的培养就得靠自己的努力：研究开发中学习。在此过程中，企业在参与研发中获得的显性知识开始其循环转化的过程，使知识被传播、交融和深化，最后常规化形成创造性模仿能力（见图2－7）。

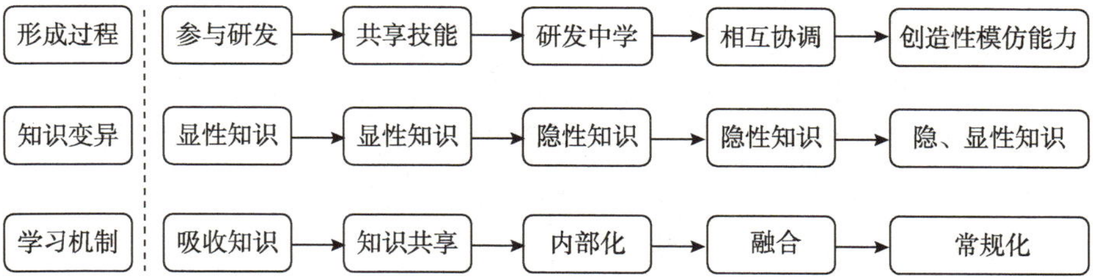

图2－7　创造性模仿能力的学习过程

与生产阶段一样，创造性模仿阶段也是以显性知识（或半显性知识）的吸收开始。但此时吸收的知识并不是完全可显性化的（即不能用语言、公式、软件和标准化的图形来表示），而只能是隐性化（即只能用行为、关系和隐喻来表示）。这个阶段，企业技术人员是通过参与外面专家的研发活动，通过观察和模仿专家们的行动、语言和组织关系来获取知识。因此，与单纯的模仿能力相比，创造性模仿能力更强调隐性知识。因为它毕竟是一种创新活动，所以此时企业面对的不再是规范性、稳定的生产活动，而是探索性的风险活动。在这种情况下，完全的规范化将使探索性活动无从开展。因此，创新能力更多依赖于研发人员的技能和对学科与市场需求的理解，以及研发组织的关系和协调知识。

3. 自主创新能力的学习

虽然自主创新与创造性模仿都是创新活动，但两者之间却有很大的差别，这一差别甚至大于创造性模仿与生产技术的差别。因此，从创造性模仿到自主创新意味着一次更大的飞跃。在此过程中，企业必须学习在一个更广、更长远的社会经济、技术发展和用户需求的框架中来考虑研究开发活动；学习建立更广泛、更密切的知识网络以获取并使用充分的信息、知识和资源；学习“忘记”长期形成而现在不再适用的主导逻辑、核心能力和组织文化规范，这是一项非常艰巨的任务。

这是一个转换学习与战略性学习相伴随的过程，应该说，技术学习的这个阶段已经不是狭义的“技术”学习，而是企业战略逻辑的建设和战略能力的全面提升。如果说在创造性模仿阶段，企业关注的是研发过程中的问题求解，即关注开发对象和开发目标相对确定时，完成任务的技能和组织方式。那么在自主创新阶段，企业更重视长远的战略发展，即新业务和新产品思想的挖掘和评价。因此，此时企业所需要的不仅仅是解决问题的能力，而是对未来经济与技术发展和市场需求的洞察力，以及将这种洞察力转化为实际行动目标的魄力。

自主创新能力是企业依靠内部优秀人才聚集智慧而成的，这一思想决定了此阶段学习的网络性和团体性。当企业通过模仿能力和创造性模仿阶段的修炼，其内部运作能力和科技开发能力已经达到较高水平。此时，企业的目光应该由内转向外，更多地关注宏观环境的景象；也应该由当前转向未来，更多地跟踪事物的演变。这时的企业没有了可供追随的先进者，没有了可供援引的规范。面对复杂多变、四处风险的世界，一切需要自己去摸索。由此，企业更加需要利用国家乃至整个世界的智慧，才能把握技术发展与市场演化的规律。

战略性学习主要是通过“网络中学习”和“预测未来中学习”两种方式进行。网络中学习源自企业与用户、供应商、竞争对手、政府、大学科研院所等其他相关机构组织建立紧密的联系，充分利用它们的信息、知识和资源，在此过程中超越自己狭窄的经营范围，从一个更大的时空中考虑企业的发展，因此，网络中学习是基础，企业只有充分吸收各方面人才的智慧，调动一切可以调动的资源，深入理解自己所面对的环境变化，才能正确理解并设计自己的未来，而不是凭空狂想。预测未来中学习源于企业将自己从现在环境的约束中摆脱出来，直接面向未来，以此解放思维，放宽、放远视野，创造性地设计企业的未来。战略性学习仍然始于外部知识的吸收，然后是内部的消化、提炼和创造，最后常规化以形成真正自主的智慧和行动（图 2 -8）。

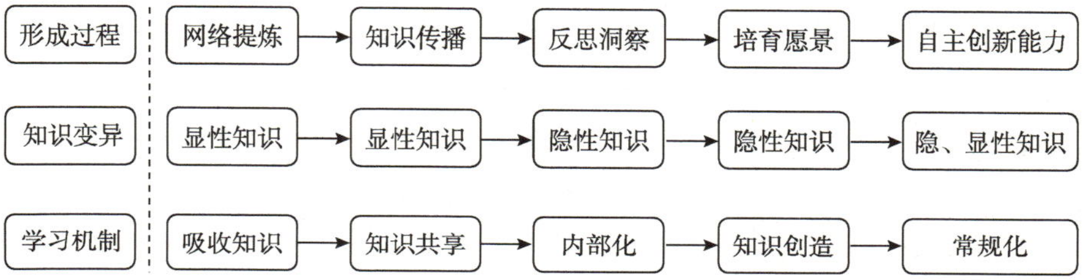

图 2 -8　自主创新能力的学习过程

需要注意的是，这个阶段的常规化已经不是针对具体的技能和管理流程，而是企业的愿景、价值观和核心能力。这些概念的形成并在企业内被广泛理解与共享，成为指导企业一切工作的核心，是企业能够持续发展的根本保证。

2.2.3　集群中的技术学习

产业集群是一组在地理上靠近的相互联系的公司和关联机构，它们之间由于具有共性和互补性而联结在一起。由前文对技术学习的分析可以知道，技术学习是企业利用内部和外部有利条件，获取新技术的行为。从马歇尔于 1890 年就提出产业集群（产业区）的空气中“弥漫着产业的气味和技术秘密”开始，有关技术学习的研究就一直是产业集群研究的焦点之一。产业集群拥有基于社会关系、乃至工作流动的各种关系纽带，这些纽带的关键价值在于使知识在集群内得以流通。集群内企业间的各种正式及非正式的合作和联系即构成一种“知识型社区”。北美的学者则提出产业集群是“知识和主意的集结地，并为知识、主意和学习提供便利的环境”。

根据他们及其他相关学者的研究，产业集群技术学习包括以下四个主要对象：

1. 同行业竞争者

在产业集群中，企业从同行业竞争者那里可以获得一系列溢出的知识和信息，如产品设计思想、工艺技术诀窍、市场营销创新和组织管理程序等。这无疑将有利于集群内企业获得外部效应，从而提高企业技术学习的能力，使得企业在竞争中取得技术进步。

2. 客户

在产业集群内，客户也是企业技术学习的主要对象之一，良好的客户群体可以给企业提供的各种知识，主要包括对产品设计的特定要求、质量标准、产品使用后的反馈，甚至相关的技术支持。这也在一定程度上增加了企业技术学习的机会，提高了企业技术学习的能力。

3. 供应商

供应商是企业生存和发展最为关键的组织之一，甚至关系着企业技术发展的命脉，集群内企业更是非常重视与供应商的关系，反过来，供应商也对集群内企业的技术学习产生积极的影响和作用。集群企业一般会在地理临近区域拥有一个供应商群体，这些供应商彼此之间通过正式或非正式契约而互动联结。这种联结是技术学习的一个重要来源。

4. 大学和科研院所

在很多集群特别是一些高科技产业集群中，往往有大学或科研院所，这些组织的存在大大强化了企业技术学习的深度和广度。在一定程度上来说，这类机构甚至是某些产业集群内的核心成员，是集群内企业进行技术学习最有力的保障和平台。

产业集群与一般经济体的区别不仅仅在其构成成员上，而更在于把这些成员联结在一起的纽带。一般的非集群企业也有竞争对手、供应商、客户及支持其进行创新的大学和科研院所。但在产业集群中，由于长期竞争合作博弈的结果及丰富的社会资本存在，使得不同成员之间能够有效地进行知识共享，从而使技术学习变得更有效率和更有效益。具体来说，产业集群的成员主要以如下几种方式进行技术学习。

（1）合作形式。合作形式是属于相对正式的跨边界学习。集群内企业相互合作可以突破单个组织的资源局限，不过也会存在较高的道德风险，如涉及知识产权方面的技术秘密泄露等，这对合作双方都起到了消极的影响。当然，在集群中借助社会认同效应，可以在一定程度上约束这种悖德行为。另外，地理上的接近和文化背景的相似也使合作各方沟通更加方便，便于合作的协调。

（2）模仿形式。由于空间上的邻近，产业集群中的企业需要经常性的面对面接触，这种面对面接触使得信息得到了充分的传播，也使得企业之间的相互学习和模仿变得可能，即使是最难以获取的隐性知识也能通过长期的模仿互动所产生的共同语言而得到很好的传播。产业集群内的大量模仿使得技术学习活动的成本大大下降，而效率却明显提高。

（3）跨组织流动形式。产业集群中，由于企业之间的性质和行业相近，员工有大量适合自己专业和经验的企业可以选择，因此，集群内的人员流动较为频繁。当然，这也意味着员工离开一家公司之后可以很快地在附近的另一家公司找到工作，而且相似的社会文化背景也可以减少跳槽的成本，这也为企业之间技术学习提供了信息通道，使得企业内部的技术少了神秘的色彩。

（4）企业衍生形式。企业衍生从本质上来说是集中员工跨组织流动的一种极端表现形态，它是指员工脱离某企业或机构后自己创办一家新的企业。这在产业集群中是时有发生的，这种形式的产生会对员工原有企业产生不可避免的影响，特别是技术层面，员工自己创办企业后，肯定会带走原有企业的部分技术知识，而且很有可能会直接与原有企业展开全面的竞争。这就对集群内企业提出了比较高的要求，怎样在保持技术学习领先的前提下，与员工自办企业在竞争中取得优势就是现代集群内企业需要思考的方向。

（5）非正式交流形式。在产业集群内部，企业内的专业人才虽然可能在不同的部门和组织，但由于集群的地理属性，在区域上基本都是来源于同一个地方，而且员工之间可能相互在私下都熟识，因此，工作之外的非正式交流也会经常发生，并且这种交流往往是不同行业不同部门员工之间的交流，这种牵涉到不同技术领域的非正式交流也会帮助企业在技术学习层面上获得提升。

2.2.4　企业内外部的技术学习

对于装备制造企业而言，内外部的技术学习能力是其提升自主创新能力的重要环节。进入二十一世纪以来，不管是国内还是国外，企业对 R&D 的投资规模不断增加，技术及产品寿命周期也在不断缩短，企业间的竞争更多地表现为企业价值和核心能力的竞争。在这样的背景下，任何一个企业想仅仅凭自身已有的研发机构和内部人力资源都难以跟上竞争的发展，启动运作外在职能资源便成为企业自发的选择。这其中如何将企业内外部技术学习有效融合是企业想要获得成功的基础和前提。下面就将从企业内部、外部技术学习的理论入手，探讨企业内外部技术学习的契合机制。

1. 企业内部的技术学习

由企业技术学习的过程模式可以知道，企业内部的技术学习过程始于组织成员的知识创造。企业组织内存在由其成员组成的“行动社区”，企业内部的员工可以提出有关改进产品和业务流程的新观点，由于员工们有相似的工作愿景和目标追求，因此，这些全新的观点通常首先会在行动社区中产生。在行动社区中，较为复杂的知识很容易流动，因为其中的成员具有相似的技术背景和工作经历，有共同的语言，同时还有关于某些具体问题的理解。行动社区能有效地整合新知识和已有的知识体系，能认识到发展的重要性。

但是由于聚合效应的存在，使得组织内知识的集合大于组织内单个成员的知识累加。而且知识只被组织个人和少数专家理解，对于组织来说并没有多大的帮助。因此，只有通过内部学习，使得知识在组织内交换，与其他知识整合，才能提供企业内部技术学习的能力，在应用于新产品和业务流程的开发时，学习型组织就会出现。于是，随着知识在组织中的渗透，知识的数量与质量在各种不同的转换模型中螺旋上升。

2. 企业外部的技术学习

企业外部的技术学习过程始于对外部新观念的识别。这种新观念可能来自许多方面：①消费者的反馈。②竞争对手有关产品和业务流程的改进。许多企业拥有先进的竞争对手分析系统，通过监控专利、出版物和公开声明等手段，来收集信息。③向其他组织机构学习，如说配套行业、大中专院校和政府的科研机构。这些机构在某一知识领域内有专长，而这些知识又可与本企业的知识相整合。若与这些机构保持伙伴关系，将会大大提高本企业的技能和资源利用率，增强企业的竞争优势。

但是对外部新观念的识别只是组织开展外部学习的开始。组织中的某些成员识别了这种观念后，还需发起在组织内传播知识的活动。成功的传播需要该类成员拥有强有力的内外部关系网络，同时还需要拥有较强的技术和社交能力。针对外部产生的新观念的行政阻碍或许会很大，尤其当这种观念构成对已有知识挑战的时候。这种现象称为“非此处发明（not - invented - here）”综合征。另外，如果企业能够成功地意识到理解和解释外部新观念的好处，说明企业已经具备在这一领域的吸收能力。

3. 基于企业内外部技术学习契合的组织机制

企业内部学习和外部学习各有各的优势，也存在着一定的制约，因此怎样将两者进行有效结合，形成契合的组织机制便成为了企业管理者们最为关注和需要思考的问题。在内外部学习的契合方面，国内相关学者已经提出了 R&D 知识自我整合管理。该管理理论包括三方面的内容，分别是将团队原有的知识和技术与新的构思及新的技术进行整合；将团队自有的技术与模仿所得到的及引进所得到的技术进行整合；将团队自身的核心技术与市场需求进行整合，增强团队成员通过技术创新实现商品化的能力。

内外部学习契合的本质，在于综合运用不同性质的知识特别是意会性高的知识。一方面，由于知识的意会性，要通过市场交易将不同类型的知识和拥有知识的人或组织整合在一起是非常困难的。另一方面，由于意会性高的知识的语境依赖性及其与拥有该知识的人或组织的不可分割性，要想完全由企业组织内部来供给那些在知识运用和创造的价值增殖过程中所需要的各类知识，其成本将非常高昂。因此，知识管理不应该被局限于只对组织内部知识资源进行管理，更应该对组织外部各利益群体、组织机构、政府机关所拥有的一系列与组织运作所需的知识资源加强管理，并将其融入到企业自身的知识网络中。

在这样的情形下，企业综合运用处于组织机制和市场机制之间的中间制度安排来获取和创造知识就变得非常必要。这种中间类型制度安排实际上是一系列不同于纯粹经济契约的混合契约形式，在这种混合契约中，以意会性低的知识的交易为基础的经济契约的重要性已大大降低，取而代之的是以意会性高且具有强语境依赖性的知识的交易为基础的关系契约。作为不同于市场经济契约的关系契约，其主要形式包括：企业在纵向上与供应商（包括科技知识的供应者，即外部独立科研机构）、分销商及客户所建立的相互依赖关系；在横向上与竞争者和各种利益相关者所建立的战略联盟关系。正是这种以相互信任和共同利益为基础的知识获取、共享和创造方式，改变了企业与企业、企业与市场之间传统的固有边界。

在这里，需要引入一个非常重要的概念，那就是柔性组织。柔性是一个多维的概念：需要灵敏性和多面性；与变化、革新和新颖性相联系，与健康性和复原力相联系；预示着稳定性、竞争优势和能力随时间而变化。组织的“柔性化”是指企业具有参与国内国际竞争、对意外的变化能做出及时的反应及适时根据意外结果迅速进行调整的能力。柔性组织是以组织机构的可塑性为基础的，因此，可以认为可塑性组织所必须具备的能力就是柔性组织设计的基础。建立基于内外部学习契合的柔性组织，就是用内外部学习契合的关系将柔性组织的各部分连接起来，使组织既能对外界环境的变化快速做出反应，也能够在组织里面通过知识联网，随时分享、整合、创造知识。企业组织呈扁平结构，垂直等级层次大大减少，信息沟通迅速；企业内部市场化，除了核心部门之外，其他部门都对本部门的经济效益负完全责任；企业与外界以及内部各部门之间界限淡化，对外界及内部横向联系密切。整个组织就像一个计算机网络，各个具有自主性创造性的部门都与其他部门及外界进行广泛快速的知识交流，并能够根据新的变化迅速自我调整。个人学习总是处于某一个群体中，直接受该群体的影响；而群体中的互补和协调，又能对个人知识进行重构和整合，形成更高效能的群体知识和能力，并扩散到组织中，将所有成员的力量调节到同一个方向发展，使群体的力量得以充分发挥。可以说，内外部学习的契合关系为柔性组织的知识整合提供了媒介条件，柔性组织为内外部学习的契合提供组织机制，它们之间相辅相成，密不可分。

2.3 技术能力理论

众所周知，技术能力是实现自主创新的基础。对处在以科技为经济社会发展引擎且竞争环境日趋激烈背景下的任何企业来说，技术能力建设是一项日常、艰巨且具有重大战略意义的基础性工程，尤其是在装备制造业，要想实现自主创新这一最终目标，必须脚踏实地的从技术能力建设做起。本小节将从技术能力的概念入手，阐述技术能力理论的发展过程。

2.3.1 技术能力的基本概念

企业技术能力是指企业从外界获取先进的技术与知识，并与内部的知识结合，创造出新的技术与知识，实现技术创新与技术扩散、同时又使得技术与知识得到储备与积累的能力。该概念包括以下三层内涵：一是技术和知识的模仿、消化吸收等创新能力，即技术学习能力，包括选择、购买国内外的技术的能力等；二是技术转移的能力，包括技术扩散和引进等方面的能力；三是技术的应用能力，即进行技术创新、创造经济效益，包括产品生产与组织方式、市场开拓等。

技术能力是企业内在的能力，它不是直接地、完全地体现在产品上，体现在企业的人员、信息、设备、专利、论文、管理等各个要素中；技术创新能力是技术能力外在的反映，可以直接通过产品研制开发和生产等环节表现出来。其中产品的技术水平，则是技术能力、技术创新能力的最集中的体现。技术能力是企业第一层次的能力，产品的技术水平是企业技术能力的最终体现，技术创新能力则是外在，第二层次的能力。企业的技术创新能力与技术能力的关系是：企业的技术能力是技术创新能力的实现基础，技术创新能力是技术能力的具体体现。

技术能力的提高是一个积累的过程。在积累过程中，企业的技术能力随着人员科技素质、信息化能力、设备水平、组织能力的提高及储备知识与技术的增加而不断提高。企业技术能力的提高是反映在研发能力、工艺能力、组织能力、市场营销能力、决策执行能力的提高，即企业技术创新能力随技术能力的积累而增强。从长期来看，企业技术能力需要通过企业的技术创新能力来表现，企业技术创新能力是技术能力的具体反映。

2.3.2　技术能力理论的发展过程

1. 技术能力理论萌芽阶段

马丁·费莱斯曼（Martin Fransman）和克尼斯·肯（Kenneth King）关于“第三世界技术能力（Technological Capability in the Third World）”课题的完成，标志着技术能力理论的初步形成。另一个标志是 20 世纪 80 年代中期由泰国技术能力研究小组（The Technology ATLAS Project）向联合国亚太地区经济与社会组织（UNESCAP）申请立项的关于“基于技术的发展”课题。这两个课题的完成，表明了对技术能力的研究进入理论初步形成的萌芽阶段。

弗莱斯曼把技术广义地定义为“与实现从投入到产出这一过程有关的所有活动”，由此出发，它把技术的内涵分解为三个部分：①技术包含了与生产、人事管理有关的社会组织；②技术知识在实现投入到产出过程中起着核心作用；③每一个企业在选择和采纳某一实现从投入到产出的途径时，开始必然受“外部事件”的影响。此外，弗莱斯曼提出了技术能力的六要素：①寻找可靠的可选择技术，并决定最合适的引进技术的能力等方面进行；②对引进技术实现从投入到产出的变革能力；③改进技术以适应当地化的能力；④对采纳技术进行渐进性创新的能力；⑤在自身研究开发的基础上通过正规化研究取得较重要的创新和突破的能力；⑥制定基础研究计划并进一步提高改进技术的能力。

克尼斯·肯（Kenneth King）从科学、技术和教育的发展与自主技术能力的关系对第三世界国家技术能力作了研究。他着重分析了学习和技术的关系，提出了非正式知识系统和非正式教育对自主技术能力的作用模式；正式初等、中等和高等教育对国家自主技术能力的作用模式；正式的脱产培训对自主技术能力的作用模式和在职学习对自主技术能力的作用模式。最后提出了要提高国家自主技术能力，应从上述四个方面抓好教育和培训。克尼斯·肯的思想对微观企业技术能力的提高有很大的启发意义。

保尔·罗默（Paul Romer）提出了技术进步是经济增长的内生变量这一观点。罗默是第一个把技术进步作为经济增长内生变量的经济学家，他把知识增长看做是经济长期增长的关键。罗默认为创新使知识成为商品。一般商品是竞争性、排他性的，而作为商品的知识则是非竞争的、非排他性的。他进一步认为非竞争性商品可无界地增长，促进经济的不断增长。现有的知识经济学理论认同的关于知识的“效益递增规律”，在罗默也有较深研究。在这一规律的支配下，强调了知识作为特殊的资源，对企业竞争优势的获取和维持具有重要的意义，企业技术创新活动的实现，是知识运动的结果。这方面的研究，也为基于知识学习、积累和维持的企业技术能力研究，提供经济学上的理论支持。

2. 技术能力理论的成长阶段

技术能力的研究到20世纪80年代后期进入发展阶段，其标志是理论界开始从微观的角度研究技术能力，即从企业的角度研究技术能力。这样，理论界从两个角度展开对技术能力的研究：宏观层次的技术能力理论和微观层次的技术能力。宏观层次技术能力的研究对象是一个国家（主要是发展中国家）如何通过技术引进、消化吸收、提高自主技术创新能力，实现对发达国家的技术赶超。具体研究内容在“理论初步形成阶段”中已作了分析。微观层次的技术能力研究技术能力低的企业（主要也是发展中国家的企业）如何从技术能力高的企业获取先进的技术知识，经过消化吸收实现自主创新能力，提高企业产品的市场竞争力。本书主要从微观层面，即企业技术能力的角度探讨技术能力理论成长阶段的发展过程。

企业技术能力研究的日益重视产生于实业界开始认识到企业最关键的资源与财富是它所拥有的能力（Rebecca Henderson，1990）的时候。普拉哈拉德（C. K. Prahalad）和哈默尔（G. Hamel）称这种财富是企业的核心竞争力。从战略角度管理一家企业的本质是重视其技术能力的储备。企业要获得技术优势、实现自主持续发展的关键是企业拥有有效地使用和支配技术知识的能力（Dahlman and Westphal，1989）。较早开始从企业的角度研究技术能力的代表人物有德赛（Ashok V. Desai）、卡茨（Jorge Katz）、巴顿（Dorothy Leonard－Barton）等。

德赛是首先从企业角度研究技术能力的学者之一，他把技术能力定义为企业购取技术的能力、操作运行的能力、复制和扩展的能力，以及创新的能力。德赛的技术能力定义具有层次性和全面性的特点，他明确地把技术能力概括为从技术购买、使用、模仿到创新四个层次，包含技术能力的基本含义，具有一定的可操作性。另一个较早提出企业技术能力概念的是卡茨，他认为技术能力就是企业采用国外技术并使之适应本地环境逐渐建立起来的技术诀窍的存量。卡茨的概念虽然从今天看，还没有揭示技术能力的全面内涵，但他是第一个明确地把技术能力定义为技术诀窍的，这一概念与现在强调的技术能力和核心能力的本质是企业的技术知识相呼应，对后来研究有启示意义。

巴顿是最早提出核心技术能力的学者之一。他在探讨企业核心能力时，提出了核心技术能力的概念，他认为技术能力包括以下四个方面的内容：职工知识和技能系统、物质技术系统、管理系统、企业的价值和思想体系。其中前两者是动态的知识库，随时间延续而不断“吐故纳新”，实现知识的动态积累；后两者是知识控制系统和生成机制，如管理系统通过建立有效的教育系统、奖励系统和激励系统，以指导和监督企业人员知识的不断更新和积累。实际上，巴顿的思想是普拉哈拉德和哈默尔的核心能力思想的发展，他从技术的角度和知识的角度探讨企业技术能力的核心，这可以说，技术能力思想继卡茨提出技术能力是企业的“技术诀窍”后的又一次突破，即开始把企业技术能力定位在企业的知识、价值观的深度上。克拉克和维尔拉特在探究企业的技术发展过程时，分析了企业技术能力与竞争优势的关系，从战略的角度提出企业竞争优势的取得要重视技术能力的储备，但他们没有能够对企业技术能力的含义、构成、本质等基本问题作出研究。

从技术能力提高的角度看，无论是宏观技术能力还是微观技术能力，从发展中国家的发展历史看，都基本经历了一个从技术引进、消化吸收到自主创新的过程。基于这一前提，作者提出了中国企业要提高技术能力，应不断通过学习和知识积累，实现技术引进和模仿能力、技术消化吸收能力和自主技术能力三方面有序地提高。这三个方面能实现按阶段提高的关键是提高企业的技术核心能力，即技术检测能力、技术吸收能力和技术变革能力。科恩（Wesley M. Cohen）和莱文塞尔（Daniel A. Levinthal）认为企业的研究开发活动除了产生新的信息外，还能促使企业对现有信息进行消化吸收和利用，强调企业的技术创新活动对提高技术吸收能力的意义。他们还进一步指出企业技术吸收能力是企业原来拥有的相关知识水平的函数。格路德（Raghu Garud）和纳耶（Praveen. R. Nayyar）认为技术变革能力通过企业知识的积累、储备、维持和激活得以实现，技术变革行为的发生是不同知识面交叉的结果。

以上所述的研究表明对微观技术能力的研究已发展到一定阶段，初步提出了技术能力的含义和结构；技术能力提高对企业竞争力的作用；企业技术能力的提高应以知识的学习和积累为基础；并且从企业技术能力提高的过程研究技术能力不同阶段的特征。

2.4 本章小结

本章主要从自主创新的基本模式分析入手，通过分析得出，原始创新、引进、消化吸收再创新和集成创新为自主创新的三大基本模式，并由此分析得出企业在这些模式发展中是怎样逐步实现自主创新的，即自主创新的过程。通过自主创新模式和过程分析，构建了自主创新战略的动态理论框架，至此，自主创新理论完成了相关的分析和阐述。接下来研究了技术学习理论，主要从技术学习的涵义和来源入手，构建技术学习过程模式，并在此基础上探究企业怎样在集群中进行技术学习，以及企业内外部技术学习的过程。

技术能力理论是实现自主创新的基础理论，本章从其概念入手，详细阐述了其发展的萌芽阶段和成长阶段，从而较完整地研究了装备制造业自主创新的理论基础，为接下来研究中国装备制造业自主创新能力提升提供了理论来源。

第3章 中国装备制造业自主创新的发展历程及其问题分析

中国装备制造业的快速发展主要是从1949年新中国成立后开始的，随着中国经济状况不同阶段的转变及政策的变迁，呈现出不同的发展特点与成果。总的来说，中国装备制造业的发展时间不算太长，其自主创新能力与发达国家相比存在较大差距。

3.1 装备制造业的分类及特征

21世纪的第一个10年已经过去，在以美国为首的世界经济出现经济周期的衰退时，中国却在稳步而持续的发展。20世纪90年代以来，中国经济已经迈向了改革开放后腾飞的阶段，而在第二产业中占据很重要地位的制造业对中国经济作出的贡献功不可没。其中，装备制造业作为其核心更是成为支撑中国工业发展的新的增长点。

3.1.1 装备制造业的分类

按照装备功能和重要性分类，装备制造业主要包括以下三方面内容：一是重大的先进的基础机械，即制造装备的工作“母机”，主要包括数控机床（NC）、柔性制造单元（FMC）、柔性制造系统（FMS）、计算机集成制造系统（CIMS）、工业机器人、大规模集成电路及电子制造设备等；二是重要的机械、电子基础件，主要是先进的液压、气动、轴承、密封、模具、刀具、低压电器、微电子和电力电子器件、仪器仪表及自动化控制系统等；三是国民经济各部门（包括农业、能源、交通、原材料、医疗卫生、环保等）科学技术、军工生产所需的重大成套技术装备，如矿产资源的井采及露天开采设备，大型火电、水电、核电成套设备，超高压交、直流输变电成套设备，石油化工、煤化工、盐化工成套设备，黑色和有色金属冶炼轧制成套设备，民用飞机、高速铁路、地铁及城市轨道车、汽车、船舶等先进交通运输设备，污水、垃圾及大型烟道气净化处理等大型环保设备，大江大河治理、隧道挖掘和盾构、大型输水输气等大型工程所需重要成套设备，先进适用的农业机械及现代设施农业成套设备，大型科学仪器和医疗设备，先进大型的军事装备，通信、航管及航空航天装备，先进的印刷设备等。

从分类可以看出，在中国，装备制造业关系到国民经济建设的各个方面，涉及面广，联系性和联结性强，构成了国家国防安全的基础和保障，对于其他产业产生了连带作用，提供了强有力的支持，同时也无形中提高了其他产业的竞争力。

3.1.2 装备制造业的特征

根据装备制造业的定义及其所涵盖的内容，我们可以看出装备制造是将高端技术转化为生产力的重要手段的产业载体，具有高技术化、集成化、智能化的发展趋势，在一定意义上代表着生产力的发展方向。其主要特征如下。

1. 产业范围广，产品门类多

装备制造业不仅涉及设备加工业，还涉及材料、电子和机械零配件加工等配套加工行业，装备制造业在国民经济中的主导作用，是其他企业无法替代的，其产业结构优化调整具有的推动力量，能够带动一大批相关产业的发展。其产品范围包括机械加工（含航空、航天、船舶和兵器等制造行业）和电子工业中的投资类产品。装备制造业可以为各行业提供现代化设备装置，从农业生产的机械化产品到国防使用的武器装备，社会各行各业的发展都离不开装备制造业。所以，装备制造业在国民经济生活中起着举足轻重的作用。

2. 产业关联度高，行业带动力强

根据行业特征，基础装备行业对国民经济带动效应强（如通用零部件制造业），成套设备行业的加工链条长而且具有很强产业关联（如建筑专用设备制造业），能发挥劳动密集型产业的比较优势并继续保持其产业竞争力的行业（如服装、皮革专用设备制造业），以科技带动产业化、以装备制造改造传统产业的行业（如通讯服务制造业），能带动整个国民经济实现可持续发展的环保装备行业等。由此可见，装备制造业具有很强的关联效应，装备制造业不仅可以实现工业结构的调整和产业升级，而且可以通过向其他产业提供先进的技术装备而提升其技术结构，最终带动整个产业结构的全面升级。

3. 产业集群化，上下游产业链衔接紧密

装备制造业具有明显的集群特征，依据钻石模型，归纳为两种基本模式：以价值链分工为主导的产业集群模式和以竞争互补为主导的产业集群模式。以价值链分工为主导的产业集群模式中，通过产业链和价值链形成密切的上下游链接关系。随着新材料、新工艺、新技术的层出不穷，整体的技术含量得到了大幅提升。一台小小的生产设备，也许就汇集了包括钢铁、合金、塑料、橡胶、尼龙等多种材料，采用了表面热处理、材料复合等多项新工艺，涵盖了液压、仿形、光电等多种新技术。装备制造业中大量新材料、新工艺、新技术的投用，必然会带动相关产业的蓬勃发展，使上下游产业链的衔接更加紧密。

4. 技术含金量高，操作流程复杂

装备制造业是科学技术物质化的体现，是高新技术产业化的载体，能较快吸收当代产业技术，本身的创新活动相当频繁，产品更新的周期较短，属于高技术密集型的产业。随着装备制造业不断容纳高新技术，以及应用信息技术、软件技术和先进制造技术，将有更多的装备制造产业进入高技术产业范畴。装备制造业的主要流程包含产品的市场探索、产品的研发创新、产品的制造生产、产品的销售及服务，是一个从市场到市场的循环。其中，产品的生产制造环节，从原材料、零配套元件的采购到零部件的加工、制造及委托加工制造、上下游企业构成了一个相互联系的产业链，产业链越长，社会大生产分工生产协作的程度越高。

5. 吸纳就业能力强，从业人员结构复杂

装备制造业虽然属于技术密集型和资本密集型产业，但它不同于流程作业的工业，它有较大的就业容量，可以提供大量就业机会，具有较强的吸纳就业能力。同时，由于装备制造业前后产业关联度较高，对装备制造业投入也可带动其他关联工业的发展。同时，相应增加相关工业的就业人数，解决就业问题，缓解就业压力，对保持社会安定团结具有至关重要的作用。产品的市场开发、研发创新、生产制造、销售及服务等每一个环节，需要不同层次的人才，这使得装备制造业的从业人员结构异常复杂。

6. 能有效节省能（资）源，其产品附加值高

随着世界能源的日益枯竭和国际竞争的激烈，各生产企业不得不采用既节能又环保的装备来组织生产，以最大限度地降低生产成本。直接用户的这种需求，必然使装备制造企业走向节能环保的道路。从产品的原理、结构、材料、

寿命等每一个细节着眼入手，使大多数装备的节能环保功用日渐完善，对节约能源和保护环境起到了积极的促进作用。装备制造业作为技术密集工业，万元产值消耗的能源和资源在重工业中是最低的，而且其产品技术含量高，附加价值大。

7. 保障国家经济安全，提高综合国力

装备制造业的发展水平能反映出一个国家的综合配套能力，特别是一些技术攻关难度大、设备成套性强，产品需跨行业配套制造的重大技术装备制造能力，反映了一个国家的综合经济和技术实力。从另一个层面上，装备制造业的发展有利于提高国民经济各行各业的技术水平和劳动生产率，从而提高国家的综合竞争力。许多工业化国家，都把装备制造业作为主导产业加以培育。

装备制造业是用先进科学技术改造传统产业的重要纽带和载体，是高新技术产业和信息化产业发展的基础，是国家经济安全和军事安全的重要保障。从装备制造业的特征中可以看出，将装备制造业的发展放在中国工业发展中的重要地位是必然的选择，加强中国装备制造业的自主创新能力是发展装备制造业的必然之路，它有利于提升中国整体工业的发展水平，提高中国在国际上的经济实力和综合国力。

3.2 中国装备制造业自主创新的发展历程及其特点

虽然装备制造业这个概念的真正提出才 10 多年，但是从建国初期开始，中国就很重视发展装备制造业，当时的装备制造业被称为机器制造业。后来为了与国际分类标准接轨，1985 年，国家统计标准正式将机械工业划分为金属制造业、普通机械制造业、交通运输机械制造业、电气机械制造业和仪器仪表及办公机械制造业等五大行业。❶ 在 1998 年的中央经济工作会议中，党中央明确提出了“要大力发展装备制造业”，至此“装备制造业”概念明确地提出来了。

3.2.1 中国装备制造业自主创新的发展历程

中国装备制造业的发展轨迹是与中国产业发展的政策息息相关的。如果把中国经济发展进程划分为以下几个阶段，即计划经济阶段、有计划的商品经济

❶ 李廉水. 中国制造业发展研究报告（2009）[M]. 北京：科学出版社，2009：248.

阶段、计划经济向市场经济转轨阶段以及社会主义市场经济阶段。那么，在这些阶段中出台和产生的一系列产业政策，都相当程度上影响了中国装备制造业自主创新能力的提升路径。可以说，是中国产业政策的发展推动了中国装备制造业自主创新能力的提升。所以，根据中国经济发展的不同阶段及其制定的经济发展计划，可将中国装备制造业自主创新的发展阶段划分为以下三个阶段。

1. 中国装备制造业自主创新的起始阶段（1949—1978 年）

这个阶段又可以称为中国装备制造业自主创新的起步阶段。由于建国前中国的工业基本处于停滞发展阶段，导致装备制造业的基础相当薄弱，整个产业处于世界落后水平。进入新中国成立初期，国家花大力气，对机械装备工业进行大范围的重组和改造，也着力培养了一批大型的国有装备企业。“一五”期间（1953—1957 年），国家提出装备工业的发展方针和任务是“五年内机械装备工业建设的部署以发展冶金设备、发电设备、采矿设备、运输机械和农业机械的制造为重点，并适当地发展炼油和化工设备、金属切削机床和电器的制造。”[1] 第一个五年计划基本是按部就班地顺利进行的，各项机械工业指标也都超额完成。

在顺利完成第一个五年计划后，中国进入了全面社会主义建设时期，这个时期的特点是以调整和过渡为主，研制出了一批大型和成套的设备。例如，第一机械工业部（以下简称“一机部”）建成了年处理原油 100 万吨的炼油设备和年产 2.5 万吨合成氨的设备，还完成了关于精密机床的研制和开发工作，这是中国首批的高精度设备的研发。当 1960 年苏联专家撤离中国后，在中国装备工业进入到极其困难的阶段下，一机部开发和研制了核原料加工设备、原子能反应堆和核物理试验设备等高科技产品，并在仅仅依靠国内艰苦环境和国际各方严密封锁的情况下，完成了航天、航空、舰船、兵器等行业尖端产品的研发。

第三个五年计划期间，中国主要围绕“大小三线”的建设进行了大量工作，从而改变了中国装备工业的整体布局。在这个阶段，中国装备工业的成果主要是：第二汽车制造厂研制出了冷加工成套设备；攀枝花钢铁公司研制出了年产 150 万吨钢铁成套设备；炼油设备年处理原油量提高到了 250 万吨；合成氨设备年产由 2.5 万吨提高到 5 万吨。

第四个五年计划期间，中国从西方工业发达国家引进了汽轮机和轴承等制

---

[1] 李健．中国机械工业发展史［M］．北京：机械工业出版社，2001：75－76.

造技术和成套设备，从而提高了为航空航天、石油化工等工业设备配套的能力。“二五”到“四五”这段时间，中国装备工业取得了不小的成就，初步形成了门类较齐全、具有一定规模水平的装备制造体系。其中，在湘西、鄂西和西北分别建成了第二重型机器厂、第二汽车制造厂、四川三大动力设备（汽轮机、发电机、锅炉）制造厂、西北和西南的机床工具厂、贵州和甘肃的低压电器制造厂等，西南地区重点建设了以重庆为中心的西南装备工业基地；还有分布在西南、西北各省区的航天、航空、兵器等国防和尖端工业科研、生产基地。可以说，“大小三线”的建设，为中国装备工业布局的基本形成奠定了坚实的基础。

中国装备制造业自主创新在这个阶段的发展特点基本如下：在工业建设上，基本以自给自足，自力更生为主，辅助以高关税等方式进口的一批装备设备和产品替代国内落后设备。工业生产方面，以供应国内市场为主，成立了一批具有一定装备设备和产品研发能力的专业科研机构，形成了较完整的装备工业体系，并初步奠定了工业化的基础。在这个阶段，由于装备企业缺乏主动进行技术改造，没有形成推动技术进步的内在机制，从而缺乏技术改造和进步的能力；此外，装备行业中的科研单位和企业、企业和市场基本是脱节的关系；装备工业及其企业的发展是依靠政府推动的、被动的发展过程，是政府对企业生产经营、研制研发进行严格控制，而不是持续的、持久的、普遍的技术进步过程。

2. 中国装备制造业自主创新的稳步发展阶段（1979—1999 年）

在这个阶段中，改革开放带来的经济发展，使中国装备制造业自主创新在成长的同时稳步发展，取得了一系列的技术进步。第五个五年计划（1976—1980 年）期间，政府提出了“调整、改革、整顿、提高”的方针，通过对生产结构的调整，对相关服务领域的扩大，使得国民经济比例关系严重失调的状况得以改进。在此期间，国家还采取了其他一系列的措施，如调整企业结构，发挥行业和中心城市的作用，按专业化协作原则改组装备工业，发展了一些经济联合体；通过管理体制的改革，使得生产资料不再是商品的束缚，从而将装备产品领入市场，得到了进一步的发展。

进入到第六和第七个五年计划时期，中国装备工业自主创新得到了前所未有的发展。在这个时期中，由于在引进技术、发展大型成套设备取得了巨大成果，相应带动了一批大型骨干装备企业的技术改造，从而带动了整个装备工业的生产和科技创新。在此期间，中国机械工业部相关系统引进成套设备、项目及单项技术 1300 余项。

进入到 20 世纪 90 年代后，电气机械制造业、普通机械制造业、仪器仪表制造业渐渐成为装备工业技术引进的重点。“八五”期间，中国机床工具及相关技术的引进约占全部引进项目总数的 50%，用汇额约占用汇总额的 39.5%。根据《1998—2020 年中国机械工业发展报告》的整理，在 1991—1996 年中国装备制造业中机床工具设备、汽车和电工电器设备在引进技术费用、用汇额等方面名列前茅；而机床工具设备、电工电器设备和仪器仪表设备在引进项目方面更是分别位居前三位。另外，从第八个五年计划到今天，中国装备工业技术的引进，主要集中于层次较高的技术引进，而这种持续的大规模的引进较高技术也说明了中国装备工业以一种更加开放的姿态与世界接轨，向世界学习，向发达国家取经，意欲后发制人。但是，这也从另外一个角度反映了中国装备制造业虽然发展了几十年，但在技术上还是与世界发达国家存在相当大的距离，因此发展的空间也是很大的。中国装备工业需要利用好引进的技术，从而全面提升中国装备制造业的技术水平和创新能力。

从改革开放到 1999 年，是中国装备制造业自主创新成长和稳步发展的阶段。这个阶段中国装备制造业自主创新的基本特点是：中国进入市场经济时代，改革开放下的中国敞开心胸迎接世界。在这样的背景下，中国装备制造业也迎来了发展的春天，充分享受到国际和国内两个市场及这两种资源带来的机遇，特别是鼓励利用外资。政府也为了鼓励中国装备工业的发展，逐步降低了关税，中国装备制造业也逐步完成了从主要出口初级产品向出口工业制成品的转变。并且，在出口的商品中工业制成品的比重不断上升。在这样的机遇下，一些传统的产业开始慢慢成熟起来，中国也渐渐成为世界公认的工业生产大国。可以说，市场经济很大程度上解决了中国传统产业领域中经济短缺的现象，使得中国装备制造业自主创新得以蓬勃发展。

3. 中国装备制造业自主创新的快速发展阶段（2000 年—至今）

进入 21 世纪后，中国装备制造业自主创新真正迎来了快速发展的阶段。在这个阶段中，国家出台了一系列单独的关于振兴和大力发展装备制造业的文件和政策，使得装备制造业自主创新能力的提升驶入了快车道。其中，在第九个五年计划和第十个五年计划期间，中国政府出台了大量的文件和相关政策，如《国务院关于加快振兴装备制造业的若干意见》，该意见明确了装备制造业的振兴目标：到 2010 年，发展一批有较强竞争力的大型装备制造企业集团，增强具有自主知识产权重大技术装备制造的能力，基本满足能源、交通、原材料等领域及国防建设的需要。此外，中共中央关于制定“十五”计划的建议强调，要大力振兴装备制造业，为中国装备制造企业注入了一道强心剂。在中央相关政策的指导下，各地方政府也发挥着重要的能动作用，依靠区域优势，最大效度地发挥了产业集聚效应，慢慢形成一批极具特色和竞争力的装备制造企业集群；初步建立和完善并形成了一整套中国装备制造企业的技术创新体系；建设和逐步完善了一批具有国际先进水平的重大技术装备工程中心和研发中心；并且，逐步构建以基础装备、一般机械装备、高新技术产业装备、重大技术装备等为核心的专业化产业体系，形成纵向的合理分工、协调发展、相互促进的产业格局，与国际先进装备制造业体系紧密依靠。

在“九五”和“十五”期间，中国在关键领域的重大技术装备取得了重要进展：[1] 1999 年 11 月 20 日，中国第一艘无人实验飞船“神舟”号发射成功并顺利回收，使中国装备工业高技术工程达到新的高度。在此期间还有“新舟 60”新一代支线客机研制成功；中国 20 世纪内兴建的最大能源项目二滩水电站 550MW 水轮发电机组投产；600MW 火电机组分别在哈尔滨、上海顺利投入运行；以中国为主、立足国内的“宝钢二期工程”完成了 250 吨氧气转炉和 1550MM 冷连轧扳机等一大批世界水平冶金设备；现代化大型乙烯成套装置的核心设备乙烯三机、乙烯裂解炉等相继试制成功。“十一五”以来，随着中国政策越来越开放，中国装备制造业已成为世界很多知名跨国公司向中国进行国际产业转移的重点。在最近的调查中发现，在中国 40 个工业行业的大类中，电气机械及器材制造业、电子及通信设备制造业、普通机械制造业和交通运输设备制造业等成为跨国公司对中国装备制造业中进行直接投资最为集中和广泛的行业，这些行业对中国工业增长的贡献率达 55% 以上，对中国工业乃至整个经济的发展起到了巨大的推动作用。

从 20 世纪末到现在，是中国装备制造业自主创新能力快速发展的阶段，在这一阶段中，中国装备制造业有如下的特点：入世使得中国经济发展迅速，同时也将中国装备制造业推向了整个世界，融入了整个世界的发展。在积极参与国际分工和国际竞争的同时，市场也变得越来越广阔。国内市场的开放俨然以使其成为国际市场的一部分；而不断降低的关税和有管理的浮动汇率等政策和措施的出台，更是将中国装备制造业的发展推向了国际化。经过“十一五”的发展，中国装备制造业自主创新能力更加具有国际竞争力，相信在不久的将来，中国必定会成为现代化的装备制造业强国。

---

[1] 新华社北京 2006 年 6 月 28 日电，国务院关于加快振兴装备制造业的若干意见，http://www.cas.cn/index.htm.

3.2.2　中国装备制造业自主创新的阶段性特点

纵观中国装备制造业自主创新几十年来的发展历程，其高速的发展离不开国家政策和经济环境的支持。中国装备制造业在工业化早期，呈现出一批工业基础好的地区优先发展，带动落后地区联动发展的特点。中国制造业自主创新整体水平不高，国家的政策导向是极力促进老工业区优先发展，再利用产业演化的前、后向效应不断推动其他地区工业发展。在这段时期里，中国装备制造产业集中程度也较高，发展较快。进入到平稳阶段后，由于工业化的不断推进，政府为了平衡区域经济发展，协调各地区的制造业发展，导致这段时期中国制造业的集中水平有所下降；当工业化发展到一定的阶段，即较高水平后，区域产业集群逐步形成，中国制造业自主创新能力发展也慢慢进入到国际市场和国际竞争中，集中水平明显上升。

可见，在中国工业和装备制造业自主创新能力发展的历程和状态中，中国装备制造业的演化和经济发展的关系是呈凹型结构的，这种凹型结构的演化模式通常需要政府政策干预、市场导向、市场需求、技术发展等方面综合因素的作用，才能逐步形成，这个过程是漫长和持久的。结合中国装备制造业发展历程和凹型结构演化模式，我们可以从中总结出中国装备制造业自主创新能力演化过程中的两个发展规律。

1. 中国装备制造业自主创新呈现阶段性发展

通过查找历年《中国工业经济统计年鉴》和《中国统计年鉴》，对比各年中国装备制造业的统计数据，进行归纳和分析，再结合凹型结构的演化模式，可以将中国装备制造业自主创新按时间段（我们选取的时间跨度为1987年到2008年）划分为三个阶段，分别如下。

（1）均衡发展阶段（1987—1992年）。在这个阶段，由于政策体制、内外环境等因素的影响，中国装备制造业自主创新发展较为稳定。这段时期，虽然中国经济发展模式仍然以计划经济为主，但各地区各装备产业部门协调发展，均衡稳定的成长。而进入改革开放后，各装备行业利用政策优势以及国内外工业发展形势，不断地扩大规模、加速发展，中国装备制造业自主创新均衡发展格局慢慢被打破，从而开始逐步向非均衡状态发展，进入到了第二个阶段。

（2）不均衡发展阶段（1992—2004年）。通过查找这一时期《中国工业经济统计年鉴》发现，除少数地区外，中国装备制造业自主创新的发展极其不均衡和无序。具体原因是在这个时期，中国市场经济开始占据经济发展的主导地位，中国装备制造产业企业和部门出于对自身利益的考虑，以追求经济利益为发展目标，日益膨胀的自信心也使得区域装备制造业的发展出现了井喷的局面。有区域比较优势的装备制造行业得到了大力发展，技术和生产专业化程度都得到了较大幅度提升，而很多缺乏比较优势的装备制造企业的发展纷纷落在了后头。

（3）均衡加速发展阶段（2004—2008 年）。随着“十一五”规划对于大力发展装备制造业的政策提出，中国社会主义市场经济也进入了相对成熟的阶段。在这个时期，中国各工业装备制造产业政策法律法规均不断完善，各地区也重视均衡发展装备行业，装备产业的结构也趋向于全面和均衡发展。

总体来说，20 世纪 80 年代中期至今，中国装备制造业自主创新能力动态演化过程中时段性的发展规律可以大致概括为：前期均衡发展阶段，各装备制造产业部门发展相对稳定，协调发展，共同提升；发展到一定的时期，由于地方装备制造企业和产业部门过分看重眼前利益，使得中国装备产业结构演化开始逐步趋向于不均衡和无序发展状态；但随着产业政策法规的不断完善，中国装备产业结构又开始重新趋向于均衡发展方向，并进入高速发展轨道。

2. 中国装备制造业自主创新呈现地域性发展

通过查找《中国工业经济统计年鉴》《中国统计年鉴》等相关数据分析了中国 28 个省、自治区、直辖市 1987—2008 年装备制造业主要经济指标，按照各地区各个装备制造业发展状况将中国装备制造业自主创新按地域差异总结其发展规律，主要可划分为以下五个地域性发展类型区。

（1）均衡高效发展类型区。中国装备制造业自主创新均衡高效发展类型区是指区位优势明显、基础设施和产品齐全、建设完善、拥有一定的技术优势和对外经贸优势、各个产业部门之间均衡发展、行业规模成型、协调发展的地区。通过数据调查，该类型区所在地区有上海、浙江、江苏、广东和山东五省市，基本覆盖了珠江三角洲及长江三角洲地区。随着改革开放和社会主义市场经济的发展，这一区域无疑收益最大，全国乃至全球范围的装备制造产业及其各种生产要素正在大范围地向该区域集聚。当前，这些地区的装备制造业自主创新已经带动起全国其他各地的装备行业乃至经济的快速发展。毫无疑问，它们已经成为中国经济最有活力的地区之一，为迈向世界发达装备制造业区域而努力。在这一类型区中，广东、上海和江苏已经成为中国重要的光纤通信、微电子和新材料等高新技术产业基地，发展了一大批高新技术企业园区，也出现了一批极具国际竞争力的优秀装备制造企业。而这几个地区的装备工业如普通机械制造业、电气机械及器材制造业、金属制品业、仪器仪表及文化办公用设备制造业、电子及通信设备制造业和交通运输设备制造业在全国也都居于领先地位。均衡高效发展类型区今后的发展方向是发展成为国际化的综合装备制造业产业区及研发中心。

（2）均衡潜力发展类型区。中国装备制造业自主创新均衡潜力发展类型区主要包括北京、湖北、天津、四川、辽宁和福州六个地区，根据相关数据整理和分析发现，这一类型区装备制造业自主创新均衡收敛趋势也是十分显著的，这说明在均衡潜力发展类型区中，其装备制造业的基础设施相对完善，产业发展的潜在优势明显。但是这个区域也存在很大的缺陷，主要是投资管理不合理，导致了大规模低水平、不合理、不成型的重复产业或企业的出现，使得装备制造产业结构趋近同化，造成了该地区的产业经济没有特色，制造业经济没有形成梯度，区域资源不能得到优化配置等。在这一类型区的六省市中，一些传统行业继续得到发展，如汽车、金属制品和重型机械等。这些年来，该区域又相继发展了一批以微电子、新材料、精密仪器仪表为代表的高新技术产业。虽然一些地区专业化部门集中优势发展，如电子及通信设备制造业和仪器仪表及文化办公用设备制造业等几个传统的装备制造行业，但能占据一定市场份额和代表行业先进水平的大型企业和集团没有完全形成，且缺乏国际竞争优势。均衡潜力发展类型区的发展方向是依靠自身发展环境和条件，充分发展潜力，在资源上优化配置，合理利用区域优势，突出特色，争取发展出一批具有国际竞争力的装备制造业企业和集团。

（3）平稳过渡类型区。中国装备制造业自主创新平稳过渡类型区因为以往发展不均衡，导致其区域优势不突出，传统装备制造业出现了“结构化衰退”趋势，高新产业发展缓慢等问题也慢慢凸显。但是近些年，其发展方向逐步趋向均衡，在平稳中向前发展，有望成为新一批潜力发展类型区成员。这一区域的省市依然是六个，包括黑龙江、吉林、河北、河南、安徽和广西。正如前面所提到的，平稳过渡类型区结构特点是具有一定装备制造业的基础，但因为时机和技术环节没有处理等缘故，其基础优势消磨殆尽。于是，各种各样的衰退和问题相继出现了。这些年来，中国工业化进程在不断向前推进，在这一类型区也形成了初具一定规模、年销售收入超过 200 亿元的大型企业集团，而像一汽集团、哈尔滨电站设备集团等大型企业集团的市场份额也在不断增加和积累优势。并且，一批新兴装备行业，如微电子、电子信息、精密仪器仪表等也呈现良好的发展态势，形成了很多极具特色的高新技术产业聚集区。可以说，平稳过渡类型区发展的方向很明确，就是进一步加强和巩固传统的区域装备制造业优势，优化产业结构和均衡发展，在努力提高传统产业相关技术的同时，加速发展高新技术装备产业。

（4）非均衡发展转型类型区。中国装备制造业自主创新非均衡发展转型类型区主要包括以下五省：湖南、江西、山西、贵州和陕西。该类型区的结构特点就是原先是装备制造业各部门均衡发展，但随着国家产业政策的调整和沿海工业崛起，以及区域竞争的加剧，其在全国的工业优势消失殆尽，这些地区的装备制造业在全国的地位也呈现不断下降的趋势。而造成这些地区失衡的主观原因包括，传统支柱产业在全国的竞争力下降，产业设备、资产相对老化，产出效率逐年下降等。例如，山西省作为资源型区域，其装备制造业的发展只是优先资源优势的行业，直接导致装备产业结构失衡；而陕西和贵州两省由于其产业结构的转型，优先和重点发展具有比较优势的行业，结果导致某一个或几个职能产业和部门突出，走向了非均衡发展的道路。非均衡发展转型类型区的发展方向是充分利用传统的资源优势，大力发展关联产业，同步发展高新产业，积极参与国际经贸和分工，逐步向均衡潜力发展类型区靠近。[1]

（5）非均衡发展蛰伏类型区。中国装备制造业自主创新非均衡发展蛰伏类型区主要包括以下六省区：内蒙古、云南、甘肃、青海、宁夏和新疆。[2] 该类型区的装备制造产业体系基本是在“一五”和“三线”时期建设形成，故而其地区结构和所有制结构等整体布局不合理，跟不上时代的发展。此外，在这些地区，由于政府缺乏有效投资，单一的国有经济难以支撑整个地区装备制造业的发展，造成了其装备制造业发展的“短路”。更加致命的是，在这些区域中，本来具有传统优势的装备制造企业的分管部门出现了严重的分割现象，即很多部门分属中央政府、地方政府或部门进行投资和管理，造成效率低下、自我封闭管理及社会化程度低等不良反应。而且，这一类型区的省区基本属于西部地区，受到资金、技术等诸多不利的限制和影响，基本没有均衡发展的条件和可能。今后这一类型区的发展方向将是突出发展特色产业，优先扶持重点优势装备产业和技术，争取实现区域资源优化配置。

从中国装备制造业自主创新的发展历程与规律中可以知道，中国装备制造业自主创新能力一直都在取得较快的进步与发展。但通过对中国装备制造业自主创新的现状分析可以看出，中国装备制造业自主创新能力虽然一直在发展，

---

[1] 刘春霞. 信息熵在产业结构演变研究中的应用［J］. 城市经济，2005（4）：20－25.

[2] 西藏由于数据缺失没有进入统计年鉴，故而没有将其划分到这些类型区域中。

但与发达国家相比还存在着很大的差距与不足，我国必须加快自身的自主创新能力的建设才能真正的发展和强大起来。

3.3　中国装备制造业自主创新存在的问题及原因分析

加强中国装备制造业的自主创新能力是发展中国国民经济，增强中国综合国力的一个重要发展方向。正由于装备制造业对整个国家经济发展的重要性，我们必须充分了解中国装备制造业自主创新的发展现状，以及在进行自主创新过程当中所存在的问题，才能从根本上转变装备制造企业、整个行业甚至是整个国家关于提高装备制造业自主创新能力的观念，化被动为主动，避开以前的一些误区，走一条具有中国特色的自主创新之路，用自主创新武装我们的装备制造业，提升中国工业经济在国际上的竞争力。

3.3.1　中国装备制造业自主创新现状

中国装备制造业在自主创新方面的投入不断增加，无论是装备制造企业在自主创新方面投入的 R&D 人员和经费投入，还是国家在自主创新方面的 R&D 经费投入和政策支持来看，中国装备制造业自主创新能力都得到了长足的提高，具体情况分析如下。

1. 中国装备制造业自主创新投入不断增加

国际经验表明，凡是自主创新能力强、创新成果多的国家，无一不是在自主创新上大量投入的国家。投入主要表现在科技经费和科技人员的投入，特别是研究与开发经费和人员的投入。中国装备制造业在自主创新方面的投入不断增加，表现如下。

（1）科技经费投入增加。从 2004—2011 年间，用于自主创新研发的 R&D 投入不断增加，中国科技经费投入快速增长。据国家统计局的初步测算，见表 3 -1，2011 年全国研究机构 R&D 经费 8610.2 亿元，是 2004 年的 4.4 倍。截止到 2011 年，中国装备制造业 R&D 经费占制造业总量的近 70%。其中，装备制造业中计算机及其他电子设备制造业、交通运输设备制造业和通信设备经费投入所占比重较大，交通运输设备制造业 R&D 经费占装备制造业总值的 39.2%，计算机及其他电子设备制造业 R&D 经费占装备制造业总值的 38.2%。另外，装备制造业引进国外技术支出为 171.8 亿元，占制造业总量的 56.1%。技术消化吸收支出为 42.8 亿元，占制造业总量的 65.5%。在装备制造业内部仍然是交通运输设备制造业和计算机及其电子设备制造业比重最大。

表 3－1 全国 R&D 经费支出（2004—2011 年）

项目	2004 年	2005 年	2006 年	2007 年	2008 年	2009 年	2010 年	2011 年
R&D 经费支出（亿元）	1966.3	2450.0	3003.1	3710.2	4616.0	5802.1	6980.6	8610.2
R&D 经费支出/GDP（%）	1.23	1.32	1.39	1.40	1.47	1.70	1.75	1.83

数据来源：中国科技统计数据，http：//www.sts.org.cn/sjkl/kjtjdt/data2010/dt2010.htm#2_ 财政科技拨款。

与此同时，中国国家财政对科技投入力度进一步加大。国家财政科技拨款是中国科技经费的重要来源之一。为落实科教兴国战略，提高中国的科技创新能力，国家财政对科技的投入逐年加大，见表 3－2。

表 3－2 2006—2011 年中国财政科技拨款情况

项目	2006 年	2007 年	2008 年	2009 年	2010 年	2011 年
国家财政科技拨款（亿元）	1095.3	1334.9	1688.5	2113.5	2581.8	3224.9
占国家财政总支出的比值（%）	3.84	3.93	4.18	4.25	4.12	4.23

注：2007 年政府收支分类体系改革后，财政科技支出包括“科学技术”科目下支出和其他功能支出中用于科学技术的支出；前后年度财政科技支出涵盖范围基本一致，但分项数据不具有可比性。

（2）R&D 人员投入增加。为了大力发展中国经济，中国加大了对 R&D 人员的投入量，以使中国的科技队伍不断壮大，结构逐步优化。根据第二次全国 R&D 资源清查数据，2011 年中国投入 R&D 活动的人员数量达到 318.4 万人，其中，博士学历 17.9 万人，硕士学历 43.3 万人，本科学历 94.5 万人。按国际可比的全时当量计，2009 年中国 R&D 人员总量达到 229.1 万人年，比上年增加 32.6 万人/年，年增长 16.6%。2005—2011 年，中国 R&D 人员总量增加 92.6 万人年，年均增长率为 10.6%，高于“十五”期间 8.2% 的年均增长率。随着 R&D 经费支出和人员投入的不断增长，中国装备制造业的自主创新能力也在逐年增强。

2. 自主创新产出效果显著

最能体现自主创新产出效果的主要是科技论文、专利和专有技术。科技论文和专利反映了一个国家或地区知识积累的深厚程度，是自主创新能够持续进行的源泉。近年来，中国专利申请受理量和发表的科技论文数都有大幅增长。

（1）专利数。专利战略的实施促进了中国专利事业的快速发展。2006—2011 年，中国每年的专利申请受理量从 57.3 万件上升到 145.5 万件，年均增长 22.8%，见表 3-3。在发明、实用型和外观设计 3 种专利中，实用新型和外观设计专利是以国内的申请者为主，所占的比重每年都在 90% 以上，其中实用新型专利的比重达到了 99%。技术含量最高的发明专利国内申请所占的比重多年来一直不到 50%，但 2006—2011 年期间都超过了 50%，而且 2011 年达到了 74.9%。2006—2011 年国内申请的发明专利的增长速度高于专利申请总数的增长率。这说明中国国内申请专利的技术含量在提高。

表 3-3　2006—2011 年中国专利申请受理情况

项目	2006 年	2007 年	2008 年	2009 年	2010 年	2011 年
合计（件）	573178	694153	828328	976686	1222286	1454863
增长（%）	20.35	21.11	19.33	17.91	25.15	28.54
发明专利（件）	210490	245161	289838	314573	391177	462182
国内比重（%）	58.1	62.4	67.1	72.8	74.9	76.5
实用新型专利（件）	161366	181324	225586	310771	409836	485712
国内比重（%）	99.2	99.3	99.3	99.4	99.4	99.4
外观设计专利（件）	201322	267668	312904	351342	421273	46528
国内比重（%）	93.4	94.8	95.4	96.7	97.1	97.6

资料来源：数据来源于国家知识产权局网站。

（2）发表论文数。随着中国基础研究和应用研究能力的增强，中国科技工作者发表的科技论文数量也逐年增加。据 SCI 数据库统计，2010 年世界科技论文总数为 143.74 万篇，比上年增长了 0.3%。2011 年收录中国内地发表论文 11.95 万篇，比 2010 年增加了 25.3%，增速达到 2000 年以来的峰值，远超出世界整体水平 0.3%。论文数占世界总数的份额由 2008 年的 6.6% 提高到 8.3%，增加了 1.7 个百分点。论文数排名也由 2008 年的世界第 4 位，跃居世界第 2 位，仅次于美国。2000 年至 2011 年中国共发表论文 85 万篇，排在世界第 4 位；论文共被引用 423 万次，排在世界第 8 位。平均每篇论文被引用 5.87 次，比上年度的 5.2 次有所提高，但与世界平均值 10.57 还有差距。2000—2011 年间发表科技论文累计超过 20 万篇以上的国家共有 14 个，按平均每篇论文被引用次数排序，中国排在第 12 位。

3. 企业已初步成为自主创新的主体

企业、研究机构和高等学校是中国 R&D 活动的三大执行部门。全国 R&D 人员的增长主要来自企业的贡献。据统计数据分析，2011 年，中国大中型工业企业中进行自主创新的企业总数为 7754 个，其中装备制造业为 3541 个，占制造业总数的 51.24%。而在中国装备制造业行业中，进行自主创新的企业平均占到企业总数的 34.98%，比整个制造业平均 23.93% 的比例要大 10 多个百分点。近些年来，中国装备制造业自主创新企业数以相当高的增速增加，很显然，其自主创新能力要比其他行业强，而且自主创新能力的发挥在整个制造业中起着举足轻重的作用。以下从科技活动经费的来源和 R&D 人员投入两方面具体分析。

（1）科技活动经费来源。从 R&D 经费的来源和流向来看，多数国家的 R&D 经费主要来自企业，同时在许多国家，由政府提供的资金达到 R&D 经费总额的 1/3 以上，其中俄罗斯和加拿大的政府资金比例甚至高出企业而成为 R&D 经费的第一来源。在中国，企业既是 R&D 活动的执行主体，也是 R&D 活动资金投入的主体。2011 年，在 R&D 总经费支出中，企业 R&D 经费为 4248.6 亿元，占 R&D 总经费的 73.2%，比“十五”末上升了约 5 个百分点；研究机构为 995.9 亿元，占 17.2%；高等学校为 468.2 亿元，占 8.1%，见表 3－4。

表 3－4　2011 年全国 R&D 经费支出（按来源和执行部门分）　单位：亿元

经费来源	合计	企业	研究机构	高等学校	其他单位
合计	5802.1	4248.6	995.9	468.2	89.4
企业	4162.7	3944.9	29.8	171.7	16.3
政府	1358.3	183.9	849.5	262.2	62.6
国外	78.1	68.7	4.2	4.8	0.5
其他	203.0	51.1	112.4	29.5	9.9

数据来源：中国科技统计数据 2010，http：//www.sts.org.cn/sjkl/kjtjdt/data2010/dt2010.htm#6_ 国际比较.

（2）R&D 人员支出。企业、研究机构和高等学校是中国 R&D 活动的三大执行部门。2011 年，中国 R&D 人员在三大执行部门的分布情况是：企业及其他超过 2/3，研究机构和高等学校合计不足 1/3。全国 R&D 人员的增长主要来自企业的贡献。2011 年，全国 R&D 人员比上年增加了 23.4 万人，仅大中型企业就增加了 16.2 万人，占全部增量的 69.2%，具体如图 3－1 所示。

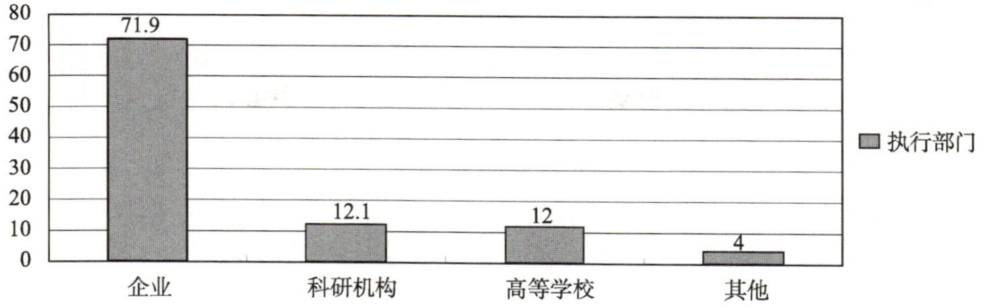

图 3-1　2011 年全国 R&D 人员按执行部分布

4. 进出口总额不断扩大，逆差大幅缩小

从 1999—2011 年，中国经济增长率持续保持在平均每年 8% ~9% 之间，如此高速的增长速度同时也反映在中国的对外贸易中。一直以来，中国的贸易结构就不合理，主要以低科技含量的产品为主，但近年来，中国进出口总额不断扩大，且结构日趋合理，装备产品所占出口比重大幅上升，逆差大幅缩小。例如，中国 2005—2011 年机械及运输设备的进出口情况，进出口总额从 2005 年的 3805.99 亿美元增加到 2011 年的 9980.71 亿美元。出口增幅大于进口增幅，出口额从 2005 年的 1877.73 亿美元增加到 2011 年的 5902.74 亿美元；进口额从 2005 年的 1928.26 亿美元增加到 2011 年的 4077.97 亿美元。出口贸易占比也大幅增加，进出口逆差大幅缩小。

总体来说，中国装备制造业自主创新的现状是良好的，总的趋势也是非常乐观的，但是，我们必须认识到我们与发达国家的创新能力相比还存在着巨大的差距，我们必须进一步改进我们的不足之处，努力提高中国的自主创新能力，才能真正发挥好装备制造业在中国工业中的重要地位，促进中国经济的发展。

3.3.2　中国装备制造业自主创新存在的问题及原因分析

目前，中国装备制造业自主创新主要还停留在引进技术的单一创新模式上，由于装备制造产业和相关宏观调控政策没有考虑周全，而且研发的资金投入严重缺乏，所以还没有形成完整的技术创新联动体系。尽管中国装备制造业取得了一定的成绩，近些年来也得到了很大的发展，但创新能力不强的特点导致进口依赖、产业安全风险和出口结构等问题相继出现，自主创新能力更是得不到提升，严重制约了中国装备制造业可持续发展的空间，参与国际竞争的能力也渐渐削弱。所以，需要充分了解中国装备制造业自主创新存在的问题才能真正解决发展中国装备制造业的问题。

1. 中国装备制造业自主创新投入与国际水平相比存在很大差距

2009 年世界经济合作与发展组织（OECD）发布的一期《主要科学技术指标》数据库（Main Science and Technology 2009 - 1）公布了 OECD 国家 30 个成员国和中国、俄罗斯、阿根廷、南非、以色列、新加坡、罗马尼亚、斯洛文尼亚、中国台湾等 9 个非 OECD 国家（地区）的最新 R&D 数据。据测算，这 39 个国家（地区）的 R&D 经费占世界 R&D 经费总额的 95% 以上。

2007 年，上述 39 个国家（地区）的 R&D 经费总额达到 1.02 万亿美元，若加上有 R&D 活动的其他 71 个国家（地区）的最新 R&D 经费，则世界 R&D 经费总额达到 1.07 万亿美元，历史性地突破了 10000 亿美元，标志着世界 R&D 活动进入了一个全新的发展阶段。2009 年，中国 R&D 经费总额为 849 亿美元。近年来，中国 R&D 经费的增长速度远远高于美、日、德、法、英五个 R&D 大国，与英国、法国的差距迅速缩小。与中国类似，韩国、俄罗斯等发展中经济体也表现出良好增长势头，在世界研发体系中的地位迅速提高。世界研发活动逐渐呈现出多元化发展态势。但总的来说，中国自主创新的 R&D 投入与发达国家相比还存在着很大差距，如图 3 - 2 所示。

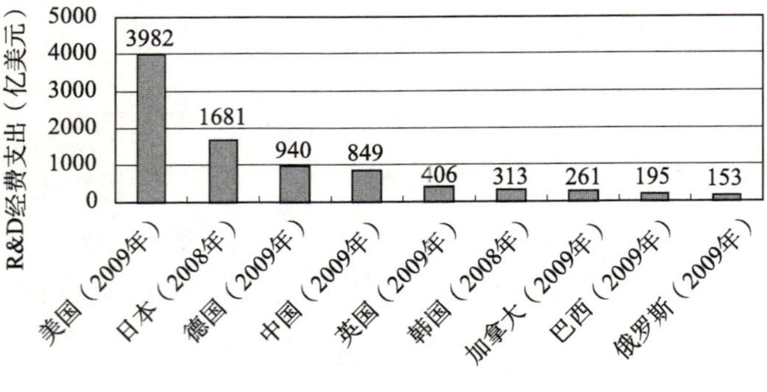

图 3 - 2　部分国家 R&D 经费支出

数据来源：中国科技部；OECD《主要科学技术指标 2010/2》；巴西科技部；联合国教科文组织。
Source：MOST；Main Science & Technology Indicators 2010/2（OECD）；Ministry of S&T of Brazil；UNESCO.

虽然从 R&D 经费规模上看，见表 3 - 5，中国企业已经成为 R&D 活动的主体，具备了与市场经济国家相似的比例特征。但是从企业构成来看，中国企业部门 R&D 活动具有两个重要特征，即外资企业 R&D 经费所占比重较高，高技术产业的 R&D 经费比重偏低。外资企业在中国企业 R&D 经费中所占比重逐年提高。中国大中型工业企业 R&D 经费支出总额中三资企业所占比例从 2003

年的 23.2% 增长到 2011 年的 36.3%。

表 3-5　部分国家 R&D 费用中各执行主体的投入比重　（单位:%）

国　家	研发机构	企业	高等院校	其他
中国（2009 年）	17.2	73.2	8.1	1.5
美国（2008 年）	10.6	72.6	12.8	3.9
日本（2008 年）	8.3	78.5	11.6	1.6
德国（2009 年）	14.5	68.2	17.3	0
法国（2008 年）	15.9	62.8	20	1.2
英国（2009 年）	9.2	62	26.5	2.4

数据来源：中国科技部；OECD《主要科学技术指标 2010/2》。Source：MOST；Main Science & Technology Indicators 2010/2（OECD）.

据资料统计，世界 500 强用于研究与开发（R&D）的费用占全球 R&D 费用的 65% 以上，平均每个企业的技术开发费用占其销售额的 10% ~20%。而中国大中型工业企业的技术开发费用占产品销售收入的比重只有 1.4% 左右。另外，国外企业每年的研发投入占年销售总额 5% ~10%。在 2011 年，据部分统计，中国装备制造业各分支中研发投入占产值的比率都比较低，但航空航天器制造业相对投入比较大。这些数据都表明了中国企业基础研发费用投入不足是目前中国制造业技术创新的软肋。根据国际经验，技术研发投入占销售额比例在 1% 以下的企业是难以长期生存的，比例为 2% 左右的企业仅可以基本维持，只有比例达到 5% 的企业才有竞争企业的核心竞争力和国家竞争力。

2. 引进吸收再创新能力差，缺乏核心技术

中国对引进技术的消化吸收长期缺乏足够重视，只引进而不消化吸收，成为产业技术进步的一个老大难问题。同时由于消化吸收经费投入明显不足，以及发达国家对先进核心技术的垄断，导致对引进技术的消化吸收再创新能力相对薄弱，严重影响了产业自主创新能力的提高。

（1）系统制造、集成创新和引进技术消化吸收再创新能力不足是中国装备制造业自主创新的“软肋”。尽管中国在低附加值的中低档大型、成套设备和单机方面已经具备了较强的生产能力，但高附加值大型成套设备和高精尖产品的集成创新与成套生产能力却严重不足，并且存在硬件与软件、主机与辅机不配套的系统不协调现象，因此不能满足国民经济各部门发展的需要，并造成了对国外设备的严重依赖性。由于对引进技术的消化吸收重视不够，导致中国装备技术引进仍然停留在仿制、掌握原有技术以及较低层次的国产化上，没有

上升到消化吸收再创新和形成自主开发能力上来，于是造成了对国外技术、装备及零部件的严重依赖性。仿制而不消化吸收也使机械工业步入歧途。中国大中型国有工业企业技术引进经费总额和消化吸收经费两项费用的比例是1∶0.06。而韩国、日本企业引进技术和消化吸收的比例则达到1∶5到1∶8。虽然中国对进口设备有较强的仿制能力，但往往是“形似而神不似”，即其外形与功能与引进品不相上下，但其性能包括稳定性、一致性、可靠性却相差甚远。

（2）发达国家对先进技术限制出口，使中国缺乏核心技术，受制于人。发达国家利用自己的技术创新能力积累足够规模的本土市场高端需求，成为世界新技术、新创意、新产品发源地和新需求市场的开拓者，由此对发展中国家形成了不对称的买方势力。这种垂直竞争格局决定了跨国公司的价值创造和分配的主动权，从而使得处于价值链中低端的中国本土装备制造企业只能分配到很微小的利润，如通信设备、计算机及其他电子设备制造业，芯片和软件是其核心技术。这种国际分工体系所造成的利益机制扭曲，一方面限制了中国装备制造企业自主创新的资金流；另一方面将中国本土装备制造企业约束在价值链中高物耗、高污染、低效益的环节，一旦需求萎缩或原材料、运输等中间投入品的价格上涨，有限的利润空间就会受到严重挤压。发达国家的技术垄断，影响了中国企业对引进技术的消化吸收能力。凭借科技优势和建立在科技优势基础上的国际规则，发达国家及其跨国公司形成了对世界市场特别是高技术市场的高度垄断，从中获取大量超额利润。

3. 国际贸易结构不合理，对进口设备依赖程度高

从国际贸易的结构可以看出一个国家装备制造业的国际竞争力及其在国际分工中所处的地位。中国装备制造业进出口贸易结构日趋不合理。每年的外贸逆差高达数百亿美元。据海关统计，2011年，中国进出口总值为18755.8亿美元，比去年同期增长40%。其中出口9897.4亿美元，增长35.5%；进口8858.4亿美元，增长45.5%；贸易顺差为1039亿美元，减少14.6%。欧盟、日本和美国仍然是中国机械工业进出口最大的贸易伙伴，其贸易规模合计达2867.68亿美元，占全行业的比重达55.81%。其中，对欧盟的双边贸易总额为1276.54亿美元，同比增长35.61%；对日本的贸易总额为968.11亿美元，同比增长46.68%；对美国的进出口贸易总额达623.02亿美元，同比增长31.55%。

从中国进口产品结构来看，中国的初级产品增长迅速，而由于“世界工

厂”的地位，中国进入了急速扩张的制造规模与相对贫瘠的资源条件所形成的窘境中。这使得中国对外部资源供给的依赖性扩大。近年来，中国战略性资源产品进口贸易的主要特征是：进口规模日益庞大、进口年增速度加快、进口依存度提高、进口来源集中度增强。然而，国际市场供应不稳、全球性的资源争夺日趋激烈，使中国战略性资源产品的供应存在着不确定性和价格风险，对国家经济安全构成潜在威胁。因此，在发展中国经济、加快中国进出口发展的同时，还必须注意更进一步优化中国进出口贸易结构，为中国的经济安全提供保障。

4. 中国装备制造业缺乏自主品牌和世界一流企业

大企业、大集团是企业群体的“火车头”，代表了一个国家的产业技术水平和国际竞争力。装备制造业是最能体现规模经济效益的产业，但中国很少有在规模与自主创新能力上能与国际一流企业和跨国集团（如美国的通用、德国的西门子、日本的三菱）相抗衡的大企业和大集团。全球第一份制造业白皮书于 2010 年 7 月 29 日在北京发布，白皮书机械卷研讨会暨《中国机械 500 强》《世界机械 500 强》发布会在北京人民大会堂隆重举行。这份由世界经理人集团和中国机械企业管理协会等机构共同编制的《全球制造业白皮书》，公布了 2010 年“全球 10 大制造强国”排行榜，美国、日本和中国位居前三。《全球制造业白皮书》以美国《财富》杂志全球 500 强的数据作为研究样本，发现 2010 年入选全球 500 强的制造业企业有 217 家，美国以 55 家制造商入选排名第一，日本有 34 家制造商入选排名第二，而中国以 24 家制造商入选排名第三。中国虽然已经进入全球三大制造强国阵容，但是与美国和日本相比，还是有很大的差距。全球制造商集团首席执行官丁海森说：“中国的差距不仅体现在品牌上，更体现在企业规模上。今年的世界机械 500 强前 10 名中国无一入选，前 100 名中的中国企业仅有 9 家。中国机械 500 强的门槛是 0.3 亿美元，而世界机械 500 强的门槛则为是 20 亿美元”。2004—2010 年世界机械 500 强的中国企业数量分布见表 3－6。

表 3－6　2004—2010 年世界机械 500 强中国企业数量分布

地　区	2004 年	2005 年	2006 年	2007 年	2008 年	2009 年	2010 年
中国大陆	43	50	50	57	62	66	67
中国台湾	1	1	1	1	5	6	7
中国香港	3	2	2	2	2	2	3
总　计	47	53	53	60	69	74	77

数据来源：数据来源于《世界机械 500 强》白皮书。

5. 装备制造产业组织结构不合理，集群度不高

随着社会分工的细化，零部件的集中生产、工艺的专业化生产以及非核心业务生产的外置和服务外包已经成为趋势，内化向外化演进是当今制造业主要的变革方向。

与国际同类企业相比，中国相关产业集中度过低，企业规模过小，中小企业又发展缓慢，缺乏规范，难以形成有效竞争。同时，大中小企业没有实现在专业化基础上的分工协作，“大而全”“小而全”是其基本的结构特征。此种模式造成了中国装备制造业在规模经济、有效竞争及分工协作方面的多重损失。因此，调整装备制造业的产业组织结构，促进装备制造企业实现规模经济，促进企业间分工合作，抑制过度竞争，构建产业内适度集中，企业间充分竞争，大企业主导，大中小企业共生的寡头主导型产业组织结构是振兴装备制造业的关键。[1]

装备制造业产业链长、中间产品交易量大、迂回生产方式明显，最适合以产业集群的方式组织生产，从而通过分工的专业化与交易的便利性，把产业发展与区域经济有效地结合起来。装备制造业应着力建立和完善区域服务体系，促进资金、技术和人才等要素向优势区域集中，支持企业间分工协作，形成装备制造业的产业集群新优势。一批产业特色突出、专业分工合理、协作配套完善、创新能力较强的创新型装备制造业集群，使同种产业或相关产业的制造企业在地方（地区）有机地集聚在一起，促进集群企业间信息交流和制造资源的优化配套，利用互联网平台实现企业间信息的快捷交换，有利于企业间的优势整合、发挥产业集群效应、提升产业竞争优势。

6. 产学研脱节，人才不足

长期以来，中国一直没有把科技创新同市场联系在一起，大量科研院所游离于企业之外，企业在产学研体系中处于附属地位。据有关资料提供的数据：在中国科学院688名院士中，没有1名来自企业；在中国工程院656名院士中，来自企业界的也寥寥无几。这表明，一方面，大量的科技人才都集中在“象牙塔”式的科研院所和大学校园内，并且由于工资与激励机制的扭曲，把主要精力都放在了评职称、发表论文、获奖等方面；另一方面，企业的研发人才奇缺，多数企业没设置研发机构，产学研结合与沟通渠道不畅。这必然导致产学研分割、科技成果转化为现实生产力的效率低下，人才短缺。

---

[1] 何禹霆，唐晓华．产业组织重构与装备制造业竞争力［J］．商业研究，2005（07）：73－75.

要解决制造行业的产学研脱节问题，必须要有一个机构来组织协调。国家没有相关部门来组织协调，只能靠行业自己。国外都是靠行业协会来组织协调企业与科研院所，企业与科研院所签订合同，企业先支付一定比例的经费，科研院所根据企业的要求，负责从产品的开始研制到实现工业化生产整个过程，最后由企业支付剩余的经费。企业与科研院所之间的合作完全按照依法诚信的原则来进行，形成了良性的产学研结合机制，使行业的研究开发水平不断跃上新台阶，产品更新换代速度很快。因此，中国企业和科研院所要在诚信的市场经济规则下携手合作，让中国自行开发技术产品能够更多地占领国内的市场，并积极开拓国际市场。

中国装备制造业的自主创新取得了令人瞩目的成就，但同时我们也应该看到自主创新过程中与世界发达国家之间存在的差距，在认识到自身不足与存在的问题的基础上加以改进和发展，真正实现中国装备制造业在整个国民经济中的龙头作用，以装备制造业的自主创新为基础提高国民经济的整体实力，增强在世界范围内的竞争能力，成为真正的制造业强国。

3.4　本章小结

与发达制造业国家相比，中国装备制造业在自主创新能力和原创性技术创新成果等方面明显缺乏竞争力，很多关键领域中的核心技术需要依赖于进口。现阶段中国装备制造业自主创新的现状表明，中国装备制造业自主创新能力弱，表现在研发投入不足、核心技术过分依赖于进口、装备制造产品拥有自主知识产权产品过少、进出口逆差情况严重。装备制造业作为整个制造业的基础和核心，不但是为下游行业提供技术和装备支持的基础性、战略性产业，更是一国实现产业结构调整和技术升级的主导产业。中国装备制造业的发展面临自身基础差、创新能力弱等问题的制约，更面临跨国公司在技术和市场层面的激烈竞争。这使得中国装备制造业只能以低端方式参与全球竞争，制约了其国际竞争力的提升。要想在竞争如此激烈的全球市场掌握主动权，中国装备制造企业必须提高自主创新的思维和能力，必须要掌握核心领域的核心技术，拥有自主知识产权的技术，这样才有可能成就立于国际市场不败的企业。因此，在国内市场国际化的背景下，中国装备制造业需要调整竞争战略，通过增强自身竞争实力或避免过度竞争等方式，突破现有竞争模式对其提升国际竞争力的制约。

第4章　世界各国装备制造业自主创新模式经验借鉴

在工业较发达的国家，其装备制造业自主创新政策可以分为三种类型：一是以美国为代表，政府很少颁布法律性的创新政策，即使制定一些有限的政策，也只在于为装备制造企业创造一个良好的创新环境，让市场去调节企业的技术创新活动；日本和韩国则代表着另外一种类型，政府既直接介入创新活动，又制订许多创新政策、创新战略；而以德国为代表的欧洲国家的创新政策，则介于美国和日韩两者之间。本章将通过分析美国、日本、德国及韩国等工业发达国家装备制造业发展历程及现状，总结其装备制造业自主创新模式和经验，为中国装备制造业的发展和自主创新提供有效的启示和借鉴。

4.1　美国装备制造业自主创新模式及政策措施经验

在美国，制造业被称为“经济实力的脊梁”[1]，虽然没有具体“装备制造业”的概念，但通过进一步的研究分析发现，在美国一些相关制造产业可以划分到装备制造业中，如金属制品制造业、一般机械制造业、计算机和电子制品制造业、电子装备制造业和交通运输设备制造业等。4.1节将就其中几个行业的发展进行探讨和分析，由此总结出美国装备制造业自主创新能力提升经验。

4.1.1　美国装备制造业自主创新的发展历程

虽然刚经历了几十年难得一遇的经济危机，但不可否认美国仍是当今世界上最发达的国家之一，它的发达不仅仅体现在信息产业和服务业等领域，更体现在在装备制造业领域。

[1] 崔万田．中国装备制造业发展研究［M］．北京：经济管理出版社，2004：22.

1. 起步阶段（20 世纪 60 年代——70 年代末）

美国经济实力在当今世界的地位毋庸置疑，而其工业发展是助推其经济发展的一把利剑，其中，不容忽视的是美国也是世界上制造业最为发达的国家之一。20 世纪 20 年代开始，以汽车工业、军事工业等产业为先驱，带动美国装备制造业的迅速发展，使其进入到世界装备制造业强国行列。[1]

自 20 世纪 60 年代以来，美国装备制造业在制造业中所占的比重就一直非常大，其产值也一直占到美国国内生产总值的 15% 以上。其装备制造业的生产率增长幅度远远高于美国其他经济和产业部门，美国出口份额的一半以上均由制造业所带来。装备制造业对于美国经济研发所做的贡献更是巨大的，有接近 2/3 以上的研究开发出现在装备制造业，这使得装备制造业一举成为美国经济增长的助推器。装备制造业对于美国国内其他经济和产业的影响也是显而易见的，其对国民生产总值的直接贡献度一直保持在 15% 左右，还拉动其他产业 30% 以上，直接提升整个经济增长率将近 1/3。

2. 稳步发展阶段（20 世纪 80 年代—90 年代初）

进入 20 世纪 80 年代，美国为发展经济，增强产品国际竞争力，其相关装备制造业开始大量出口，出口总额占世界的比重一度稳居首位。20 世纪 90 年代，美国装备制造业发展进一步提速，其中，机械、电器、汽车等制造业年均增长率一度分别达到了 11.4%、21.9% 和 9.6%，而其他诸如微电子、通信、航空航天等装备制造业的发展速度更快。根据美国商务部的有效统计，装备制造业在 20 世纪 90 年代对于美国国内生产总值的增长贡献率达到 20% 以上，远远超过了其他经济部门。据美国国家先进制造联合会的一份报告，尽管经济危机还在持续影响着美国的经济发展，但装备制造业依旧是美国经济增长的“发动机”，并且在解困经济危机中将发挥至关重要的作用。

3. 高速发展阶段（20 世纪 90 年代中期—21 世纪初）

20 世纪 90 年代，美国装备制造业产出呈现高速增长的趋势。其中，20 世纪最后的 10 年间，由装备制造业创造的实际 GDP 年均增长率超过了服务生产部门 3.65% 的水平，达到 4.52%。在 20 世纪 90 年代，计算机和电子产业的表现非常优秀，其产值增速位居制造业第一。进入 20 世纪 90 年代中期以后，美国装备制造业的产值不断攀升，在国内生产总值所占的比例也达到了近

---

[1] 王志. 美、日、印装备制造业政策比较与借鉴［J］. 北方经济，2009（11）：46.

20%，将其他行业甩在了身后。其装备制造业生产率的增长也稳步提升，其增长幅度比其他经济部门几乎多出了两倍。下面的表 4－1 给出的是 1995 年美国部分装备制造业的结构状况。

表 4－1 美国部分装备制造业的结构状况（1995 年）

行业	产值（亿美元）	增加值（亿美元）	比重（%）	就业人数（万人）	比重（%）	增加值（位次）
金属制品	1810	900	5.3	133.8	7.7	4
非电气机械	3790	1880	11.1	209.6	12.1	1
电气机械	3120	1800	10.6	158.3	9.1	3
运输设备	4900	1840	10.8	169.0	9.8	2
专业和科学设备	1300	860	5.0	75.7	4.4	5
以上 5 行业合计	14920	7280	42.8	1480.7	43.1	

注：以上五个装备制造业行业为当年增加值超过 500 亿美元的行业。

从以上美国部分装备制造业的结构状况表中可以看出，美国装备制造业以机械、运输和电气等装备制造行业为主要支柱，制造业 13.9% 的劳动力为美国创造了 24.5% 的 GDP，而以这些装备制造行业为主心骨的制造业毫无疑问成为最具活力的产业。20 世纪 80 年代以后，装备制造业在美国产业结构中的比重虽然有下降趋势，但是总量却没有降低，反倒是增加了，这更加说明装备制造业的经济价值还是相当高的。从以上部分装备制造行业的增加值及其比重可以看出，这五个行业俨然已经成为制造业的主导行业，美国进入世界 500 强的绝大多数企业都属于以上五个主导行业。

4. 自主创新发展阶段（21 世纪初至今）

近年来，美国装备制造业的发展走上了“研发生产—出口—进口”的一条循环路径，在基础科学研究和技术创新和研发上投入了大量的资金和精力，新产品的开发与生产也如雨后竹笋般涌现，国内已经形成了大规模生产和市场销售渠道。在国际市场上，进行大量的资本和技术输出，对于基础零部件的成本控制开始越来越重视，并且随着出口国的大量生产，产品开始逆向回流到美国。在高新领域更是进行进一步的后续研制和开发，以生产出更具国际竞争力的产品，如此循环。目前，美国装备制造业的发展主要依靠技术创新的支撑，增加产品附加值，以生产高档产品为主要方向，在国际装备制造业的竞争中处于绝对领先的水平。

4.1.2　美国装备制造业自主创新模式分析

为了提升自主创新的能力，增加装备制造业的产业竞争力，抢占高科技制高点，美国政府和装备制造企业大力推动产、学、研对关键技术的联合攻关，十分重视以自主创新为蓝图的“先进技术计划”方式来推动关键技术的发展，确立了装备制造业自主创新的三螺旋模式，如图 4－1 所示。

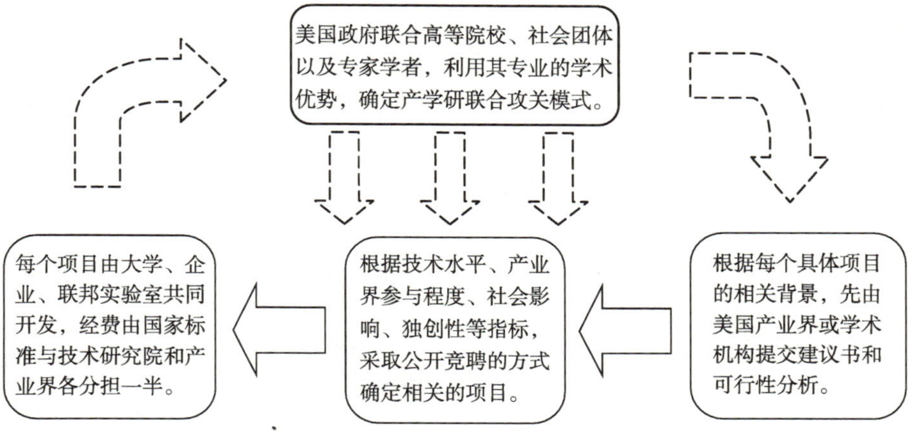

图 4－1　美国装备制造业自主创新的三螺旋模式

产、学、研三螺旋的自主创新模式和“先进技术计划”的制定与实施是分不开的。先进技术计划（ATP）是出于在全球市场对美国装备制造业竞争地位的考虑而制定的。尽管技术进步速度受多方面因素影响，但最关键因素是如何将科技尽快和成功地转化为新的或更好的装备制造产品或服务。产品和服务的商业化和传播是美国装备制造业竞争能力的重要问题。

“三螺旋模式”由对产业发展具有宏观调控能力的美国政府部门牵头负责，联合装备制造企业各研发部门及社会团体、专家和学者等，利用集中优势，在目标明确的前提下由产、学、研三者进行联合攻关，取得了很大的成效。在构成三螺旋的大学、产业、政府三个机构范围中，产业在美国经济增长中一直起着核心和主力的作用，美国政府作为政策制定者与计划组织实施者也一直是社会核心机构，然而，随着知识取代自然资源和资本成为生产力的第一要素，大学在社会中的作用悄然显现，它正经历着从知识传播、生产到创业的机构转变，最终将成为与产业和政府同样重要的社会机构。

大学发展成为社会主要机构是三螺旋创新模式存在的前提和基础。美国大学研究与创业对国家经济增长起了巨大的促进作用。第二次世界大战前，大多数大学科学家都来自于教学型大学，事实上，正是大学的力量极大地增强了美国过去相对较弱的区域创新实力，也成就了全球瞩目的硅谷。硅谷后来变成全球的创新组织者，为其他区域输送高技术新公司和未来公司的创建者，并使高技术创业辐射到全球。知识社会使大学、政府和产业处于动态相互作用当中。大学—产业—政府间的良性互动已形成驱动科技进步和经济发展的区域创新三螺旋。

三螺旋的形成就是知识走向经济和大学第三使命发展的过程。先根据每个具体项目的相关背景，由美国产业界或学术机构提交建议书和可行性分析，然后由美国商务部国家标准与技术研究院根据技术水平、产业界参与程度、社会影响、独创性等指标，采取公开竞聘的方式确定相关的项目，并且，规定每个项目应由大学、企业、联邦实验室共同开发，项目经费由国家标准与技术研究院和产业界各分担一半。采取这样的计划后美国装备制造行业整体的自主创新就被带动了起来，进而推动了整个行业的发展，美国工业经济也开始飞速发展起来。

4.1.3　美国装备制造业自主创新政策措施

为大力推进本国装备制造业的自主创新的发展，美国政府采取了以技术和研发创新为主，辅以资金、财税、贸易等相关支持政策的发展策略，走出了一条通过促进提高技术、研发创新能力来提升产业竞争力的自主创新的路子。

1. 技术引进和研发创新政策

自20世纪80年代以来，美国颁布的关于鼓励技术进步和科技创新方面的法规达20余部，相继出台了“先进制造技术计划”和“制造技术中心计划”等促进制造技术发展及推广应用的计划。同时，美国政府还成立了国家制造业科学中心和制造信息资源中心等研发平台，积极主动出面组织、协调和支持装备制造业自主创新的发展。美国政府十分重视引进和利用外国的最新科技，并将这些技术与生产相结合，直接转化为生产力，推动了科技和经济的发展和繁荣。例如，美国奥托内燃机的生产比德国晚1年，汽车制造比德国晚7年。在引进技术的基础上，美国不断进行技术革新和改造，创造出一系列的新技术。

2. 人才培养和储备政策

美国政府不仅对基础教育极为重视，并且通过“引进人才战略”吸引了大批来自世界各地的优秀专业人才，为美国装备制造产业的自主创新提供了必要的智力保障和后备力量。

3. 鼓励出口贸易政策

美国政府为装备制造企业提供贷款担保、出口补贴和允许装备制造商结成贸易联盟等制定了各种出口计划，大力鼓励美国装备制造企业出口。另外，美国政府还专门成立了“贸易促进与协作委员会”“出口援助中心”及“出口倡导中心”等专业部门，为各装备制造企业提供更多的便捷和其他服务，最大限度的帮助企业占领国外的市场。

4. 产业财税政策

美国政府采取各项财税的政策，以尽可能降低装备制造企业和相关机构技术研发的负担，要求科研机构作为非盈利机构免征各项税收，而且对于装备制造企业的技术研发费用也实行税收优惠。经过若干年的重整，美国的数控机床、汽车和工程机械等装备制造产品的自主创新能力和国际竞争力明显增强。到 2008 年，美国的前五大制造业分别是通信设备、化学制品、办公设备、汽车、食品饮料，而通信设备又处于绝对领先地位，占整个制造业增加值的比重达到 44.5%。可以说，正是由于美国政府一系列的支持政策，加上装备制造企业重视技术和研发的创新，美国装备制造业才有了称霸世界的实力。

5. 加强科研基础设施建设政策

为了推动科研事业的发展，美国联邦政府建立了国家科学院，并通过立法在各州设立工业科学研究所。20 世纪初成立的国家规划局，设立了科学实验室，由国家拨款开展科学研究。短短 10 年间，全国已建立 100 多个公立和私营的工业研究所和实验室，促进了美国工业领域各项研究的发展。

4.2　日本装备制造业自主创新模式及政策措施经验

日本是东亚发达强国，其工业结构也和中国有类似之处。按照日本政府的政策和日本产业学会的划分，以汽车、造船及含多种机械制造部门的加工工业的发展快慢，一定程度上代表了日本装备制造业水平的高低，担负起日本实现工业化的主力军角色，构成了日本实现经济可持续发展的产业基石。

4.2.1　日本装备制造业自主创新的发展历程

日本装备制造业主要是在二战后慢慢发展起来的，其发展主要是通过走“进口—国内生产—出口”的路径，首先将发达国家的先进制造业技术引进，然后通过消化吸收创新来替代进口，以此形成比较成本的优势，继而推动其制造业的升级和换代，同时，在高新技术领域加大研发投入，走出了一条自强振兴之路。

1. 起步发展阶段（20 世纪 60 年代—70 年代初）

20 世纪 60 年代，日本制造行业就很有远见，很多基础工业设备，如钢铁、电力、机械和石油化学等均向巨型化、大容量化引进投资和大力发展，在大大增强了日本工业产品国际竞争力的同时，日本还在产品、技术和工艺方面努力创新，而在民用消费品领域（特别是高档家用电器等）最为突出。60 年代中期以后，日本开始在对外贸易领域大步迈向前，获得了大幅度的增长，基本上保持着顺差的局面，发展呈现稳定增长态势。而外贸顺差的结果也使得日本资本输出得以迅猛增长，从而带动了日本制造业的生产技术发展，到 20 世纪 70 年代初期，日本制造业已经达到了世界先进水平。

2. 震荡发展阶段（20 世纪 70 年代初—80 年代初）

在"尼克松冲击"、总需求增长的减速和石油危机等冲击，以及国际贸易摩擦的影响下，20 世纪 70 年代后日本装备制造业不得不将生产转移到国外。而且，由于日元汇率的不断走高，制造业的生产，特别是电气和电子产品的生产商也不得不向海外迅速转移，以寻求高质量、低成本的劳动力。同时，为了开拓需求增长潜力大的市场而将生产设施转移到其他国家。所以，从 20 世纪 70 年代初期开始，日本制造业企业对海外的直接投资开始飞速增长。而这一时期日本海外直接投资的大部分流向了北美和欧洲等工业发达地区的国家。

虽然日本制造业在 70 年代遇到了很大的挑战，但其传统制造技术却普遍有了较大的提高，电子技术也得到了巨大的发展。在这个时期，日本政府提出了机械技术与电子技术密切结合的"机电一体化"政策。正是在这一政策的指导下，日本依靠着强大的技术支撑，最先完成了许多由美国发明的很多技术投入市场，获得了重大的收益。例如，数控机床、电子表、工业机器人、半导体收音机和彩电等产品。从此，日本制造遍布全世界。

3. 战略转移发展阶段（20 世纪 80 年代初—90 年代末）

进入 20 世纪 80 年代，日本人口高龄化等社会问题慢慢凸显，劳动力老化的现象也日趋严重，国内劳动力成本不断上升，消费品市场增长缓慢。与此同时，在国际市场上，日元的不断升值和币值的不稳定也很大程度上使日本失去了在制造业的组装加工领域的生存和发展优势。这个时期的最大特点就是其制造业的重要组成部分——组装加工业开始向海外大力转移，方向是欧美和东亚。

20世纪90年代后，日本制造业的投资重心基本转移至东亚，特别是中国。相比20世纪80年代，日本相关产业对欧美的投资在不断下降。除此之外，以降低成本为目的的海外投资使得日本制造产业在产品特色化分工、工序间分工等方面获得了实质性的发展，并且，其将很大一部分产品设计、研发中心转移到了东亚，特别是中国等地区。表4－2是日本部分制造业1995年结构状况的数据。

表4－2　日本装备制造业的结构状况（1995年）

行业	产值（亿美元）	增加值（亿美元）	比重（%）	就业人数（万人）	比重（%）	增加值（位次）
金属制品	200790	94870	7.5	90.9	8.3	4
非电气机械	383350	158180	12.5	134.3	12.3	2
电气机械	455360	181380	14.3	173.6	15.9	1
运输设备	465300	135930	10.7	94.4	8.7	3
专业和科学设备	37690	15980	1.3	18.3	1.7	5
以上5行业合计	1542490	586340	46.3	511.5	46.9	

虽然进入20世纪90年代后，日本制造业处于相对衰退期，其战略重心也开始向海外转移，但是不可否认，即使在战略转移的发展阶段，日本制造业在世界的地位也仅次于美国。1995年日本制造业的产值就达到接近3万亿美元。通过表4－2部分日本装备制造业的结构状况，可以清晰地看出，日本制造业在电气机械、非电气机械、运输设备等主导产业有着强劲的发展势头，与美国主导行业的发展非常相近。从表4－2可以清晰地看出，日本主导产业集中程度（日本五大行业占增加值的比重为46.2%）比美国相同的产业更为集中（美国五大行业占增加值的比重为42.8%）。

4. 自主创新探索发展阶段（21世纪初至今）

进入21世纪后，日本开始了其装备制造业自主创新模式的探索和发展，并且取得了一系列卓越的成就。世界产业革命的爆发导致了大规模技术和产业的转移，日本装备制造业抓住了这一机遇，同时吸纳了大量的剩余生产力。在自主创新模式的探索中，日本装备制造业先是以外贸主导型战略为主，然后扬长避短地实施了“进口替代”战略，以此吸收消化了国外的先进技术，从而带动国内产业链发展与延伸，逐步建立起一套完善的工业体系。另外，日本还相当重视技术创新。在开始进行技术引进的时候，日本的专家、学者以及政府部门对本国的经济进行了系统的研究，适时地选择了一条脚踏实地的从模仿创新到自主创新之路，最终成为了世界装备制造业强国。

4.2.2 日本装备制造业自主创新模式

经济全球化时代的到来，任何国家或企业都不可能在所有价值环节上都是世界上最有竞争力的，要想成为有竞争力的发达国家，首先必须成为制造业大国，继而成为研发大国、市场大国。现代科技强国都是从制造业强国的基础上发展起来的。生产制造本身就是科技应用的过程，没有发达的制造工厂，新的科学技术就不能转化为最终产品，从而实现产品的真正价值。

1. 日本装备制造业自主创新模式的来源

日本装备制造业自主创新模式的探索，始于渐进式的技术创新，其自主创新的技术基础来自德川时代的创新积累。17 世纪到 19 世纪中期的德川时代是日本封建社会的前工业化时期。这一时期，虽然日本制造业的生产主要集中在金、银、铁的开采，棉和丝的加工，以及酿酒、陶瓷业上，但装备制造业在此之前的 1540—1700 年就已开始发展了,[1] 其劳动分工已经达到较高水平。同时，地区间经济的残酷竞争，也将知识和技能在全国范围内推广传播开来了。

由于当时社会的经济发展水平不高，根据劳动力特点，日本在装备制造业自主创新的形成中多是采用小型、劳动密集型等的技术创新，更加重视生产中的技能和技艺的创新。其中对于这种形式最完美的体现就是在制铁业中对鼓风机技术的不断创新。这种渐进式创新形式对于日本是十分有效的，即使在明治维新以后才开始形成工业文明。[2] 对于创新价值本身的认可，可以说是德川时代技术进步的最重要贡献之一，它使得人们通过探索新技艺、发明新技术等方式，将技术知识认作为财富，并形成传统。

2. “引进—应用—超越”的自主创新模式

有了上述渐进式技术创新基础的支持，日本装备制造业的自主创新便有了根基，但是对引进技术的准确选择和坚持才是真正拉开其自主创新之路序幕的重要阶段。经过多年的努力和发展，“引进—应用—超越”模式成为了日本装备制造业自主创新的主要模式（见图 4 -2）。

日本经济发展具有后进性的特征，这一特点使得它要想缩短与西方工业国家的差距，必须要通过知识和技术的引进，以此来满足自身发展的需要。虽然

---

[1] ［日］梅村又次等．日本经济史［M］．岩波书店：1989—1992 年版．

[2] ［日］中冈哲郎．近代日本的技术与技术政策［M］．东京大学出版社，1986：78．

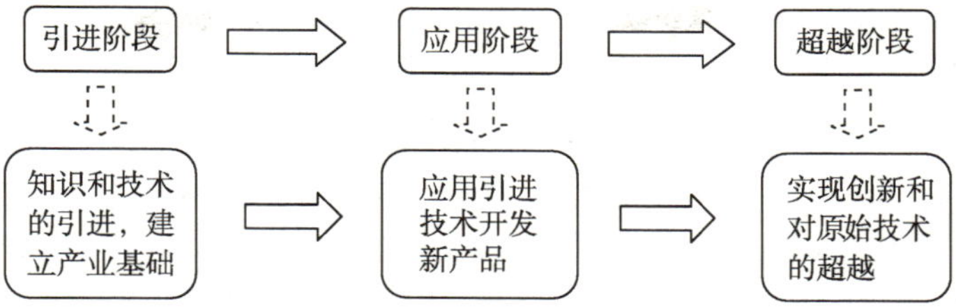

图4－2　日本装备制造业“引进—应用—超越”的自主创新模式

从严格意义上来说引进不属于创新，但是要想建立和巩固相关产业的基础，提升相关产业发展水平，应用引进的技术是必不可少的。引用这些技术来开发适合国内及世界市场的新产品，这其实也是很重要的创新过程。

一般来说，模仿创新侧重点在于模仿，在于通过模仿很快使企业的技术水平升级到与被模仿企业的同等水平，为此采用的方法是大规模地引进被模仿企业的技术专利，甚至于大规模地进口流水线生产技术。但日本装备制造业的自主创新并不是停留在这一步，而是在引进国外先进装备制造技术的基础上，进一步地采用了“应用—超越”式自主创新，也就是装备制造企业通过对技术专利或者涉及关键性技术生产要素的引进，先植根在企业生产线中（即图4－2中的引进阶段），然后再将这些引进的技术放在企业创新平台上，进行分解剖析，对各种技术的组合方式以及一些关键性技术进行二次变革（即图4－2中的应用阶段），并且这种变革是针对市场化方向上的变革。通过不断地信息反馈，反复进行“反刍”式消化吸收，一直到该产品的生产线真正为市场接受为止（即图4－2中的超越阶段）。因此，这一技术创新模式实施的结果，就出现了这样一个很有意义的现象，即日本许多行业的专利技术都来源于欧美，但却通过“引进—应用—超越”式自主创新，使得被引进的欧美企业在技术竞争力上却落后于日本企业。

20世纪50年代以后，日本政府的科技政策大力支持和鼓励装备制造企业成为自主创新的主体，从国家创新体系看，日本科技研发力量大约有70%的人力、物力投人到企业创新系统中，而同时期的美国研发力量只有35%在企业创新系统中。日本装备制造企业为了及时地占有市场，不惜花费巨资吸纳高素质的科研人员，特别是在技术创新的下游阶段，即产品的商业化生产后期，这一阶段的科研人员几乎都为企业所占有。另一方面，从技术成果的贡献率看，日本装备制造企业也是技术创新的主力军，大约有74%的技术成果为企业所贡献。即使是同时期的一些小企业的研究成果，也超过了政府机构下的研发系统。日本企业所具有的强大的技术研发能力，使得企业的二次创新特别是“引进—应用—超越”式的自主创新得到了可靠的保证。

在“引进—应用—超越”式自主创新模式的切入点上，日本装备制造企业选择了创新过程的下游部分。日本装备制造企业特别强调工厂生产线才是支持自主创新的一级实验室。后来，许多学者根据日本装备制造企业的这一发展经验，将其归为“干中学”技术创新方式。这一方式与传统的整套技术生产线的引进不同，它不是交钥匙工程，而是利用企业强大的研发力量，在工厂生产线上，边干边创新，甚至于改变了原有的技术结构方式，从而变为看似仿制产品，实为自主生产、自主创新的市场产品。例如日本装备制造企业在诸如造船业、汽车业、电视机等产业中，几乎都没有什么原始创新产品，但它们把创新的力量普遍用在技术创新的后期阶段，即工厂商业化生产线的研发之中，企业对许多引进的工艺流程进行了重新设计和调整，并从系统工程角度，对产品的生产过程进行最优化综合安排。

日本装备制造业正是通过将引进的技术结合本国制造业的特点，应用到极致，以此实现对国际先进技术的改进和超越。这也是“引进—应用—超越”模式的核心本质所在。正是通过不断地引进技术和知识，并且非常巧妙地运用这些技术，转化为自身的创新活动，以此来不断提升日本装备制造业的国际地位。

4.2.3 日本装备制造业自主创新政策措施

1. 立法的严谨和规划的完善

从二十世纪50年代的中期开始，日本政府颁布了一系列的法律，其中，《机械工业临时措施法》（1956）和《电子工业临时措施法》（1957）成为了日本装备制造业走向复兴的标志。经过十几年的发展后，1971年日本政府通过了《振兴特定电子工业及特定机械工业临时措施法》，该法案主要对汽车产业和计算机产业进行了扶持。同时，日本为机械信息产业进行立法，并且还制定了相应的国家补贴和财政补贴等政策，为机械企业的发展提供了大量的资金和技术支持，大大促进了机械产业向更高的层次发展，也带动了其他产业的发展。在二十世纪末，日本政府颁布了《制造基础技术振兴基本法》，这部法律通过采用改善税收政策、提高福利待遇等措施，在加强企、校、院所等的合作，确保有丰富经验的技术工人不流失等方面做出了很大的贡献。

2. 技术政策的扶持

日本政府很重视装备制造业中技术及自主创新的发展，制定了严格的进口审查标准，以促进本国制造业技术的发展；有计划地建立了“官产学”相结合的技术机制，大力培养专业人才及其自主开发技术的能力；此外，日本政府还特别照顾重化工工业部门，制定相关的支持这些部门的技术引进政策，并且对高标准的技术引进严格把关，坚决杜绝重复引进，注重博采众长。相关产业和自主创新等方面得益后在这段时期开始了飞速发展。

3. 重视产业组织政策

日本政府高度重视产业组织政策，以推动企业规模化进程。在大力鼓励发展企业集团的同时，日本政府也特别注重协调大企业和中小企业的关系。通过设立一系列法律法规促进中小企业的发展，如《中小企业指导法》《中小企业现代化扶持法》等。这些法案促进了中小企业和大企业直接建立协作关系。此外，政府还反对企业过度竞争行为，通过“官民协调体制”，即在金融界、产业界、专家学者和政府之间建立协调机制，对产业活动直接进行人为的调节，积极运用日本开发银行贷款的能动机能，对批量生产体制、集中生产体制需要的设备和资金给予重点的低息贷款，有效地引导了企业进行合并和集中，重点推进了石油石化和钢铁等行业设备的大型化，促进了汽车、纸浆等行业的企业规模化和集约化。

4. 财税政策的有效引导

有效的财税政策是使日本装备制造业健康发展的保证。日本政府采取的主要财税政策主要包括税收减免、政策性贷款和政府补贴。其中，税收减免是对企业符合要求的设备提供特别折旧，对实验设备的改造提供补贴。政策性贷款方面，日本开发银行从1951年设立了“新技术企业化贷款”开始，一步步完善并形成“国产技术振兴资金贷款制度”。政府补贴是为日本装备制造企业提供直接的研发补贴和委托研发拨款，引导企业开展重点领域的研发活动。此外，日本政府还制定了相关的税收政策。二战后，日本对生产资料产业实行低关税、消费资料产业实行高关税，还针对不同生产加工阶段实行不同关税政策，对于初级产品、原材料，实行相应的低关税政策，对最终产品实行倾斜的高关税“结构”。另外，日本的非关税保护措施也做得比较完善。通过制定国内税法，严格控制国外产品在日本市场的流通比例，制定相关行业的规定和政策排挤国外企业的进入，还建立了独特的销售维修网络等。

5. 有效金融政策的兼顾

二战结束后，日本大企业的自由资本率非常低，其证券市场发展严重滞后，银行为企业设备投资提供大部分的资金供给。日本政府采取有效的金融政策，引导金融机构向企业注入资金，对市场占有率高、经济规模大、产品技术水平高的装备制造业企业实行优惠贷款。据统计，在日本重化工业高速发展时期，企业设备投资所需资金的一半以上来自长期信用银行为首的大银行。由于重化工业大规模的技术革新往往伴有较高的投资风险，通常日本银行采取协调融资的形式，以分散向大型设备项目融资的风险。正是这些金融政策的兼顾，日本装备制造业在无声无息中快速而健康地发展，成为世界装备制造业中的一支不可忽视的力量。

4.3 德国装备制造业自主创新模式及政策措施经验

以精良工艺技术闻名世界的德国装备制造业一直以来在全球的经济中占据重要地位，与美国、日本等发达工业国家不相上下，具有很强的国际竞争能力。下面从德国装备制造业发展历程、自主创新能力等方面着手，分析和探讨德国装备制造业自主创新的模式及其策略，为中国装备制造业自主创新发展提供借鉴。

4.3.1 德国装备制造业自主创新的发展历程

虽然德国工业发展较晚，但德国经济在19世纪后20年和20世纪最初的10年间取得了令世人瞩目的飞跃发展，涌现了一大批自主创新成果和大企业，德国由此走向了世界发达工业国家的行列。目前，德国最重要的工业部门为车辆制造业、电子技术、机械制造和化学工业。

1. 起步发展阶段（20世纪20、30年代—第二次世界大战时期）

第一次工业革命让英国成为了毫无争议的世界制造业的霸主。此时，德国装备制造业才刚刚开始起步。到20世纪20、30年代，德国装备制造业的国际竞争力已经显著提高，形成了与英美等装备制造强国分庭竞争的局面。到20世纪30年代的中后期，全德国45%左右的制造工业设备出口到世界各地。但是第二次世界大战的爆发，一度使得德国装备工业的发展进入了停滞阶段，受到战争和民主德国、联邦德国分离困境的影响，在战后很长一段时间，德国装备制造业被欧美等老牌装备制造业强国重新抢占了国际市场的领先地位。

2. 战后修复发展阶段（第二次世界大战后—20 世纪 60 年代初）

第二次世界大战后，德国政府采取了一系列的政策和措施恢复制造业的发展。通过推进企业中小型化、私有化和生产专业化等政策，恢复和新建一系列有助于制造企业发展的“技术支援机构”。在短短的 10 年时间内就发展成为了仅次于美国的世界第二大经济强国和技术出口大国，创造了一个经济神话。

3. 停滞发展阶段（20 世纪 60 年代中期—70 年代）

进入 20 世纪 60 年代中叶，当世界制造业发达国家正大力发展微电子技术、集成电路技术，由此生产了一大批机电一体化产品，并占据全球市场的时候，德国还在依靠机床、汽车、照相机等传统产品进行外贸出口。德国人为他们的自傲付出了代价，20 世纪 70 年代，日本制造业取代了德国的位置，并将德国远远抛在了身后。

4. 强力反弹阶段（20 世纪 80 年代—90 年代）

在看到日本一步步将自己越拉越远，德国开始意识到只有改变发展策略，才能实现再次超越。德国接受了微电子领域发展落后的教训，并开始实施“快速赶超战略”，到 20 世纪 90 年代，这一战略开始见到成效，高技术产品的全球市场占有率达到了 18.5%，成功复苏，并成为世界上最大的高技术出口国之一。

到 2007 年，人口仅有 8300 万的德国商品的出口额达到 9690 亿欧元，是其国内生产总值的 1/3 还要多，当之无愧地成为商品出口世界冠军，而排在它之后的是中国、美国和日本。据统计，在总的出口额中，有 87% 来自制造业。❶

2. 德国装备制造业的发展表现

德国装备制造业发展的推动主要是依靠科学和技术的双重力量，这是利用美国和日本的优势结合，意图两者兼顾，但同时也分散了精力和力量，从而在科学理论上比不过美国，在技术创新方面也不如日本，市场竞争能力也日趋下降。当然，在汽车、机床等部分制造业中，德国还是处于领先地位，但在家电及日常用品等制造业却处于不利和欠发达的地位。表 4－3 显示的是德国与美国、日本相同的部分制造业的结构状况。

---

❶ 史世伟. 德国国家创新体系与德国制造业的竞争优势［J］. 德国研究，2009（1）：4.

表 4-3 德国部分装备制造业的结构状况（1995 年）

行业	产值（亿美元）	增加值（亿美元）	比重（%）	就业人数（万人）	比重（%）	增加值（位次）
金属制品	1372	674	7.57	67.4	10.00	4
非电气机械	2352	1228	13.80	102.7	15.3	1
电气机械	2235	1223	13.70	94.2	14.00	2
运输设备	2723	1060	11.90	86.5	12.90	3
专业和科学设备	242	135	1.52	13.5	2.00	5
以上 5 行业合计	8924	4320	48.49	364.3	54.2	

通过上面的表 4-3 可以看出，德国的非电气机械、电气机械和运输设备等制造业占据主导地位，上面 5 个装备制造业产业增加值的比重达到了近 50% 之多。此外，德国上述的五个行业以占 54.2% 的劳动力生产占 48.5% 的增加值，而美国和日本分别是以占 43.1% 和 46.9% 的劳动力生产占 42.8% 和 46.3% 的增加值，这表明德国 5 大装备制造行业的劳动生产率略低于美国的水平。

4.3.2 德国装备制造业自主创新模式

德国是世界上高度重视技术创新的国家之一，在德国，政府和企业界始终把技术创新看为企业得以生存和发展的根本所在。通过 4.3.1 节关于德国装备制造业发展和相关特征及表现的分析，我们可以看到，德国装备制造业的发展是依靠科学和技术推动发展起来的，那么本节和 4.3.3 节，我们将通过对德国装备制造业自主创新模式及其策略的研究和分析，揭示德国工业发展的奇迹，为中国装备制造业自主创新发展寻求可遵循的模式。

德国装备制造业的自主创新模式就是产、官、学、研四螺旋模式（图 4-3）。在政府资助下，结合企业社会机构、研究单位、教育部门共同组成一个合作研究组织，通过技术传播网络、教育培训系统等科技手段而形成的具有德国特色的自主创新模式。

1. 核心载体

工业合作研究协会、合同研究机构和德国高等技术院校组成了产、官、学、研四螺旋模式的核心载体，也是德国装备制造业自主创新最主要的组织和机构部门，支撑着德国装备制造业自主创新的技术来源和技术储备，为持续的技术创新提供动力支持。

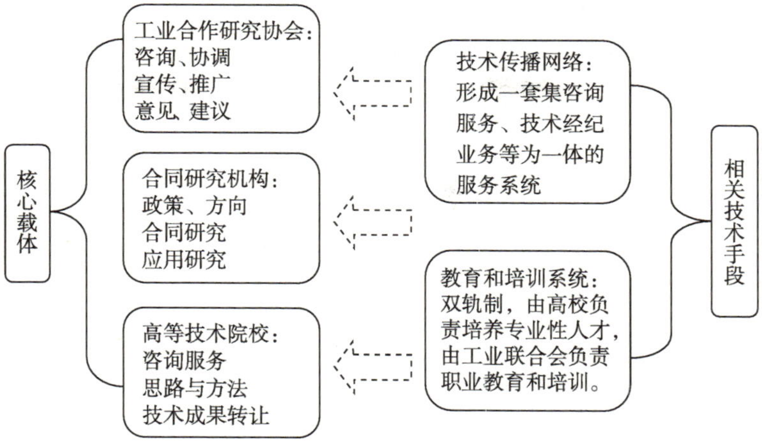

图4-3　德国装备制造业产、学、官、研自主创新模式

（1）工业合作研究协会。按德国装备制造行业部门而成立的工业合作研究协会，主要的作用有以下四个方面：咨询、协调和确定各协会成员企业的科研需要；协会独立完成或是聘请其他研究机构完成科研项目，并且将研究成果向各协会成员企业宣传和推广；向联邦政府、州政府或国家政府等直接或间接地提出有关研究政策的意见和建议；调查并结合实际预测制造业部门的技术和市场化趋势等。

（2）合同研究机构。合同研究机构是德国装备制造业最主要的科研机构之一，通过这些研究机构，把理论知识和制造业应用研究项目联系起来，为实现自主创新创造必要的条件。合同研究机构有以下一些特点：由政府、企业界和学术界的代表组成该研究机构的管理层，并决定旗下研究所的研究政策和研究方向；为大企业或外资企业从事合同研究，但主要还是为德国中小制造企业的生产创新与产品开发服务；合作研究的主办人通常是装备制造行业的私营企业、工业联合会、政府机构、工业合作研究机构和企业与政府的联合机构，研究的重点是应用研究，这种研究使学术界和企业界的资源都指向工业创新问题；机构的研究及其相关活动都得到了政府的政策性资助，使得合作研究的装备制造企业可以用较低的成本获取新技术和新生产工艺。

（3）高等技术院校。高等技术院校为装备制造企业培养技术人员，以此提升制造业的自主创新能力。因此，它成为了四螺旋模式里面最重要的载体之一。高等技术院校和装备制造企业有着千丝万缕的联系，它随着这些企业需求的增长而发展，可以说，它的发展与装备制造企业的发展紧密联系在了一起。

高等技术院校的主要功能是为制造企业提供咨询服务，并且提供解决问题的思路与方法。当然，高等技术院校最主要的功能是通过转让中心（史坦因贝斯基金会资助）向装备制造企业进行的技术成果转让。这个转让中心通过向高校和科研机构提供一些技术的需求信息的同时，充分挖掘具有自主创新意义的技术潜能，并且综合高校和科研机构的研究成果，将其介绍到相关的企业中去，实现产、官、学、研的结合，真正达到共赢。

2. 相关技术手段的辅助

除了上述核心载体的支撑外，相关技术手段的辅助更是使得产、官、学、研四螺旋模式能发挥最大的功效，最大限度地促进了德国装备制造业自主创新的发展。最主要的技术手段有技术传播网络和教育培训系统等。

（1）技术传播网络。德国政府重视对技术的传播，为了对世界和本国制造业的最新技术的情况有全方面的了解，并为可能存在的问题有相关应对的行动、建议和措施，德国政府成立了“德国研究、技术和创新委员会”。通过这个媒介，布局科研网络，将高等院校和科研机构连结成高速运转的整体网络，为自主创新模式的创建和运用提供信息基础。另外，技术传播的媒介还包括德国各工业联合会、工商联合会，以及地区性技术转让中心和创新中心，这些机构和部门构成有效的、迅速的技术传播网络，形成一套集咨询服务、技术经纪业务等为一体的服务系统，大大降低了德国装备制造业企业的信息成本，使得企业获得创新成果变得更加容易和便捷。

（2）教育和培训系统。德国的教育培训系统为相关制造企业提供了后勤服务，为实现自主创新提供了肥沃的土壤。德国教育培训系统由政府和企业共同投资和管理运行，其对工人培训的投资额是美国的两倍。目前，德国职业培训仍然采用双轨制，由高校和高等技术职业院校等负责培养工程师等专业性人才，而由工业联合会负责职业教育和学徒的培训。通过教育和培训系统的设立和有效的运行，大大提高了德国制造企业的劳动生产率，并且降低了其生产成本和技术成本，提高了产品质量，从而有效地促进了制造业的自主创新。

可以说，正是由工业合作研究协会、合同研究机构和高等技术院校等核心载体的互补和有效的配合，而且辅以相关技术手段，如技术传播网络和教育培训系统的构建，并且相互作用、相互支持、相互培训，不仅有效解决了技术创新的市场、资金、人才和技术源等问题，更促进了以产、官、学、研四螺旋模式为主的德国装备制造业自主创新模式的发展，为德国装备制造业的发展做出了极大的贡献。

4.3.3　德国装备制造业自主创新政策措施

1. 相关法律和政策的支持

德国的市场经济体制为其装备制造业自主创新提供了法律和制度条件。在德国，由于经济体制以有效竞争为核心，得以避免由于垄断造成的停滞和缺乏创新活力。而且，德国对于新技术的高速扩散更说明德国市场竞争的充分性。德国完善的社会保障体系为创业未能成功的人或企业提供有效的担保，解决了创新的阻碍。

德国政府有效地制定和执行技术创新的各方面政策和措施，为制造企业提供技术创新的支持，这些政策和措施包括：①通过研发资助对相关制造企业提供技术创新支持；②通过专利保护、知识产权制度以及环保等标准的制定为装备制造企业的自主创新提供激励和必要的约束；③政府直接介入基础领域的研究，为企业的技术创新提供知识产品。

2. 重视对自主创新人才的培养

德国良好的教育体制为装备制造业自主创新的发展提供了有效的保障。德国集中开设的工业技术大学包括工程和自然科学及其相关专业，这些大学为德国制造业的自主创新培养了一大批的高材生。双元制职业教育体系是德国教育独树一帜的特色之一，这种更加重视理论与实践相结合的培养模式使更多的德国青年人能够接受很好的职业训练。在双元制体系下，学徒（学生）每周有大量的时间可以直接待在培训企业实习。在实习和培训结束后，顺利通过严格的考试的学徒便能成为这些企业的正式员工。这种理论实践结合的教育模式和严格、合理的职业培训是德国制造业自主创新得以继承发展的根本保证。

3. 实施高技术战略，大力支持独立科研活动

高技术战略特别强调对中小型企业的技术支持，包括建立高科技产业集群、减少一些自主创新项目的审批程序以及加强融资等优惠政策。德国政府深知创新成果的应用转化十分重要，因此在这方面也做了很多工作，并开始加强对有前途的科研领域的投入和支持。其中，到 2010 年，德国的研发投入占到国内产值的 3% 之多。

此外，德国优越的科研环境也是支撑德国装备制造业自主创新发展的一大因素。研究型大学在德国历史悠久，在 20 世纪初，德国的研究型大学开始在世界崭露头角，培育出了当时最多的诺贝尔科学奖获得者。德国大学坚持学术独立性，从科研和教学两项任务入手，着重进行基础研究，并且得到了政府的

大力支持。最近几年，德国大学由于要弥补科研经费的不足，也开始更多地接受工业界的科研委托。

除支持大学的科研和促进科研成果向经济应用转化外，德国政府还支持大学外的独立科研活动。弗劳恩霍夫协会下属的研究所着重于应用科学的研究，其研究人员同工业界合作十分紧密，甚至可以创办自己的公司，将科研成果商业化。马克斯·普朗克学会下属的80个研究所主要从事基础科学的研究，在那里集中了德国最优秀的科研人员，在最好的科研和生活条件下，进行尖端科学研究。海姆霍兹联合会下属的15个研究机构则拥有世界最先进和昂贵的实验设备，供来自全世界的相关领域的科研人员共享。科学知识是人类共同的财富，在探索新知识的领域中的国际合作是不言而喻的。

4.4 韩国装备制造业自主创新模式及政策措施经验

韩国装备制造业的发展可以说是后发国家追赶先进国家实现现代工业化的成功典范。从20世纪50年代到90年代，短短30年，韩国就完成了工业化进程，而西方发达国家走完工业化历程整整花了百年时间。韩国于1996年加入了经济合作与发展组织，实现了由一个落后的农业国向新兴工业化国家迈进的历史性转变。本节将从韩国装备制造业发展历程开始，进一步探讨和研究其自主创新模式和策略，分析韩国装备制造业的“神话”究竟从何而来，为中国装备制造业自主创新提供积极的借鉴。

4.4.1 韩国装备制造业自主创新的发展历程

在20世纪60年代，韩国工业的技术水平与中国相差不大，许多产业的起步甚至比中国还晚，但经过多年的迅速发展，目前韩国在IT、汽车、造船、钢铁和机械等众多产业领域都拥有了自己的核心技术，其中一些产业的技术创新能力已经跻身世界前列。

1. 起步阶段

韩国在1962年制定第一个五年计划时，分析了世界上各先进国家的产业发展模式，结合本国的情况，确立了经济、技术“不均衡”的发展模式，在技术上确立引进、消化、国产化、出口打入国际市场的路线。

20世纪60年代，韩国对技术引进实施了严格的审查标准，规定以下四类技术是不宜引进的：引进技术仅仅是为了使用外国商标，或取得独家经销地位；技术转让合同中明显包含不利条件；技术低于一定标准；与韩国科技部推荐、登记并保护的国内技术产生直接竞争。

此外，在装备制造业的起步阶段，韩国政府通过倾斜政策，使大企业在韩国经济中占据了主导地位。为了实现出口目标，韩国政府采取了“个别育成”的方式，把有限资金和外汇向大企业倾斜，以提高国内企业的竞争力，从而确立了一些企业的垄断地位，如现代、三星都是通过政府扶持起来的具有国际竞争力的国际化企业集团。

2. 技术吸收发展阶段

1973年，韩国政府颁布了《技术研究开发促进法》，确定了通过技术吸收实现装备制造业的自主创新发展，这也是该阶段开始的标志。从此开始，韩国政府制定了相关的研究开发项目，由政府和企业联合承担，或者由国立研究所直接承担。官民联合进行的项目经过专家评定委员会评审后，以招标的方式落实在一个官办研究所实施，政府资助30%，民间企业资助70%，开发项目取得经济效益后，政府投资额从销售利润中扣回。

在这一阶段，韩国引进技术的重点在70年代，以化学纤维、钢铁、机械为主，采用集中投资的方式，通过向大企业提供优惠贷款，促成它们向这些产业部门扩张，进一步促进了企业的规模化。进入80年代以后，重点引进机械电子、电器、半导体、计算机、通信、化工、精密机械、能源技术，并确立了大部分研究工作由企业负责、政府资助的引进机制。

3. 自主创新发展阶段

20世纪90年代以来，由于技术先进国家加强对技术的保护，引进产品核心技术日益困难，韩国企业通过加强国内外独立和合作研发活动来提高引进技术的使用效率和消化吸收。韩国企业研究所数量由1983年的100家，1991年的1000家，增加到2000年的5000家，2004年则超过了10000家。在三星，从事研究与开发的人员从1997年的1.2万人（占员工总数的22%），增加到2004年2.4万人（36%），2004年研究与开发投入占销售额的比重高达9%。

通过长期的技术吸收，韩国装备制造业有了迅猛的发展，但是同时，韩国政府和相关产业也意识到只有通过自主研发和真正达到技术创新才能给本国装备制造业带来持续和长久的发展。韩国政府在2001年颁布了《科学技术基本法》，用增加企业研究开发投入、设立研究所、实行技术开发准备金制度的办法，促进企业技术创新活动。

4.4.2 韩国装备制造业自主创新模式

从4.4.1节关于韩国装备制造业发展历程和特点的分析可以看到，韩国作为后起的工业化国家，在技术创新方面没有独到的优势可言，但是，韩国善于利用国际资源，而且对引进技术的消化、吸收和再创新非常重视，同时也很注重培养相关的技术人才，再加上产业结构的合理配置、相关法律、政策的支持，韩国装备制造业的自主创新得到了飞速的发展。

1. 韩国装备制造业自主创新模式：引进—模仿—改进—创新模式

韩国作为后发工业化国家，寻求适合自己的自主创新模式是极其考验政府和企业决策者的。通过不断地努力，韩国在自主创新模式的寻求和推行上走出了一条正确的和值得我们借鉴的道路。这个创新模式便是充分利用国际技术资源，通过技术的引进—模仿—改进—创新，迅速完成技术学习过程，不断提升自主创新能力（图4－4）。

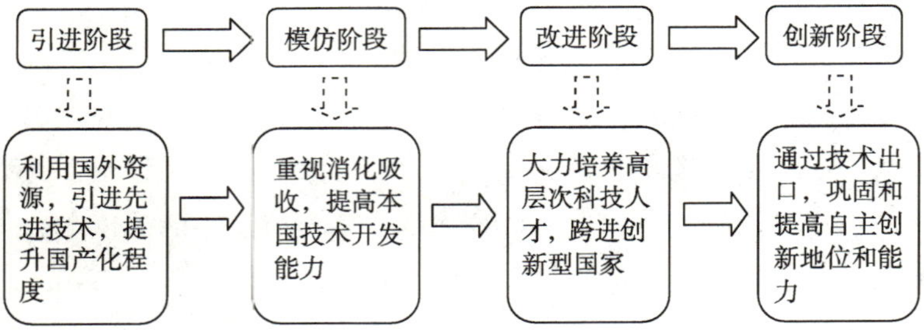

图4－4 韩国装备制造业引进—模仿—改进—创新模式

（1）利用国外资源，引进先进技术，提升国产化程度。在韩国经济发展初期，由于缺乏技术能力，不得不大量依赖引进国外技术。韩国政府和制造企业深知，仅靠技术引进做“世界加工厂”是不会有竞争力的，更不可能成为经济强国。因此，长期以来韩国在致力于技术引进的同时，一直把增强自主创新能力作为重要目标。在引进先进技术，并成功提升韩国装备制造业自主创新能力方面，最成功的例子来自韩国高速列车系统的技术引进。由韩国铁路设施公司与法国公司共同进行系统设计，并由铁路设施公团专门负责审批和监督。针对韩国生产的产品焊接质量很不稳定，还专门成立一所焊接学校，结果做到了高速列车50%本地制造，大大提高了韩国铁路产业的技术水平。另外，韩国的核电发展也是从技术引进跨越到自主创新，并实现国产化的比较成功的典型范例。通过引进先进技术和加快设备国产化，韩国相关的核电技术水准和设备器材国产化得到了大大的提高，并由此奠定了自主发展核电事业的基础。

（2）重视消化吸收，提高本国技术开发能力。技术引进成功与否，并不在于引进了多少先进技术和先进设备，而在于引进的技术是否在尽可能短的时间内被有效地吸收，并变成适用于本地条件的技术。如果一个国家在技术水平上比发达国家落后太多，又缺乏消化吸收新技术、新知识的能力，即使是再多的技术引进也将无法缩短技术差距，无法变成为我所用的技术能力。韩国为加强对引进技术的消化吸收和再度开发，采取的重要措施有：通过立法制定相应政策，为企业逐步走向自主技术开发提供制度保障；调整技术引进战略，通过加强国内外独立和合作研发活动来提高引进技术的使用效率并促进消化吸收；对技术引进进行控制和考核，政府只允许引进关键技术，然后进行消化吸收再创新；对每引进一项技术，都制定出相应的消化吸收目标，定期检查引进技术的使用情况，总结经验，发现问题；采取财政、税收上的优惠政策。

（3）大力培养高层次科技人才，跨进创新型国家行列。韩国政府和企业也意识到，高水平的科技创新队伍是一个国家创新能力的根本保证。因此，韩国装备制造业一直在为自主创新培养高层次的科技人才队伍。在这方面韩国政府和相关企业采取了以下主要的措施：加强学、研结合的自主培养，主要表现在增加教育经费，加强大学教育和科研机构的建设，开发青少年的科技能力等方面；韩国政府增派留学生和科研人员出国深造；从国外引进人才战略，通过引进国际组织和外国机构在韩国建立研究机构，吸引外国人才来韩国参与研究活动。

（4）通过技术出口，巩固和提高自主创新地位和能力。随着产品质量的不断提升，韩国技术的国外需求也进一步得到了激增，这使得韩国技术出口迅猛发展。其中，2005 年技术出口额达到 16.25 亿美元，年增长达到 14.7%。随着技术实力的提高，韩国出口商品结构也发生了巨大变化，以汽车、机械、电子、通信设备等装备制造业为主的高科技商品成为出口的主力军。另外，韩国装备制造业自主创新能力的不断提高，也使其成套设备出口实现了大幅度的增加。随之而来的是韩国大型成套设备自主生产能力得到了迅猛的提升，并且将很有可能成为支撑韩国经济增长的新的支柱。

（5）加强自主创新，实现技术追赶到自主创新的跨越。20 世纪 80 年代以后，韩国的技术发展战略从通过引进国外先进技术进行改造、创新向注重自主创新和技术引进并重的战略转变。韩国在加强自主创新方面的主要表现在以下一些方面：首先，加强研发投入。据统计，到 2005 年其 R&D 投入达到 24.2

万亿韩元，投入额是1980年的110多倍，并创下年均20.9%的高增长率。其次，着重培育企业技术自主创新能力。韩国政府通过法律法规、信贷、税收等经济和法律手段进行严格的规划、监督和控制，既保证了企业技术发展的计划性，也保证了企业技术创新活动的主动性和高效性。通过引进到创新的跨越，韩国技术创新能力在短时间内迅速得到提高。据相关数据表明，韩国的科学竞争力2006年在世界排第12位，技术竞争力排第6位，进入了世界科技先进国家行列。

2. 韩国装备制造业自主创新的特点

（1）政府全力支持企业自主创新。在韩国装备制造业自主创新的发展中，政府采取和制定了各种有利于企业技术创新的措施和政策，充分发挥了主导作用。韩国政府先后颁布了一系列促进装备制造业自主创新的法律和法规，包括《科学技术振兴法》（1967）《工业技术开发促进法》（1972）和《科学技术基本法》（2001）等。通过这些法律的制定，政府相应出台了一系列的政策，促进了装备制造企业自主创新的发展。政府对装备制造业技术引进实行了严格的控制和考核。韩国政府规定，只允许引进关键技术，而且对引进的每一项技术都提出相应的消化吸收目标，并利用技术引进的审批和评价系统对重大引进项目进行跟踪考核，对发现的问题及时提出解决方案。此外，韩国政府还对制造业自主创新活动给予了财政和税收优惠的支持。在研发资源投入方面，韩国政府也给了最大的支持。在税收政策上，韩国政府推行了包括鼓励技术开发、技术成果转化和国外高技术企业发展的多项税收优惠政策。

（2）培育大批具有自主创新能力和国际竞争力的大企业。韩国装备制造业自主创新最突出的特点之一，就是培育了一批具有自主创新能力和国际竞争力的大企业。在韩国，虽然企业是技术引进和自主创新的主体，而且企业将自行承担自主选择和决定的技术引进和创新活动的风险，但是韩国政府也制定了相关的法律法规进行支持，并通过经济手段对这些活动实行严格的指导、监督和控制。政府的这种保障机制不但保证了制造企业技术发展的计划性，同时也让企业技术创新活动更具有有效性和主动性。另外，从韩国装备制造企业自身来看，也具备很多利于自主创新取得成功的因素。例如，韩国企业优良的组织和管理制度。这不仅促进了个人和企业有效的技术学习，更是使得这种学习能力转化为企业能力的可能性增加到最大。韩国特定的社会文化环境对装备制造业自主创新的发展也起到了关键作用，在这种环境的影响下，一大批优秀的企业家应运而生，他们成为了企业技术学习环境的营造着，同时，也成为了组织企业技术学习的缔造者。

（3）正确的选择和推行合适的自主创新模式。韩国装备制造业的自主创新是从模仿创新开始的，这也通常是后发国家采取的基本战略。通过“干中学”和“用中学”，韩国企业掌握了一定的生产技术和形成了自主生产能力，这时，对引进技术开始进行模仿创新。模仿创新给韩国企业带来了珍贵的技术学习和转化机会。通过技术学习能力的积累，不断为适应市场需求而进行技术改进。进入20世纪80年代后，为了实现技术跨越，可以参与到更高层次的技术竞争中去，韩国政府和企业通过加大研发投入的力度和不断完善技术基础设施，日渐转向和开始注重自主创新。总之，韩国摸索出了一条适合其国情和企业发展的装备制造业自主创新模式，在这方面很值得中国借鉴，下面的部分将对这种创新模式进行深一层的分析。

4.4.3 韩国装备制造业自主创新政策措施

1. 制定相关技术政策和措施

韩国政府通过提供税收优惠及资助等办法，来促进企业引进技术和开展自主研发工作，比如，企业引进技术支付的各种费用（包括专利权使用费）在5年内均可免税等；企业所属研究开发机构的研究试验设备的投资，按购置价款的50%（国产器材为70%）实行加速折旧；韩国“技术准备金制度”规定，企业可按收入总额的3%～5%提留技术开发准备金，在投资发生前作为损耗计算，自提留之日起3年内使用。为了建立广泛的对外科学技术联系，韩国设立了经济与技术研究院，与世界各主要科学技术资料库联网检索，取得大量广泛的科技信息，并帮助指导企业特别是中小企业寻找信息、确定需求，并与有关科技信息资源建立联系。

为了促进技术的转化，韩国政府规定转让或租赁专利、技术秘诀或新工艺所得收入，按照合同提供自行研究开发的技术秘诀所得的收入，可减免所得税或法人税；转让给本国人所得的收入，全额免征税金；转让给外国人所得的收入，减征50%的税金。此外，韩国政府对于计算机、信息通讯、材料工程等新兴领域的技术引进采取再度开发计划。规定企业引进技术必须留有同等数额的费用用于消化吸收，缺乏吸收能力的公司必须委托研究开发机构吸收。韩国政府还采用风险投资方式帮助企业承担引进风险，向对引进技术进行消化吸收的企业提供长期贷款和税收优惠，尽量满足引进技术企业消化吸收的需求。

2. 财税政策的支持

在鼓励技术创新方面，政府在财税方面给予了很大的支持。包括以下 3 个方面：

（1）技术开发准备金制度。根据企业类型的不同，相关企业可按照其收入总额的 3% ~5% 提取技术开发准备年金，并可将其计入成本。在提留期的 3 年内用于技术开发、技术培训、技术革新及研究设施等用途。

（2）开发费用税收扣除与研究试验设备加速折旧。税收扣除主要针对技术及人才的开发费用。企业专职研究人员的人员经费、研究用材料费、国外委托教育培训费、技术研究费、公司内职业培训费用等，可享受所得税前的税收扣除。如果税收扣除额抵扣不足，可在 5 ~7 年内逐年结转。对于企业研究试验用设备可采用加速折旧或税收扣除的方法。

（3）新技术开发的流转税与所得税减免。对企业研究所、产业技术研究组以及非营利法人等单位用于新产品开发，且国内不能生产必须进口的试验研究用物品，免征特别消费税。对企业研究所不动产免征地方税。为国内服务的外国技术服务人员，给予免征 5 年个人所得税的待遇。对企业的专职研究开发机构及产业技术开发部门，进口用于科学研究或产业开发的物品，给予享受减免关税的优惠措施。以上有关物品中途不能改变用途，否则将追征减免的税款。

3. 金融政策的支持

韩国开发银行、产业银行等银行为私营企业的新产品开发、工艺开发和新技术商业化等方面的研究开发活动提供长期、低息的贷款。韩国技术银行等风险资本机构为私营企业技术开发活动提供股权投资、购买债券、契约贷款、技术开发贷款、租赁服务等财力支持。凡属于研究开发性质的项目，都可以向韩国技术银行申请贷款。贷款到期后，有效益的项目要还贷，而失败的项目则可以免除。另外，韩国政府还允许银行以发行技术彩票的形式筹措部分风险资金，以弥补该银行因资助研究开发项目所造成的亏损。

4. 对人才培养的支持

韩国政府认为科学技术水平提高的关键在于科技人才。韩国政府重视教育、培养人才的主要措施有以下 3 个方面。

（1）职业技术和培训。韩国有两套教育体系，一套是教育部统管的从小学一直到研究生的通行模式；另一套是劳动部统管的职业技术培训所、培训中心、技术大学和学院等。韩国科技部于 1973 年制定了《技术资格鉴定法》，

1976 年，在劳动部下面成立了“职业训练和管理署”，统一管理全国技术培训和资格鉴定。

（2）注重引进海外学者。从 1968 年起，韩国政府开始引进海外学者工作，现有多个协会在美国、日本和欧洲做海外学者的工作。“科学和工程基金会”与海外使团密切配合，研究海外科学家和工程师的情况，以及他们回国后的工作条件和环境，针对国内最急需的专业，引进最有能力的学者。

（3）培养高级人才。在韩国重化工业阶段的后期，为适应产业高级化的需要，发展技术、知识密集型产业，韩国更加重视高技术人才的培养。1981 年，韩国将研究工业生产的“科技研究所”与研究生院“现代科学院”合并，成立“现代科学技术院”，使研究与生产结合更加紧密，研究生在学习阶段直接参与解决生产中的实际问题。

4.5　本章小结

本章重点分析了美国、日本、德国及韩国等国家的装备制造业自主创新模式及政策措施，为中国装备制造业今后开展自主创新的活动提供一定的借鉴。发达国家对装备制造业自主创新方面的探讨和研究，有很多值得我们思考和借鉴的地方。虽然这些发达国家装备制造业都发展得相当好，但是他们并未放松对技术创新的追求，并为此都选择了适合自身发展的自主创新模式。在以技术创新为主的自主创新发展中，这些发达国家都特别重视对人才的培养、对研发资金的投入及对政策、制度和发展策略的改进和完善。这些国家关于自主创新模式探索为中国装备制造业的自主创新及其模式的发展提供了可以借鉴的方法和途径，为改善中国装备制造业整体创新能力提供了宝贵经验。

第5章　中国装备制造业自主创新动力机制与模式分析

长期以来，中国装备制造业的技术引进路径一直重复着“引进—落后—再引进—再落后”的恶性循环，消化吸收能力的薄弱大大影响了装备制造业自主创新能力的提升。改革开放后，在国家的支持下，中国装备制造业的发展步伐明显加快，尤其在2006年后，中国相继出台和实施了《关于加快振兴装备制造业的若干意见》等一系列政策措施，有力地促进了中国装备制造业自主创新能力的提升，自主知识产权数量增速显著加快，发明和申请量和授权量先后超过国外。本章将从中国装备制造业自主创新动力机制分析入手，深入研究中国装备制造业自主创新模式的条件，在此基础上，勾勒出中国装备制造业自主创新的三种模式及其实现形式。

5.1　中国装备制造业自主创新的动力机制

企业需要理解并借助自主创新动力机制，以促进知识共享来推动其自主创新能力的提升。自主创新活动绝不是一个偶然的、单因素决定的过程，而是由经济、社会、科技和政策等多种因素的相互作用所决定的、具有一定自组织性的系统动力学过程。所谓自主创新动力机制，就是指推动企业进行自主创新活动的各种动力要素的相互关系与作用机理，以及为维护和改善这种作用机理所形成的动力要素与外部环境之间各种关系的总和。装备制造业自主创新的动力机制包括利益驱动、市场拉动、技术推动、政策支持四个方面的因素，只有对整套动力机制有充分的认识，建立一套系统的环境变化预警机制以保障竞争与合作顺利进行，才能真正保持和推进装备制造企业自主创新能力的提升（图5-1）。

（1）利益驱动。“天下熙熙，皆为利来；天下嚷嚷，皆为利往”，企业利益驱动力对装备制造企业自主创新起着重要的核心和枢纽作用，创新成果能为企业带来的超额利润是诱发企业进行自主创新的最原始动力。这不仅由于企业

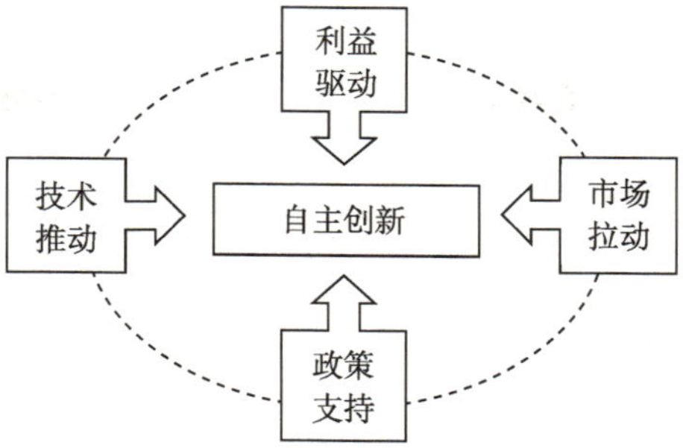

图 5-1　装备制造企业自主创新动力机制模型

进行自主创新的目的是实现利益最大化，而且还因为企业外部的各种动力要素最终都将转化成企业利益驱动力而发挥作用。为了达到最大利润，企业可以有多种选择，如简单扩大再生产、提高价格、采取自主创新等。在资本原始积累时期，扩大再生产的确是企业迅速壮大的途径；在供应短缺的卖方市场，企业提高价格，也可以获得超额利润；但是在市场竞争十分激烈的当代社会，装备制造企业只有通过自主创新来改善产品结构和提高工艺效率，才能在市场上真正站稳脚跟，取得长久的竞争优势，进而得到高额的利润回报。由此可见，追求利润最大化是企业主体从事自主创新最根本的目标。

装备制造企业是否进行技术创新取决于其对自主创新的成本和收益的比较，如果自主创新项目的不确定性较小、成功的概率较高、投资成本较小，一旦成功由此带来的收益较高时，企业就会在利益驱动下加快投资进度。在自主创新的过程中，企业家通过领导力、感召力和创新精神在企业中培育有利于自主创新的文化氛围，通过卓越的管理才能创造性地调配企业资源和开拓市场，高效率地组织和管理自主创新活动。而科技人员则是自主创新的直接实施者，他们凭借强烈的创新意识和奉献精神，运用自己的专业技能和技术灵感，攻克技术难关，取得自主创新成果。作为自主创新的重要参与者和完成者，企业家和科技人员在自主创新活动中投入了大量的精力，付出了艰辛的劳动，理所当然地要获取最大的回报，以追求自身利益的最大化。所以，完善装备制造企业的创新激励机制，激活、释放管理人员和科技人员创新的动力对自主创新有重要作用。

（2）市场拉动。装备制造企业自主创新动力机制中的市场拉动包括两个方面的内容：市场需求和市场竞争。市场需求是装备制造企业进行自主创新的方向标，市场需求具有层次性、多样性，而且这种需求是随着社会的进步不断变化的，在中国现代化的建设中各种装备设备的需求和要求也越来越高。因此，作为需求的供应者，装备制造企业必须不断创新，生产出相应的产品或服务来满足不断变化的需求。吴贵生（2000）指出，在各个领域的重要创新，有 60% ~80% 是市场需求和生产需求所激发的。在需求拉动创新这种模型中，强调市场需求是“研究与开发”构思的来源，市场需要是拉动、牵引创新的主要动力。市场需求为产品和工艺创新创造了机会，根据市场需求去寻找可行的技术和工艺。创新是市场需求引发的结果，需求在创新过程中起到了关键性的作用，如图 5－2 所示。

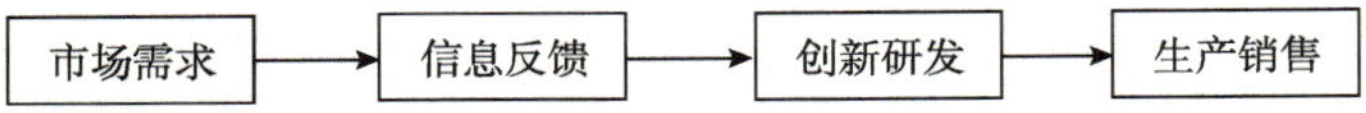

图 5－2　市场需求拉动的自主创新过程

同时，市场竞争是商品经济的特有规律，装备制造企业一方面必须努力掌握市场信息，自主研发生产出新产品以满足社会的需求；另一方面，尽量缩小生产成本，使自己的个别劳动时间尽可能低于社会必要劳动时间，以获取超额利润。市场竞争与经营危机压力是迫使装备制造企业寻求创新机会的一个重要原动力，也是企业自主创新形成与发展的契机。

为更好地完善和发挥市场拉动机制对装备制造企业自主创新的拉动作用，需要从以下三个方面加以改进：第一，要维护公平有效的市场竞争秩序，保持市场竞争对企业自主创新的压力。要从立法的角度，加速相关法律法规的制定和完善，为企业获得公平竞争的环境和政府实行相应的政策提供法律依据。要加强竞争的有效程度，建立全国统一的、公平竞争的市场秩序，破除行政壁垒和地方保护主义，使企业更多地依靠自主创新而不是凭借某种特权或不正当竞争手段获取竞争优势，从而维护市场竞争的有序和公平，使企业的经济利益受到保护。第二，企业是在市场竞争压力下生存和发展的，要加强市场竞争给企业带来的危机感。危机感主要来自市场竞争和企业经营状况，装备制造企业对危机的感受程度则取决于感受者（企业家和企业成员）本身的素质。由于危机感的存在，会迫使装备企业进行自发创新，以取得有利的竞争地位。创新产品的市场盈利空间越大，企业自主创新的动力就越强，创新投入力度就越大；市场竞争越激烈，企业危机感就越强烈，创新压力就越大，从而转变成创新动力。第三，建立市场激励机制，使装备制造企业通过市场机制实现其自主创新利己目标。从自主创新市场激励分析，市场形成了对自主创新进行自组织的机制，对自主创新有一种导向和激励作用，这种激励是通过市场对自主创新效果的检验来实现的。

（3）技术推动。科学技术是推动装备制造自主创新的重要动力，技术系统具有自我淘汰、更替的特质，到一定程度旧技术必然会被新技术所取代。技术进步推动创新有多种途径：首先，是新技术思路诱导，新的技术思路往往会诱发企业家去组织研究开发活动，并将研究开发成果投入商业化应用。其次，是技术轨道，重大的技术进展所形成的技术规范一旦模式化，就形成了技术轨道。在这条轨道上，只要有某一项技术商业化，其创新就会沿着它本身开辟的轨道，自发地启动并完成多项渐进型创新，并为新的根本性创新积累能量。如此循环往复，则创新技术层出不穷。第三，是技术预期，包括技术寿命周期和经济效益预期。当创新者预期到某项技术尚未进入衰退期，其应用有可能带来经济效益时，就会将这一技术投入商业化过程；第四，是输入推动，当新型材料的引入使旧的工艺设备无法或不能有效加工时，就会推动创新者变革工艺、改进设备，以适应生产发展。技术推动的创新过程如图 5－3 所示。

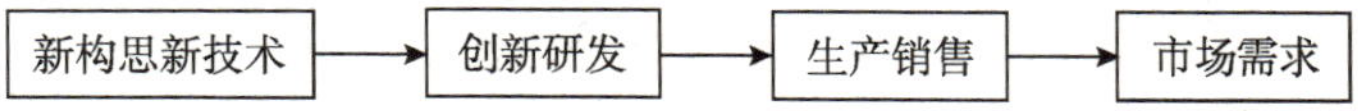

图 5－3　技术推动的自主创新过程

技术推动创新的效应主要取决于特定技术本身的进展程度，大的技术进展，有可能推动突进式技术创新，小的技术进展，则只能推进渐进的技术创新，而创新的经济效果只取决于特定技术在经济生活中的有效程度。装备制造企业通过自主创新可以获得技术上的领先地位，而技术成果一旦进入生产过程转化为产品，就可以给企业带来垄断利润，获得竞争优势。为了维持自身竞争地位，企业必须不断创新，进行技术上的突破，并将创新技术转化成产品以满足市场需求。

为培育和完善装备制造业的技术推动机制，加强技术发展对装备制造企业自主创新的推动作用，需要从以下两个方面进行完善：首先，继续培育和健全技术交易市场。要大力发展各个地区的生产力促进中心、科技成果展示中心等各种服务机构，加强对科技成果的宣传和推广，借助现代化的工具和手段传播和利用国内外科技成果的相关信息，为科技与经济的结合架起桥梁。其次，加快科技咨询业和科技信息业的发展。要积极为企业的科技创新提供相关咨询，增进大学、科技机构与企业界的相互联系和了解，促进企业与当地大学、科研院所进行技术合作，建立“企业—科技咨询机构—大学（研究所）”相结合的自主创新模式。

（4）政策支持。政府是市场竞争活动规则的制定者，也是市场活动的参与者。政府对待科学技术和创新活动的态度及所采取的措施将直接影响装备制造企业的创新决策。政府运用、发挥“制定规划、政策、法律等，以及加强协调和服务”等一系列创新激励职能，通过作用于创新企业及相关要素、完善创新的宏观环境，弥补“市场失灵”，形成“激励内部动力，诱导外部动力，促进协同创新”的三大效应共同发挥作用、产生合力。并且加大知识产权的保护力度，对自主创新的成果加以法律保护，才能将科技实力转化为法律权利，将技术优势转化为产品优势，进而形成对市场的掌控权，提高企业的竞争力，提高区域的竞争力。

同时，发达国家的实践证明，政府采购是政府激励企业自主创新的一个重要政策工具，通过制定合理的采购价格、采购数量、采购标准等，可以有效地降低装备制造企业自主创新的风险。中国各省区每年都有上百亿元规模的政府采购支出，这是一个庞大而稳定的市场，对于企业的任何一项自主创新活动来说都是非常大的刺激。采取多种税收优惠形式，从直接优惠为主转向直接优惠与间接优惠相结合，从事前扶持为主转向事前扶持与事后鼓励相结合，实行鼓励人力资本投资的税收优惠政策和金融扶持政策，大力发展技术创新风险投资机构，积极开展风险投资业务，逐步形成投资机构与企业“项目共建、利益共享、风险共担”的风险投资机制。因此，政府可以通过营造有利于创新的环境、加强知识产权的保护、加大对技术研发的投人以及税收减免等措施，刺激形成装备制造业集群自主创新动力。

5.2 装备制造业自主创新与市场竞争力的互动机制

目前，中国装备制造业已具备相当规模，基本上形成门类齐全的体系，生产规模居世界第四位。但是中国与世界先进水平还有不小差距，虽然整体规模较大，但是量大质弱，自主创新能力较弱，核心技术受制于人，在国际竞争中处于不利地位；多数企业技术含量较低，低端产品所占比重较高，在国际市场上缺乏竞争力；尤其在国民经济发展所需的重大成套装备和高新技术装备上，过多地依赖进口，对外依存度大；粗放的发展方式还没有根本转变，国产装备的整体国内市场满足度不到60%，在重大装备领域更低，特别是高新技术装备、微细加工设备（如半导体加工设备）几乎全部依靠进口。近年来，中国全社会固定资产设备投资的2/3都靠进口支撑，其中光纤设备、集成电路、高端纺织设备、高级数控机床、大型石化设备、重型燃气机、核电设备以及高端医疗设备等几乎全部依靠进口。面对变幻莫测的市场环境，提升中国装备制造业自主创新能力，提高中国装备制造业在国际市场的竞争力，进一步完善行业发展环境，促进中国装备制造业的健康快速发展是现阶段中国政府和企业需要共同努力的方向。装备制造业自主创新能力和其市场竞争力之间存在紧密的联系，它们之间存在良性互动机制。

1. 提高装备制造业自主创新能力有助于提升其市场竞争力

科学技术变革的加速，制造业的升级，跨国公司的强势，都将装备制造业自主创新能力的提高放在十分紧迫的位置上。科学技术变革日新月异、层出不穷，正在迅速地改变着人们的生活方式，正在有力地推动着社会的演进，也在多方面促使装备制造业产品的更新。装备制造业必须不断吸纳、融入最新的技术到自身的产品、制造、管理和服务中，才能满足用户的需求，才能赢得市场、赢得竞争。在科学技术变革的推动下，全球制造业正处于产业升级的活跃期。未来的制造业应满足小批量、多品种、质量高、成本低、研发期短、生产柔性、环境友好的要求，产品的功能特征则应是生态化、信息化、个性化和适应极限工作条件。这些，无不要求装备制造企业不断进行技术创新。可以说，没有技术创新，未来装备制造企业将难以生存，装备制造业自主创新能力的提高有助于提升其市场竞争力。

2. 激烈的市场竞争环境促进装备制造业自主创新能力的提高

现阶段，经济全球化和以信息技术为先导的新兴产业的发展加快了世界经济的结构调整，装备制造业格局正在重新洗牌。装备制造业必然向劳动力丰富、成本低、市场需求大的发展中国家转移。工业发达国家自身的发展阶段决定其不得不退出劳动密集型或高劳动强度产业，致力于更高技术、更高附加值的产品制造和发展新兴产业。目前，许多发展中国家尚没有解决温饱问题，工业基础薄弱和资金缺乏大大抵消了其劳动力资源的优势。另有一些国家政局不稳，没有足够的精力发展经济。相比之下，中国经济一直保持快速发展势头，工业基础和基础设施建设得到了加强，国内局势安定有序，国际地位不断提高，产业资本相对充足，有一支强大的产业工人队伍，国内市场需求旺盛。这些优势决定了中国成为接续装备制造业转移的最适宜国家。而面对日益激烈的市场竞争的环境，装备制造企业不断提高自主创新能力，加大自主创新力度，建立自主创新体系是满足日益增长的市场需要的重大举措。

3. 装备制造业自主创新与市场竞争力之间相互促进，良性互动

装备制造业自主创新能力和市场竞争力是相辅相成的，它们相互促进，共

同提高。提高装备制造业自主创新能力有利于保持其行业的市场的持续竞争力，而市场竞争力的提升能够保障企业的经营效果，为企业不断加大自主创新力度提供良好的经济基础。因此，二者之间形成良好的互动机制。

5.3 中国装备制造业自主创新模式及其条件

在国家相关政策和一批优秀企业的带动下，通过自主创新，中国装备制造业扭转了多年来徘徊不前的局面，一大批装备制造企业迎来了发展的春天。下面将就中国装备制造业的自主创新模式及其条件进行深入的分析。

5.3.1 “引进—消化—吸收—再创新”模式及其条件

中国装备制造业最常见的自主创新模式是“引进—消化—吸收—再创新”模式，该模式认为装备制造业技术创新的关键在于引进基础技术的消化、吸收和再创新，并由此形成一个有效的运作平台。下面将从该模式的技术条件、组织条件入手（图5－4），主要构建“引进—消化—吸收—再创新”模式及其实现形式。

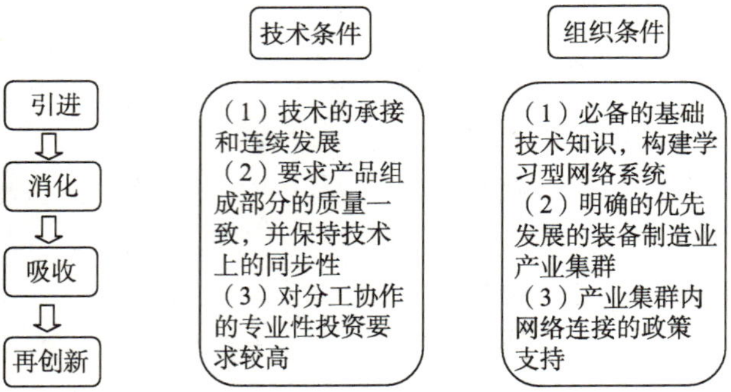

图5－4 中国装备制造业“引进—消化—吸收—再创新”模式的条件

1. “引进—消化—吸收—再创新”模式的技术条件

（1）技术的承接和连续发展。众所周知，汽车工业是装备制造业中最为重要的行业之一，以汽车工业为例，来说明该模式在技术上的第一个条件：技术的承接和连续发展。在20世纪初，中国基本确定了汽车产品的主导设计，其结构在这之后也没有根本性地改变过，因此，汽车工业的技术继承了大量的工业革命后的技术，涉及的领域也包括机械、金属加工、化工、仪器仪表、电子、电器等领域。而推广到整个中国装备制造业上来，可以得出这样的结论，装备制造行业得技术商需要有承接和连续发展的条件。

（2）要求产品组成部分的质量一致，并保持技术上的同步性。中国装备制造工业的产品最大的特点之一就是每一成套的产品都是由成千上万零部件组装而成，因此，每一个零件或部分在材质、质量标准和加工工艺等方面的要求都不相同，在产品质量、性能改善等方面，装备制造业整体素质的提升就需要每个细小环节的共同改进和发挥作用。这种集成性也决定了装备制造业技术的系统性和关联性，这也要求零部件和各部分在质量上要具有一致性及技术上同步性的条件。

（3）对分工协作的专业性投资要求较高。装备制造业大部分行业，如专用设备制造业、交通运输设备制造业、电子及通信设备制造业等行业的资产专用性比较强。而且，装备制造业对分工协作内在要求比较高，所以，这也就要求分工协作厂商之间的专用性投资特别是互惠性投资的比重应该要高于其他行业，构成了技术创新上的壁垒，也让技术模仿变得更加困难。

2. “引进—消化—吸收—再创新”的组织条件

（1）必备的基础技术知识，构建学习型网络系统。从上面的分析可以知道该模式的技术条件在一定程度上对装备制造企业的基础技术知识和学习能力的要求相当高。因为普通技术知识对于范围比较广的基础科学基本达到可以覆盖的程度，同时也需要长期的积累和不同门类的知识相互交叉与相互补充，所以装备制造业的这些技术条件也就决定了该行业需要雄厚的普通技术知识基础，并以此构建学习型的网络系统。这个系统主要表现在以下两个方面：第一，对全国科研院所进行统筹规划；第二，从国家层面让权威部门对装备制造业基础性技术知识进行整理并形成一个系统性框架，然后进行公开发布。

（2）明确的优先发展的装备制造业产业集群。这是该模式下的第二个组织条件，通过对中国装备制造业市场中的不同企业进行聚类分析，可以从中找到特征相似的企业，并总结他们基本技术的特征和表现，然后，根据地区的不同，在全国范围内再进行聚类分析，找出不同地区相关装备制造企业的资源特征。通过对接企业聚类和地区聚类划分出来的企业和资源，确定装备制造业优先发展的产业集群，以此形成价值产业链，确定核心的装备制造企业，促进消化吸收和自主创新的良性发展。

（3）产业集群内网络连接的政策支持。

形成了产业集群并发展了核心企业仅仅是组织条件的一部分，还需要相关政府部门制定合理的产业政策，确保不同产业之间技术的相互连接与沟通。比如可以通过“标准化协会”保证技术标准之间的一致性，通过“装备制造业促进会”给各部门 R&D 与生产提供交流的平台。

3. “引进—消化—吸收—再创新”模式的实现形式

从上面关于组织模式的分析，可以看到，要想实现该模式，还需要多方面的政策和行动支持，图 5 –5 反映的是中国装备制造业在该模式下的实现形式。

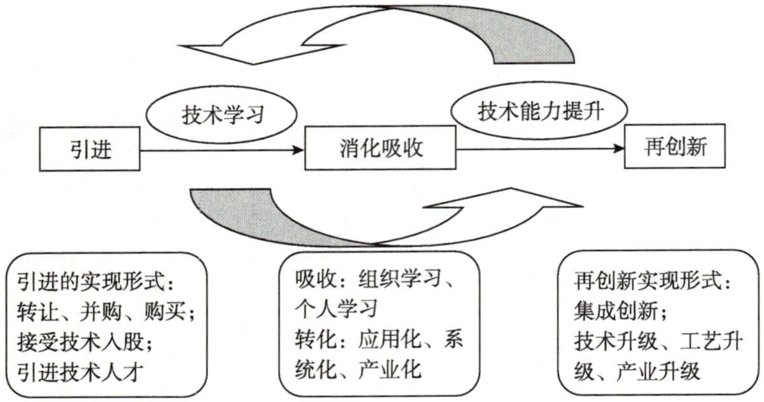

图 5 –5　中国装备制造业“引进—消化—吸收—再创新”模式及其实现形式

从图 5 –5 中可以看到，在引进阶段，中国的装备制造企业主要是通过转让、并购、购买等形式参与的，另外，还接受技术入股和引进技术人才，多方向的实现技术引进的目标；在消化吸收阶段，装备制造企业注重组织学习和个人学习，能有效吸收引进的技术，并将吸收获得的技术通过企业的研究开发，走向应用化、系统化和产业化；经过技术的消化和吸收后，企业技术能力也得到了有效地提升，但企业并没有停下脚步，通过集成创新、技术升级、工艺升级和产业升级等方式进行再次创新，把外来技术真正变为自身的技术成果，全面提升装备制造业的自主创新能力。

“引进—消化—吸收—再创新”模式的实现形式主要有以下两个方面：第一，可以采取与国外跨国公司联合设计、合作生产等方式来推动重大产品的研制和对核心技术的开发，同时企业应当加强对国外先进技术的吸收工作，对引进来的技术进行二次创新，或者与用户、设计机构、配套企业进行联合消化吸收，加快技术的国际化速度；第二，企业可以加大与科研院所、地方高校的合作，整合科技资源，实行产、学、研相结合，提高原创性技术和产品的研究开发能力，创造有自主知识产权的技术和产品。

5.3.2　产、学、研三螺旋自主创新模式及其条件

社会生产及各产业的自主创新在现在的企业竞争中已经越来越重要，而自主创新的活动需要大学、产业和政府三方共同参与，协同作战。因此，由大学、产业和政府三方相互作用形成了自主创新系统的核心。这种以产、学、研（即大学、产业、政府）三方在创新中密切合作、相互促进，同时又保持自己独立身份的创新模式便是“三螺旋自主创新模式”。[1]

三螺旋模式是在政府、产业双螺旋模式的基础上发展而来的。在此之前，政府对于企业采取的是干预模式或自由放任模式。但是不论采取哪种模式，都不能使社会各方面的资源达到最优的配置，人们期望政府、产业和大学之间能进行相互的化学反应，从而使社会的配置达到最优化，三螺旋模式因此应运而生。该创新模式认为，只有通过大学、产业和政府三方机构的相互作用，并引入动力因素，才能使每一个部分发挥最大的功效。而且，只有当三个机构在相互合作中起到协同作用，同时还保留着自己独特身份的时候，每个机构的功能才能放大。

在三螺旋模式中，大学、产业和政府都是重要的成员。其中，大学作为新知识、新技术的来源，是知识经济的生产力要素；产业作为进行生产的场所；政府则是作为契约关系的来源，并确保稳定的相互作用与交换。三者相互配合，促进产业的自主创新能力提高。

1. 装备制造业三螺旋自主创新模式的条件

中国装备制造业要想实现三螺旋自主创新模式，需要有一定的条件作为支撑，而这些条件离不开高校、产业和政府三方。图 5－6 为装备制造业三螺旋自主创新模式的条件。

（1）必要的政策支持和制度安排。校企合作对于以培养高素质劳动者为目标的实践教学，有着极其重要的现实意义。尤其是职业教育发展的方向，已经成为教育主管行政部门和学校的共识。但是目前，工学结合、产教结合还是主要处在靠学校自身寻找与企业磨合的摸索中。虽然教育部有宏观的政策导向，并总结了一些成功的经验和模式，但仅仅有这些还远远不够，还必须要有现实指导意义的纲领性文件，以及鼓励企事业单位积极参与职业教育的政策。

---

[1] 亨利·埃茨科威兹. 三螺旋［M］. 东方出版社，2005 年版中译本：1.

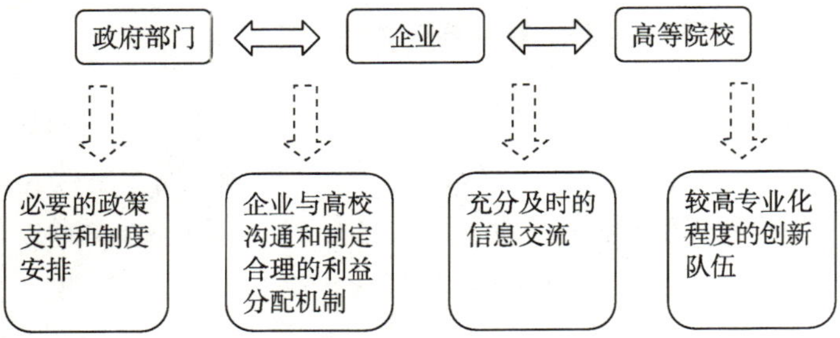

图 5-6　中国装备制造业产、学、研三螺旋自主创新模式的条件

（2）企业与高校沟通和制定合理的利益分配机制。沟通包括信息沟通、技术沟通、人员沟通等。由于高校文化和企业文化观念的不同，制约了高校与企业的技术合作与交流。高校的学术文化是推动科学与技术进步及高效发展的深层推动力，而企业文化是以追逐利润为内涵的文化，在科技需求方面具体表现为要求见效快、成本低、风险小、利润高。这两种文化观念的冲突，严重制约了高校产学研合作的发展。产、学、研合作是一种科技与经济结合的行为，必须有相应的政策法规来调节、规范和推动，必须制定合理的利益分配机制来鼓励产学研合作，利益分配合理与否在产学研合作中起着至关重要的作用。据相关调查，目前在中国，大多数高校在产学研合作中人员流动、生活待遇、成果归属、职称评定、个人权益、设备共用等方面都还缺乏切实可行的政策。

（3）充分及时的信息交流。在中国各类型科技力量中，高校的科技高层次人才资源最为雄厚。所以，在进行创新活动的时候，需要高校和国际学术界广泛而深刻的学术交流，及时把握当代最新科技发展的脉搏，这种人才、知识资源的聚集效应成为了推动创新活动开展的动力。

（4）较高专业化程度的创新队伍。高校的综合性学科结构有利于新的学科、学术思想和理论的产生，组织前瞻性、开拓性、综合性的知识创新，是高校科技创新活动的基本使命和最重要的功能。因此，技术创新需要通过多门类、多层次、相互交叉和渗透的学科的组织，需要较高专业化程度的创新队伍。

2. 装备制造业三螺旋自主创新模式的实现方式

中国装备制造业在实现三螺旋模式的自主创新时，需要考虑到多层次的需求和方式，以此实现由模仿向自主创新的飞跃，其实现方式如图 5-7 所示。

（1）全方位合作的方式。全方位合作的方式，是指一方面通过地方政府

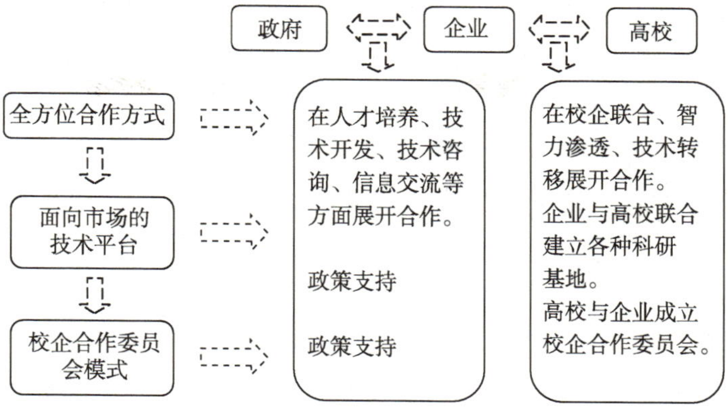

图 5－7　装备制造业产、学、研三螺旋自主创新模式的实现方式

导向和服务功能与企业在人才培养、技术开发、技术咨询和信息交流等方面进行广泛合作，另一方面通过校企联合、智力渗透、技术转移等，由点到面，逐步展开，共同探索建立一条全方位、多角度、深层次的产学研合作模式。当然，这种全面合作关系的模式是必须要建立在企业与高校长期信任的基础之上的。

（2）面向市场的技术平台的构建。企业与高校联合建立各种科研基地，是进行科技工作必不可少的实物载体。它不仅在企业与高校之间架设了一座桥梁，成为企业与高校沟通联系的纽带，而且也保证了高校科学研究的项目来源，为高校促进企业技术创新创建稳定的市场。作为科技成果转化的重要基地，它可以是各种形式的联合实验室、研究开发中心。高校融入到企业技术创新体系，为企业有针对性地提供新产品、新技术和科技信息，对提升企业的技术创新能力起到关键作用。

（3）校企合作委员会模式。这是产、学、研合作的较高层次，是指高校与企业成立校企合作委员会，专门负责推动校企间的科技合作，使高校与企业之间建立起科学合理、优势互补的合作关系。通过高校与企业共建技术中心和科技成果转化基地，不仅建立技术成果由高校向企业转移的渠道，而且整合学校与企业的人才、技术装备和研发经费等资源，实现产学研一体化，最终形成科技创新合力，为传统产业改造提供强有力的技术支撑。

5.3.3　集群式自主创新模式及其条件

在中国，装备制造业自主创新模式中最为突出的是产业集群的创新模式。集群式自主创新模式主要是指以专业化分工和协作为基础，相同或相近产业或产业链形成集中或靠近的空间地理位置，从而形成产业集群，在集群内的企业通过相互竞争与合作，产生创新集聚效应，以活动创新优势而形成的组织形式。

集群式自主创新即是产业集群的创新，而产业集群（industrial cluster）一词是最早是1990年由迈克·波特在《国家竞争优势》一书中提出，并进行了分析。他所定义的产业集群是指“在特定领域内相互联系的，在地理位置上集中的公司和机构的集合”，包括一批对竞争有重要影响和作用的相互联系的产业和其他实体。将产业集群和创新思想结合的最早的概念是创新型产业集群的形成。这种集群形式是以创新型企业和人才为主体，以知识或技术密集型产业和品牌产品为主要内容，以创新组织网络和商业模式等为依托，以有利于创新的制度和文化为环境的产业集群。[1] 这种产业集群形式有别于创新程度较低的模仿型产业集群，也与劳动密集型产业集群不同，是属于知识或技术密集型的产业集群，也是属于现代产业集群的组成部分。

1. 集群式自主创新模式的优势

通过上一节对中国装备制造业产业集群自主创新演化路径模型的分析，可以看到产业集群作为一种产业组织形式，具有很多优势与能力，主要表现在以下七个方面。

（1）有利于产业集群内的装备制造企业节省交易和生产成本，提高产业竞争力。产业集群内的装备制造企业面对的是就近的、众多的原材料供应商、设备供应商，因而能以更低的成本，更快的速度，更高的要求购买各种投入品，包括原材料、零部件、机器设备、各种服务。另外，人力资源的供应也相对稳定和方便，企业的竞争力得到进一步提高。

（2）有利于装备制造企业间的分工合作与培养竞争意识，提升效率和技术创新的能力。产业集群内的装备制造企业一般是采用“核心能力 + 外包”的经营模式。每个企业都集中所有的资金和精力建立自己的核心能力和优势，做出全国乃至全球最便宜和质量最好的产品。此外，企业间的分工合作主要表现在零部件的生产、产品设计、销售等相关业务的专业外包，以此提升产业效率和技术创新能力。产业集群内同种产品不是由一家装备制造企业生产，而是由很多企业生产，这样企业之间的竞争就越来越激烈，从而提升集群内企业的竞争意识。

---

[1] 李佐军. 借鉴创新型产业集群发展的国际经验［J］. 对外经贸实务，2008（3）.

（3）产业集群有利于推进装备制造专业市场的形成和发展。产业集群有利于形成装备制造业专业市场，专业市场的形成又会进一步促进产业集群内装备制造业的发展。主要表现是因为有了众多的专业市场，企业采购原料、辅料都比较方便，且价格很低。而且这些专业市场既是产品集散地，又是信息集散地。人们把国内外同类装备制造产品集中到这里，这样相关信息也集中到了这里。这些信息的互通使得集群内的装备制造企业可以及时且迅速地调整产品结构，持续不断获得创新动力。

（4）促进发展区域学习型组织，提升集群内装备制造企业自主创新能力。在产业集群内，基本集中了经销商、供应商等企业和需求用户，各种最新的市场信息、产品信息和技术信息也汇集在一起，这些信息是装备制造企业自主创新最主要的资源。另外，集群内部各种信息频繁地交流和互换，也促进了创新思想的碰撞和产生。而且，在集群内部的竞争及企业人员之间的交流也使得企业学习的愿望更加强烈，学习成本的降低使得学习效应的产生变得更加容易实现。

（5）产业集群有利于建立良好的信用体系和环境。在中国，信用体系没有完全建立起来，诚信的缺失是影响很多企业发展的重要阻碍之一。而在产业集群里，装备制造企业不仅可以降低交易成本生产产品，而且可以避免由于缺乏诚信而造成的损失。在区域性产业集群中，同一产业及相关产业的众多企业都相对集中在一个区域，因此若不讲诚信很难在集群中有一席之地，而且由于供给方和需求方也相隔不远，这样供给方不诚信的行为就难以形成。在产业集群中，装备制造企业之间长期的业务往来也增进了相互彼此间的友谊和信任，结成了相互守诚信的友好网络。所以，企业之间造假、欺诈、恶意拖欠等失信的现象就很难出现。

（6）有利于区域品牌的形成。现代竞争激烈的市场经济环境下，品牌对于产品和企业的重要性毋庸置疑。对于一个产品来说，其品牌能表明产品具有独特的性能和质量优势。在集群内，区域品牌很容易形成，这能表明区域产业也具有独特的优势和特点。

（7）有利于区域招商引资。对于装备制造业来说，产业集群最好的优势之一便是利于招商引资。产业集群本身代表市场和商机，因此，它也是一种很好的项目孵化器和企业孵化器。在这里进行投资，会使集群的产业配套体系和服务体系日趋完善，产业链条不断延长。而且，在产业集群内创办企业，不仅进入成本低，退出成本也低，非常有利于吸引外部直接投资，在集群内部的装备制造企业也相对容易在国内外资本市场进行融资和上市。

2. 中国装备制造业集群式自主创新模式的条件

中国装备制造业集群式自主创新模式的发展需要一定的条件支持，主要表现在以下一些方面（图5-8）。

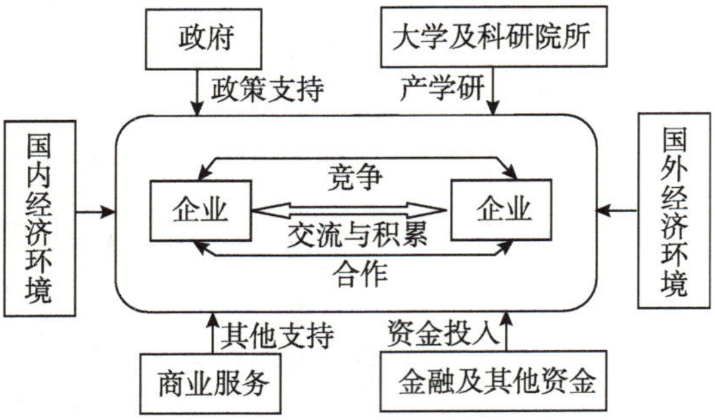

图5-8 中国装备制造业集群式自主创新模式的条件

（1）企业与企业间的竞争与合作是基础条件。与轻型加工业相比，装备制造业技术构成复杂，配套零部件多样化，需要有较强技术能力的大型企业对技术进行集成和创新，通过大企业带动小企业发展的这种企业间合作方式，带动产业集群的形成。同时，企业间的竞争是必不可少的，竞争一方面对企业的发展会产生冲击，但从产业集群发展来看，竞争将加大企业对于技术研发的投入，也将进一步推动企业自主创新的发展。因此，企业之间的合作与竞争关系是实现装备制造业集群式自主创新模式的重要基础条件。

（2）建立知识共享平台和交流平台。在集群内部建立以制造企业为主导的知识共享平台和装备制造业集群主体要素交流平台，是实现产业集群自主创新重要的条件之一。通过知识共享平台和交流平台的搭建，推动区域内以市场为基础的知识和人力资源流动和技术的扩散，推动产业技术创新的发展。

（3）国内外经济环境影响集群式自主创新模式及其实现。国内经济环境主要是指宏观层面的经济形势，包括国家和地方的层面，国内经济形势的好与坏将直接影响到整个装备制造业的产业发展和相关政策的倾斜，也将会对集群内的企业自主创新选择和实现产生不确定的影响因素，在一定程度上左右其自主创新模式的实现。国外经济环境影响装备制造业集群式自主创新发展的方面主要集中在对外的技术研发交流上，良好的国外经济环境将有利于集群内企业引进更多先进且适合中国装备制造企业的技术，也将推动集群内自主创新的进一步发展。

（4）加强政府与科研机构对集群内企业的支持。研发是装备制造业的核心，加强政府和科研机构对集群内制造企业研发的支持是产业集群创新模式发展的基础和重要条件。通过政策支持和产学研的合作不但可以推动各类地方机构对区域技术创新的参与，为装备制造业集群的技术扩散营造通畅的渠道，而且还能使装备制造业产业集群整体技术水平得到进一步提升。

（5）加大资金投入，获得其他商业服务支持。装备制造业集群式自主创新的发展离不开集群内企业自身对自主创新的投入和对技术的追求，反过来，集群内企业自主创新的提升更是不能脱离产业集群面临的环境和服务的支持。在获得政府的支持后，需要集群的整个体系加大对资金的投入，并发挥集群的整体优势，获取商业服务的其他支持，为进一步提升集群内自主创新提供源源不断的动力。

3. 中国装备制造业集群式自主创新模式的实现形式

中国成熟的装备制造业集群式自主创新模式是以大企业为核心，通过形成价值链的产业分工或是以竞争互补的形式，实现装备制造业集群式自主创新模式的发展（图5－9）。

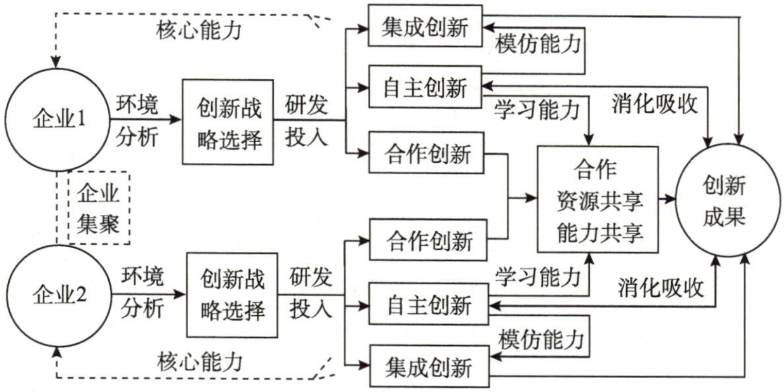

图5－9 中国装备制造业集群式自主创新模式的实现形式

产业集群以其不可比拟的优越性为装备制造企业提供了实现自主创新的组织形式，同时，很多成功企业的创新过程证实，自主创新在客观上促进了产业集群的形成并保证了产业集群的顺利发展，为装备制造产业集群内部各企业保持较高市场竞争力提供了有力保证。装备制造产业内部产品种类比较多、产品相似，相互之间存在一定程度的竞争。同时，各企业均有自己的优势产品和技术专长，存在优势互补的可能性和内在动力。正是由于彼此的紧密竞合关系，形成了对内部市场的挤压、垄断与对外部市场的强吸聚力，在竞合中保证了整个集群的延续。在这种装备制造业集群中，由于企业规模和能力的不同，通常形成以大企业为核心、一批中型企业为第二梯队、大量小型企业为辅助的雁行格局。不同层次的企业进入不同的产品领域：核心企业进入附加值较高的高端产品市场，中小企业则集中于低端产品市场。如果出现某个要素（企业）逃避集群的齿轮耦合义务，破坏内部的潜规则，那么最直接的结果是要素之间的恶性竞争，使市场趋于“柠檬化”，最终很可能会导致整个集群网络结构的分崩离析。图 5 -9 结合装备制造业集群的特点对企业自主创新动力机制进行分析，从图 5 -9 可以看出这是一个企业自身能力的提升和核心竞争力的形成过程，同时也是装备制造业技术优化升级的过程。装备制造企业在自主创新诸多动因的带动下，通过产业集聚提供的平台展开自主创新活动。装备制造企业集群式自主创新模式一般有以下一些实现形式。

（1）明确专业生产分工，形成价值链产业集群。在中国，装备制造业的产业集群内企业首先要有比较明确的专业生产分工，并由此分化出三级企业类型：直接配套企业、二级以下配套企业、服务企业和最终客户。这些企业通过产业链和价值链形成密切的上下游的产业体系，并且可以使用相似的技术、资本及人力资源，共同分享区域内部的基础设施。该实现形式对产品技术含量要求比较高，企业集成度也比较高。集群内核心制造企业的规模优势明显，固定资产存量很大，生产系统复杂，而配套企业在单件产品的生产上具有一定的规模或技术优势。由于装备制造企业的大型企业和分散在其周围的中小供应商企业，分处在产业价值链的不同环节，因此在技术能力上存在明显差异。大企业由于资产规模较大，一般拥有更高素质的人力资源、更先进的硬件设备、更规范的管理体系、更发达的关系网络及更充裕的财务资源，相对于集群内的中小企业处于优势地位。通过内部成员之间的集体学习，核心大企业能带动各级供应商技术能力的提高，弥补企业间的纵向技术能力差异，将促进集群整体技术能力的提升，推动集群的结构升级。

（2）加大研发投入力度，制定创新激励制度。自主创新的核心技术来源于自身的技术突破，是依靠自身的力量，通过独立的研究开发活动而获得的。装备制造企业要实现关键技术的突破，必须加大在创新方面的投入。首先是人才投入。人才是自主创新的主体，是自主创新的决定性因素。企业除了注重对内部人才的培养外，还应积极吸引外部的科技人员，或者可以通过与大专院校和科研院所进行合作创新，采用“借人”的方式来增强本企业的自主创新人力投入。其次是加大资金投入。一方面，装备制造企业可以通过自有资金、政府投入、金融风险机构投入等渠道筹集创新资金；另一方面，装备制造企业还可以拓宽自主创新科技成果产业融资渠道，比如进入资本市场，通过股票上市等方式进行资金的筹集，以保障对创新资金的投入。

此外，制定合适的创新激励制度无疑将促进集群内自主创新的实现。首先，加大对创新型管理者的激励力度，激发企业高层管理者的创新精神。目前，中国企业的主要任务是改变高管人员报酬单一的现状，除了采用固定工资和年薪制这些已为人熟知的报酬形式外，还可以引进股票期权、期股、利润分享等新型报酬形式，建立有利于创新的企业高层管理者长期激励制度。其次，采取多种激励形式以调动科技人员的创新积极性。一方面，要采取多种形式的物质激励；另一方面，还应采取多种方式的精神激励。目前大多数装备制造企业都建立了创新项目成果激励机制，但这种激励往往是一次性的。建议企业建立生产要素参与分配的长期激励，将知识产权作为投入要素（期权股份）参与分配。可实行目标导向下的大项目经理制，充分激发科技人员的主动性和积极性，大大提高研发的效率和效果。

（3）明确竞争－合作关系，形成优势互补的产业集群。由于中国装备制造企业之间不仅只有“供应商－用户”的关系，而且经常表现为“竞争－合作”的关系。各装备制造企业生产的产品相似，相互之间存在一定程度的竞争，同时各企业均有自己的优势产品和技术专长，存在优势互补的可能性和内在动力。因此明确这种相互的关系，形成优势互补的集群式发展是实现中国装备制造业集群自主创新模式的实现形式之一。在集群内，装备制造的大型企业由于较中小企业拥有更多的人、财、物、信息等方面的资源，因而拥有更多的机会和更强的实力进行技术引进和技术创新，比中小企业拥有更雄厚的技术基础。因此，大企业在集群中处于技术能力优势地位，也是集群中重要的技术源泉，其产品主要集中在附加值较高的高端产品领域。

集群式的发展有利于知识流动和技术扩散，所以装备制造大型企业的技术不可避免地通过集群内部的人员流动、人员之间的非正式交流等途径，外溢到集群之中。这时候产生的“技术扩散效应”，将带动整个集群内相关技术能力的成长。而通过带动效应，中小企业的技术能力将获得提高，并且通过模仿和集成创新以此实现产品结构的升级和更新。中小企业更是依靠生产成本低、销售方式灵活等优势，可以正面地与核心企业展开竞争，这种压迫式的竞争效应会使核心大企业不断提高自身竞争实力，以保住在行业中的龙头地位。其中，最根本的途径是加强技术创新，提高产品的技术含量和质量，摆脱与区内其他企业的恶性价格竞争。由此，明确产业集群内企业的“竞争－合作”关系，将形成优势互补的产业集群，极大地促进中国装备制造业集群式自主创新模式的发展。

5.4 本章小结

本章通过对中国装备制造业自主创新动力机制的研究和分析，结合中国装备制造业自主创新的特点和现实发展，分析中国装备制造业自主创新与市场竞争力的互动机制，探究出中国装备制造业自主创新模式的条件，并在这个基础上总结并提出了中国装备制造业自主创新的三种基本模式及其实现形式，分别是引进—消化吸收—再创新模式、产学研三螺旋自主创新模式以及集群式自主创新模式，为中国装备制造业自主创新提供了新的思路和理论基础。

第6章　中国装备制造业自主创新系统演化博弈分析

中国目前正处在经济结构调整和经济转型时期，很多工业企业的合并、并购浪潮加速了企业的规模经济增长，市场结构出现了集中的趋势，市场结构和企业发展存在着相互适应的过程。本章从生物群落进化的角度出发，基于演化博弈理论，系统分析装备制造企业自主创新投资的演化过程，在此基础上利用演化博弈理论对装备制造业自主创新投资及创新合作与竞争行为进行演化博弈分析。

6.1　中国装备制造业自主创新系统的演化过程分析

6.1.1　中国装备制造业自主创新系统结构的特征

中国在装备制造业自主创新模式的发展和实践方面虽然已经取得了较大的成就，但是也存在一些不稳定的因素，这对中国装备制造业自主创新能力的发展造成了很大的阻碍。本节将从装备制造业自主创新系统的结构特征分析入手，探讨和研究中国装备制造业自主创新系统演化过程，为中国装备制造业自主创新发展提供参考。

1. 呈现出不平衡的规模化趋势

中国装备制造业自主创新系统结构呈现出规模化的趋势，主要表现在以下一些方面：基础装备制造业，如交通运输设备制造业、电子及通信设备制造业等产业自主创新系统由于相对集中，具有技术研发的优势，形成了规模化的趋势，而其他的，像金属制造业、专用设备制造业、普通机械设备制造业和仪器仪表及文化办公用设备制造业等行业则集中程度相对较低，因此，大规模的自主创新在这些行业难以有效形成。中国装备制造业自主创新的状况基本上处于工业化自主创新的初级阶段，还需要进行大量的改革创新和建设发展。

2. 产业结构日趋优化

中国装备制造业在经历了六十年的发展后，其产业中的结构比也发生了显著的变化。特别是最近几年，装备制造业渐渐成为中国工业自主创新中最大的产业创新部门之一，发展速度高于其他工业的平均发展速度。可以说，中国装备制造业自主创新系统结构趋于优化的特征越来越明显。

产业结构的日渐优化主要是通过对两方面基准进行控制和调整，从而确定自主创新产业结构成长的方向和基本态势的。这两方面基准一个是一般性基准，包括政策空间、需求结构变动、经济发展阶段、创新结构、创新阶段、相关产业自主创新发展状况和前景等；另一个是特殊基准，包括自主创新优势基准、收入弹性基准、关联效应基准等。

3. 空间结构呈现不均衡态势

中国装备制造业自主创新系统在空间结构方面有其演变特点，表现如下：装备制造业自主创新地区之间的差距相对比较大，呈现出自主创新能力之间差距越拉越大，强者越强的趋势；自主创新企业集群集中在少数发达省份，而且，其发展与区域经济增长呈现高度正相关性，自主创新的市场份额也与区域装备制造业产值份额成正比。

进入21世纪以来，中国装备制造业自主创新得到了前所未有的发展，但是，随着资源消耗、结构不平衡、区域发展不平衡等一系列因素的影响，中国装备制造业自主创新的发展主要还是集中在东南沿海地区，西部及东北部地区的自主创新发展明显较弱。想要提高中国装备制造业自主创新的综合能力，需要加强其他发展较弱地区的自主创新能力培养，进一步缩小相关地区的差距，促使各地区经济健康、平衡地发展。

4. 自主创新系统具有生命周期性

中国装备制造业自主创新系统演化具有生命周期性，通常会经历装备制造业自主创新过程中的萌芽、成长、成熟和衰退几个阶段。每个阶段表现出来的创新特征也不相同，装备制造业的发展速度和竞争优势也完全不同，在下面关于自主创新动态演化模型的分析中会有进一步的表述。

6.1.2 中国装备制造业自主创新系统的形成及其生命周期过程

中国装备制造业自主创新系统有其独有的形成、发展和演化过程。首先，在政府相关的政策和环境的作用下，在一定的区域内形成具有相同或相似组织功能或产业链的企业集群，这些企业构成了产业集群单元[1]。然后，由于这些集群单元的自组织功能，集群内部可以不断地繁殖出相关联的企业群，而且外部也有企业不断进入，因此，产业集群得以迅速扩张。发展到一定程度之后，企业之间的创新协作关系将不断发展和完善，形成网络价值链群，外部企业进入将变得越来越困难，整个产业集群相对稳定发展。随着时间的发展，集群内的企业也慢慢开始衰退，原有的集群单元将慢慢失去聚集功能，而新的集群单元也将慢慢浮现，从而形成新一轮的竞争，集群内部实现新老交替，整个产业集群的创新技术将发生根本性的变化，从而进入下一个循环，由此形成生命周期的过程。图 6－1 是该过程的模型图。

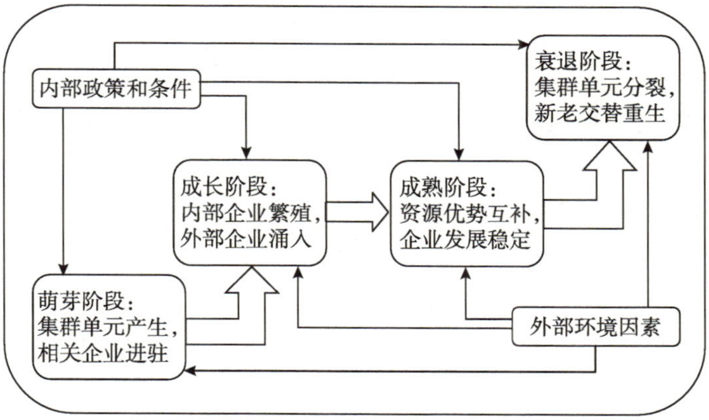

图 6－1　中国装备制造业自主创新系统的生命周期过程

从图 6－1 关于中国装备制造业的自主创新系统的生命周期过程中可以看到，其发展过程主要有以下几个阶段。

1. 萌芽阶段

该阶段主要是产业集群单元的产生和相关装备制造企业的进驻。其主要的特征有：产业集群单元渐渐形成，并开始相互作用和关联，通过集聚效应形成扩张的趋势，但是发展还未形成大的规模。

2. 成长阶段

这一阶段主要是集群内装备制造企业开始迅速繁殖，外部的装备制造企业大量涌入。其主要的特征有：集群内的企业开始迅速和大面积地繁殖和发展，

[1] 刘友金，郭新. 集群式创新形成与演化机理研究［J］. 中国软科学，2003（2）.

另外，与产业集群性质配套的相关企业和机构部门大量涌入，集群的规模开始迅速扩张。

3. 成熟阶段

在这个阶段内，相关的政策制度和产业集群各方面的功能都相对比较成熟和稳定。其主要的特征有：集群内配套的设施及功能基本完善，企业相对进入平稳发展的时期，这个时候，外面企业的进入受到一定的限制；此外，集群内逐渐建立起横向或纵向的关系，各个企业之间充分发挥资源互补的特点，整个集群形成了一个完整的网络和价值链的集合。

4. 衰退阶段

在这个阶段，产业集群内的企业由于相互竞争，产业继续新老交换，出现衰退的现象。其主要的特征有：新的集群单元渐渐出现，以替代原有的已经慢慢衰退的集群。另外，如果有适宜的条件，即新老交替进行得顺利，那么顺利度过这个相互竞争的时期，集群可以得到继续的发展；但是，如果没有相互匹配的条件，那么集群就很有可能走向衰退。

6.1.3 中国装备制造业自主创新系统的动态演化分析

从上一节的分析中可以看到，中国装备制造业自主创新系统的结构特征和自主创新演化路径的特征决定了中国装备制造业自主创新系统选择的是一条产业集群创新之路。本节在装备制造业自主创新系统生命周期的基础上，着力构建装备制造业自主创新系统的动态演化模型。

1. 中国装备制造业自主创新系统动态演化模型的构建

建立一个适合中国国情的装备制造业自主创新系统的动态演化模型框架，一方面可以为解决现有研究中所存在的问题提供合理的解释；另一方面也可以为分析和理解装备制造业自主创新能力的动态演化过程、制定产业创新政策，以推动装备制造业自主创新能力提升提供有意义的指导。基于此，本文采用产业动态演化模型（evolutionary model of industrial dynamic，EMID）作为装备制造业自主创新系统的基础模式，在此基础之上构建中国装备制造业自主创新系统的动态演化模型。

本文建立的装备制造业自主创新系统动态模型包括 4 个模块：第一，给定资本投入和劳动投入，求解企业创新产出；第二，装备制造业企业进行 R&D 投入决策，求解企业创新活动的结果以及企业在下一时期所使用的生产技术；第三，企业进行投资决策；第四，进入和退出决策。这影响当前企业决定是继续生产还是退出，潜在的进入企业决定是否进入。

图 6－2 给出 EMID 模型的基本框架（未包含进入退出决策）。虚线以上部分强调了单个企业决策时的变量关系，装备制造业内其余企业的总影响在图中虚线下面给出。多个箭头指向某一变量表明多个变量共同决定该变量。

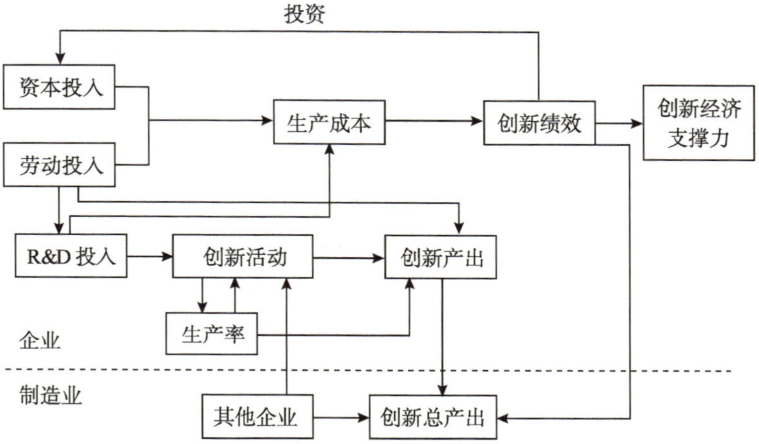

图 6－2　中国装备制造业自主创新系统动态演化模型

2. 中国装备制造业自主创新系统动态演化模型的基本结构

EMID 模型研究装备制造业在离散时间 $t=0$，1 的演化。假设 $t=0$ 时，制造业形成；$t=1$ 时，在位企业开始生产同质产品。$t\geqslant 1$ 时，装备制造业内有 n_t 家企业。假设资本是唯一的生产要素，δ 表示资本折旧率，$0<\delta\leqslant 1$。在 t 之初，企业 i 的资本 $K_{it}>0$，假设技术的资本生产率 A_{it} 是企业所采用技术 Q_{it} 的增函数，即 $A_{it}=A(\theta_{it})$，技术 $\theta_{it}\in N$（假设 $\theta_{i1}=1$）。所有生产技术有固定的投入系数和规模报酬不变的特点。

在此引入一个随机变量 ζ_t，这是因为 EMID 模型在单位资本的生产成本中反映创新环境的随机因素对制造业的影响。模型假设在同一生产时期，不同生产技术的单位资本的生产成本都相同，但在不同时期受经济系统的随机因素影响而有随机性的变化。假设资本可以从一个技术转换到另一个技术，没有转换成本。随着时间推移，装备制造业自主创新以及装备制造业以外的科技进步使得产业内最好技术的资本生产率逐渐增大。在 EMID 模型中，设每种技术 θ 的资本生产率函数为

$$A(\theta)=A_0+\Phi\ln\theta \tag{6-1}$$

式中：A_0 为装备制造业形成初期的资本生产率；参数 Φ 决定了资本生产

率增长的速度。

装备制造企业 i 在 t 时期的产量为 $Q_{it}=A_{it}K_{it}=A(\theta_{it})K_{it}$。给定需求函数 $P_t=H(Q_t)$，市场价格 P_t 取决于装备制造业的总产量 Q_t。假设需求函数是连续递减的，由于 $Q_t>0$，不妨设

$$P_t = D/(Q_t)^{1/\eta} = D/[\sum A(\theta_{it})K_{it}]^{1/\eta} \tag{6-2}$$

这里，马歇尔需求弹性 $\eta>1$，需求参数 $D>0$。于是，装备制造业内企业 i 的单位资本利润率为

$$\pi_{it}=P_tA(\theta_{it})-\zeta_t-RR_{it} \tag{6-3}$$

式中：RR_{it}为 t 时期该企业的单位资本用于 R&D 投入的比例；ζ_t 是 t 时期装备制造业内各企业的单位资本的生产成本，它是分布在区间［a，b］上的非负随机变量（$0<a<b<\infty$），反映创新环境引起的生产成本的随机变化。

下面从自主创新活动、自主创新投入能力、自主创新产出能力和自主创新投资决策四个方面分析基于 EMID 模型下装备制造业自主创新系统的基本结构。

（1）自主创新活动。EMID 模型中装备制造业的自主创新形式是提高技术的资本生产率的创新，是生产方法的创新，即工艺创新。所有的演化模型有一个共同的属性，而自主创新的搜索机制正是符合此模型的共同属性，自主创新过程是自然演化的。按照熊彼特等学者的传统观点，生产惯例 θ 是装备制造业遗传信息的基本单位。装备制造业所运用的惯例是描述本行业的基本特征之一。每个装备制造企业通过创新和模仿 R&D 搜寻新的技术，试图使资本生产率最大化，来提高其在产业中的地位。资本生产率取决于装备制造企业所运用的技术。

EMID 模型假设各个企业之间彼此独立地进行 R&D 活动，企业创新和模仿的策略各不相同。创新和模仿策略以及企业的规模决定了企业的 R&D 投入。进行创新的企业，其随机的技术搜寻使得生产率集合发生内生的演变模型，假设所有企业都在不同程度上搜寻创新机会，企业创新的概率大于 0。

（2）自主创新投入能力。技术进步有两种情况：一种是外生科技进步引起整个装备制造业内技术的进步；另一种来自于装备制造业内部企业的创新，R&D 结果分布在企业可能达到的生产率水平上。企业的 R&D 投入与生产率增长之间的关系取决于装备制造业技术进步的程度。EMID 模型中企业单位资本的 R&D 投入不是始终不变的，企业根据实际情况调整 R&D 投入策略。EMID 模型假设 t 时期企业 i 单位资本的 R&D 投入为

$$RR_{it} = R_{it}/K_{it} = h_0[1 + \exp(-h_1 K_{it})] \quad (6-4)$$

式中：系数 h_0，h_1 是非负实数。如果系数 $h_0 = 0$，表示企业没有 R&D 活动；如果 $h_0 > 0$，$h_1 = 0$，则 R&D 投入与企业的资本成比例；如果 h_1 和 h_0 都大于0，表示企业配置一个占其资本较大比例的资金用于 R&D 活动，由于创新意识和研发能力的差异，各企业的 R&D 总投入 R_{it}也存在一定的差异。

将企业用于 R&D 的资金分为创新资金 $R_{it,in}$和模仿资金 $R_{it,im}$。企业 i 在 t 时期的 R&D 策略通过 R&D 投入在创新和模仿之间分割的系数 r_{it}来描述：

$$R_{it,in} = r_{it}R_{it}, R_{it,im} = (1 - r_{it})R_{it} \quad (6-5)$$

R&D 投入在创新活动的分配策略取决于企业的实际情况，随着生产的不同时期而改变。当某企业在市场总产量中所占的份额增加时，其创新研究占 R&D 投入的份额也增加；当企业的市场份额减少时，企业将更多的资金配置到模仿研究上，即该企业认为其他企业使用了更好的技术，于是模仿这些技术。因此，把企业 i 的分割系数 r_{it}的演化表示为

$$r_{i,t+1} = (1 + g_{it})r_{it} \quad (6-6)$$

式中：$g_{it} = (s_{it} - s_{i,t-1})/s_{i,t-1}$是 t 时期企业 i 的市场份额 s_{it}的增长率。

（3）自主创新产出能力。装备制造业自主创新产出能力体现在两阶段的随机过程产生的创新绩效，这个新的创新绩效决定企业的经济支撑力。

第一阶段确定装备制造业自主创新是否成功，由随机变量 $V_{it,im}$和 $V_{it,in}$取数值1或0来说明。装备制造企业 i 获得创新抽样的概率取决于该行业的创新 R&D 投入。因此设

$$\Pr(V_{it,in}) = a_{in}\ln(R_{it,in}) + b_{in} \quad (6-7)$$

这里假设 $R_{it,in} \geqslant 1$，否则创新概率为0。a_{in}是控制创新抽样概率的系数，b_{in}是外生科技进步引起的创新抽样概率。企业获得创新抽样后，其在技术空间中的位置就随机地前进 N_{it}步。该变量具有 Poisson 分布密度，平均步数取决于企业的创新 R&D 投入 $R_{it,in}$，其参数为 $\lambda_{it} = 1 - \exp(-a_{in}R_{it,in})$。其中 a_{in}为创新 R&D 的标度参数。因此，企业 i 的技术根据 $\theta_{i,t+1} = \theta_{it} + N_{it}$随时间演化，$\Pr\{N_{it} = n\} = \exp(-\lambda_{it})n!$。由于企业 i 在每一时期的平均前进步数 λ_{it}总是小于1，因而技术进步是缓慢递增的。

类似地，企业 i 得到模仿抽样的概率是企业的模仿资金 $R_{it,im}$的函数：

$$\Pr(V_{it,im} = 1) = a_{im}\ln(R_{it,im}) + b_{im} \quad (6-8)$$

这里 $R_{it,im} \geqslant 1$，否则模仿的概率为0。a_{im}是控制模仿抽样概率的系数，b_{im}是外生科技进步引起的模仿抽样概率。如果企业得到一次模仿的抽样，它就模

仿产业内的最佳生产技术。

对于某个时期获得了模仿和创新两种抽样的企业，下一时期的生产率水平为

$$A_{i,t+1}=\max(A_t,\ A_{it}) \tag{6-9}$$

式中：A_t 是 t 时期装备制造业内最高的生产率；A_{it}是企业 i 创新抽样的结果，根据创新抽样到的技术 $\theta_{i,t+1}=\theta_{it}+N_{it}$按照公式（6－1）计算。

（4）自主创新投资决策。装备制造企业未来的生产规模取决于其对自主创新的投资决策，而企业的投资能力取决于该企业当前的创新绩效。假设绩效大于0的企业在每一时期用一部分当前绩效扩大生产投资，另一部分绩效用于提高创新经济支撑力。

如果 t 时期企业的创新绩效为正，企业还将一部分绩效成果形成自身的创新经济支撑力。假定创新绩效中形成创新经济基础的比例取决于现有企业资本，现有经济支撑力 SU_{it}越大，当前绩效用于形成支撑力的比例越小。参数 τ 用来代表绩效中用于形成支撑力的比例。则定义企业在 $t+1$ 时期的当期经济支撑力 $SC_{i,t+1}$为

$$SC_{i,t+1}=\max\{0,\ \pi_{it}\}K_{it}\exp\{-SC_{it}/(\tau K_{it})\} \tag{6-10}$$

由于创新绩效中的当期经济支撑力 $SC_{i,t+1}$增加。当绩效非正时，企业减少自有形成经济支撑力的资金，进行投资以弥补资本折旧，因而创新经济支撑力减少，即

$$SU_{i,j+1}=\begin{cases}\max\{0,\ SU_{it}+SC_{i,j+1}-\delta K_{it}\} & (\pi_{it}\leqslant 0)\\ \max\{0,\ SU_{it}+SC_{i,j+1}\} & (\pi_{it}>0)\end{cases} \tag{6-11}$$

于是，企业的实际投资为

$$I_{i,j+1}=\begin{cases}\min\{SU_{it}+SC_{i,j+1},\ \delta K_{it}\} & (\pi_{it}\leqslant 0)\\ \pi_{it}K_{it}[1-\exp(-SU_{it}/K_{it})]+IL_{i,j+1} & (\pi_{it}>0)\end{cases} \tag{6-12}$$

从而 $t+1$ 时期企业的生产资本为

$$K_{i,j+1}=(1-\delta)K_{it}+I_{i,j+1} \tag{6-13}$$

6.2 装备制造业自主创新投资演化博弈的一般分析

从装备制造业的发展过程来看，我们知道自主创新投资是装备制造企业取得竞争优势的重要途径。作为装备制造企业自主创新的重要组成部分，自主创新投资无疑是企业生产经营的重要决策行为，合理的自主创新投资有利于企业

的快速发展。自主创新投资不仅与企业内在条件息息相关，而且与企业的外部环境有密切关系。市场中装备制造企业的数量、竞争对手的实力、技术垄断程度、技术先进程度、产品的生命周期、相关法规政策等宏观环境因素，均会对企业的自主创新投入产生重大影响。

演化博弈论（evolutionary game theory）是把博弈理论分析和动态演化过程分析结合起来的一种理论，它起源于行为生态学和生物进化论。演化博弈分析是针对群体成员在长期反复的博弈过程中策略的调整过程、趋势及其局部稳定性所进行的分析。在有限理性的假设下，博弈方往往不会一开始就找到最优策略，而是在反复博弈过程中不断地“学习”博弈，通过数次的“试错”寻找到最优的均衡，此时所有的博弈方都趋于选择某个稳定的策略，这个稳定策略被称为“演化稳定策略”（evolutionary stable strategy，ESS）。在本节中将运用演化博弈理论建立装备制造业自主创新投资的演化博弈模型，对其进行数值模拟并作出进一步的分析。

6.2.1　装备制造业自主创新投资的演化博弈模型

从装备制造企业的发展经验可以看出，企业选择自主创新战略进行自主创新投资时，通常可以在市场上获得超额创新收益。值得注意的是，进行自主创新投资对于装备制造企业来说并不总是好的竞争策略，因为选择自主创新投资对企业也有很大的成本代价或风险。首先是自主创新投资所需成本很高，需要投入大量的人力资本和管理成本；其次是技术风险和市场风险，它包括技术的成熟程度、先进程度和复杂程度，以及消费者需求变动、竞争对手的实力和数量等；此外，装备制造企业在选择自主创新问题上也有“搭便车”的现象，也就是不进行自主创新投资的企业往往也会从其他选择自主创新投资企业中得益，因为一般情况下学习、模仿成本比自主创新、自主研发的成本要低很多。因此，选择进行自主创新投资和不进行自主创新投资对装备制造企业来说并不是一个简单的问题，而是有明显博弈特征的重要选择问题。在这个博弈中，选择自主创新投资策略的企业并不总是获利较多的，因此现实中的装备制造企业既有选择自主创新投资的，也有选择不进行自主创新投资的。

现从装备制造企业自主创新投资的角度出发，我们把问题抽象为装备制造业中两个企业间的策略博弈，那么可以这样假设：两个企业在技术创新的战略选择上只选择自主创新和完全模仿中的一种，即企业是否进行自主创新投资，则企业的策略选择空间是（投资，不投资）；如果他们都不进行自主创新投资，则企业自主创新成果为0，即企业都不能获得超额创新收益；如果有一个企业进行自主创新投资，假设企业可以获得一项自主创新成果，那么他可获得的超额创新收益的概率为 m，$0.5 < m < 1$，但投资者有成本 c；同时不进行自主创新投资的企业通过学习、模仿所获得创新收益为 $1-m$，通常来说自主创新投资远远大于模仿成本，而进行模仿的企业也可以获得创新收益；如果两个企业都同时选择进行自主创新投资，则各能获得 p 项创新，或者说获得超额创新收益的概率为 p，$m < p < 1$，此时各自的成本为 c。这样两企业之间构成了表6－1所示的得益矩阵代表的博弈。

表6－1　装备制造企业自主创新投资博弈的支付矩阵

企业1 / 企业2	投资	不投资
投　资	$p-c$，$p-c$	$m-c$，$1-m$
不投资	$1-m$，$m-c$	0，0

该博弈的纳什均衡取决于其中 p、m、c 的具体水平或者说相对水平。根据上述假设，首先知道 $p-c > m-c$ 是成立的。

如果 $m-c<0$，也就是 $m<c$，那么因为 $p<1$，因此必然有 $p-c<1-m$，这时两企业都不进行自主创新投资是该博弈唯一的纳什均衡。因为在这种情况下进行自主创新投资总是不合算的，不投资是双方的上策。

如果 $m-c>0$，也就是 $m>c$，但 $p-c<1-m$ 仍然成立，则 $p-1+m<c<m$。此时存在两个纯策略纳什均衡，分别是两企业都进行自主创新投资和两企业都不进行自主创新投资，此时还存在一个混合策略的纳什均衡，两企业都以一定的概率随机决定是否进行自主创新投资。

如果在 $m-c>0$ 的情况下，而且有 $p-c>1-m$，那么两企业都进行自主创新投资是唯一的的纯策略纳什均衡，因为此时选择自主创新投资对两企业来说都是上策。

上述分析结论说明，在这个企业自主创新投资博弈中，除了投资和不投资在两企业获得超额创新收益外，自主创新的成本代价大小也是决定企业是否进行自主创新投资的关键因素。上述几种结果可以归结为下列 m 和 c 坐标平面图中的几个不同的区域，参见图6－3。

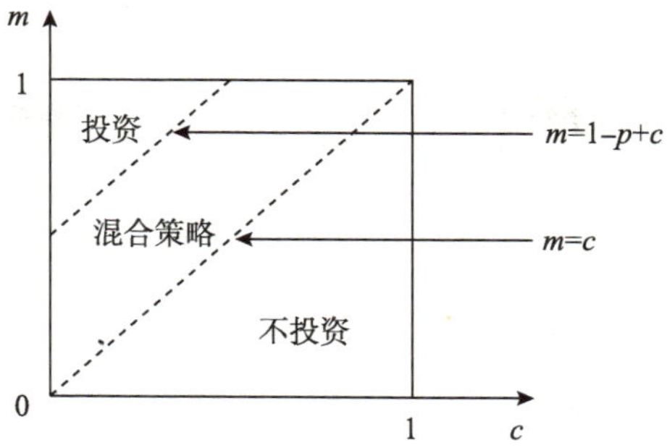

图 6－3　装备制造企业自主创新投资博弈不同均衡的条件

6.2.2　装备制造业自主创新投资的复制动态与演化稳定均衡

现在我们考虑有限理性博弈的复制动态和演化稳定策略。根据上述装备制造企业自主创新投资的博弈关系，我们不难构建关于其在市场竞争中的动态规律，也就是复制动态方程。设在选择自主创新战略进行创新投资的企业比例为 x，那么选择不进行自主创新投资的企业比例为 $1-x$；那么随着时间的变化，该比例的变化率也取决于选择进行自主创新投资企业的比例，以及其所获得利益是否超过不进行自主创新投资的企业以及超过的幅度。则采用两种策略博弈方的期望得益和群体平均期望得益分别为

$$
\begin{aligned}
u_1 &= x \cdot (p-c) + (1-x) \cdot (m-c) \\
u_2 &= x \cdot (1-m) + (1-x) \cdot 0 \\
\bar{u} &= x \cdot u_1 + (1-x) \cdot u_2
\end{aligned}
\qquad (6-14)
$$

博弈方策略类型比例动态变化是有限理性博弈分析的核心，其关键是博弈方学习和模仿的速度。在通常情况下，博弈方学习模仿的速度取决于两个因素，一是模仿对象的数量大小，因为这关系到观察和模仿的难易程度；二是模仿对象的成功度，因为这关系到判断差异的难易程度和对模仿激励的大小。装备制造企业选择自主创新投资的博弈方的动态变化速度可以用下列动态微分方程表示：

$$
\frac{dx}{dy} = x(u_1 - \bar{u}) = x(1-x)[x(p-c-1+m) + (1-x)(m-z)] \qquad (6-15)
$$

令 $\frac{dx}{dt}=0$，可解出三个稳定状态，分别为 $x^*=0$，$x^*=1$，$x^*=(m-c)/(1-p)$。

当 $0<(m-c)/(1-p)<1$ 时，上述演化过程复制动态的三个稳定状态都是合理的，因为都处于 $0\leqslant x\leqslant 1$ 的有效范围。这时候复制动态方程的相位图如图 6－4 所示。

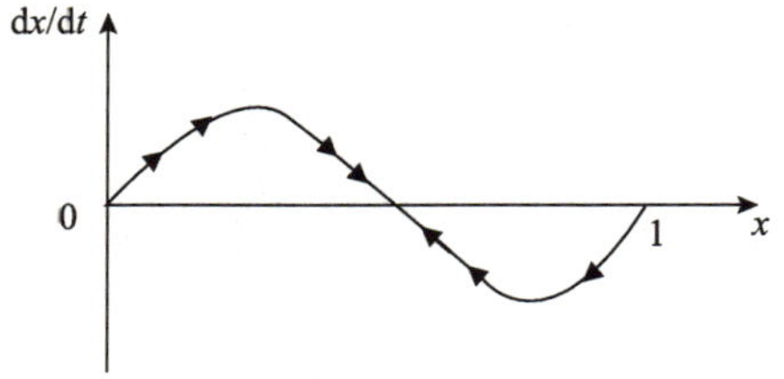

图 6－4　装备制造企业自主创新投资博弈复制动态相位图［$0<(m-c)/(1-p)<1$］

不难看出，其中只有 $x^*=(m-c)/(1-p)$ 是演化稳定策略。当选择自主创新投资的装备制造企业数量较少时，选择自主创新投资的企业会不断增加，直到选择自主创新投资企业数量的比重达到 $x^*=(m-c)/(1-p)$。如果选择自主创新投资的企业所占比重超过这个水平，甚至全部都选择进行自主创新投资，那么这时候不进行自主创新投资的企业数量又会扩大，因为此时不进行自主创新投资的企业“搭便车”的机会和利益比较大，最终仍然会回到 $x^*=(m-c)/(1-p)$ 的均衡比例。

当 $(m-c)/(1-p)<0$，也就是 $m<c$ 时，上述复制动态方程的不动点只有 $x^*=0$，$x^*=1$ 两点符合要求。此时复制动态方程的相位图如图 6－5 所示。

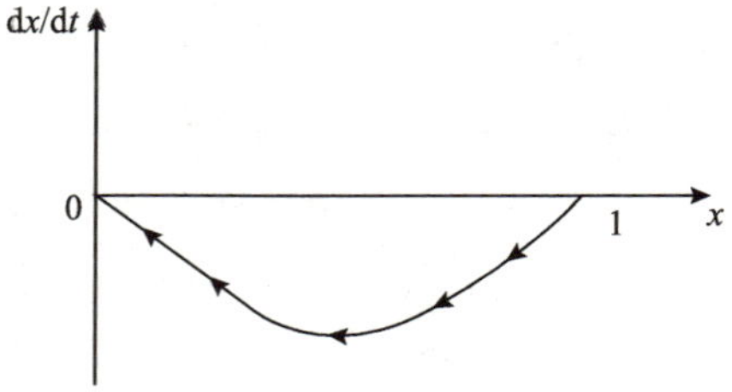

图 6－5　装备制造企业自主创新投资博弈复制动态相位图［$(m-c)/(1-p)<0$］

根据上述相位图不难看出，这时候复制动态的唯一稳定的均衡点 ESS 为 $x^*=0$，也就是所有装备制造企业都不进行自主创新投资。换句话说，如果所有的装备制造企业都不进行自主创新投资，那么即使出现少量的企业进行自主创新投资，他们也会很快改变策略选择不投资。只要不是开始时所有的企业都选择进行自主创新投资的极端情况，最终都会在长期的动态变化中趋向于不投资。即使是所有企业都选择进行自主创新投资的极端情况，也是一旦出现不投资的企业，这种企业的数量就会扩大，最终还是会趋向于所有装备制造企业都不进行自主创新投资。

最后一种情况$(m-c)/(1-p)>1$，也就是$m-c>1-p$的情况。此时复制动态方程的三个不动点只有$x^*=0$，$x^*=1$符合要求。复制动态方程的相位图如图 6-6 所示。

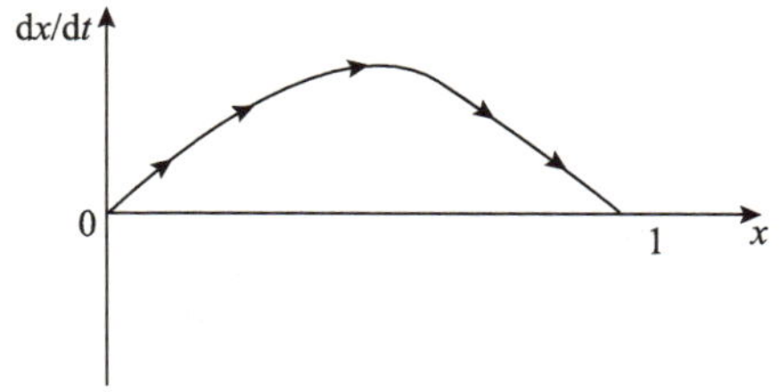

图 6-6　装备制造企业自主创新投资博弈复制动态相位图 $[(m-c)/(1-p)>1]$

根据相位图可以看出，现在的演化稳定策略是$x^*=1$，也就是所有的装备制造企业都选择进行自主创新投资。这种情况在科学技术是第一生产力的今天，在激烈的市场竞争中，选择自主创新战略进行创新投资所获得的收益大大超过成本代价时是合理的。

6.2.3　装备制造业自主创新投资博弈的数值模拟及分析

前面我们已经对装备制造企业的自主创新投资行为作了理论上的分析。但由于模型的参数较多，形式颇为繁杂，不便于作进一步的探讨。因此，本小节采用数值模拟的方法，对模型进行更深入的分析。在装备制造企业自主创新投资博弈的支付矩阵中有如下几种情形。

（1）当$m=0.6$，$c=0.5$，$p=0.8$时，$(m-c)/(1-p)=0.5$，处于$0<(m-c)/(1-p)<1$的区间里，市场经过长期的动态调整将会处于稳定的结构状态：装备制造业中大约有 50% 的企业选择自主创新战略进行创新投资，大约有 50% 的企业选择学习、模仿而不进行大量的自主创新投资。

（2）当$m=0.6$，$c=0.65$，$p=0.8$时，$(m-c)/(1-p)=-0.25$，处于$(m-c)/(1-p)<0$的区间里，企业自主创新投资成本过大，市场经过长期的动态调整将会处于稳定的结构状态：装备制造业中的所有企业都选择不进行自

主创新投资。

（3）当 $m=0.6$，$c=0.35$，$p=0.8$ 时，$(m-c)/(1-p)=1.25$，处于 $(m-c)/(1-p)>1$ 的区间里，创新收益超过成本代价，市场经过长期的动态调整将会处于稳定的结构状态：装备制造业中的所有企业都选择进行自主创新投资。

以上用两企业对称博弈的复制动态演化博弈分析的方法，讨论了装备制造企业自主创新投资的博弈问题。可以发现，在满足一定条件的前提下，市场中装备制造企业在是否选择自主创新战略进行创新投资的问题上，投资与不投资的企业比例将演化为稳定的结构状态。其中一定比例的企业选择自主创新进行创新投资，其余的企业选择学习、模仿很少进行自主创新投资。当然，多大比例的企业选择自主创新投资才不至于过度投资、资源浪费，同时又能保证新技术的不断出现，这需要针对装备制造业的具体情况来考虑，例如，对自主创新的风险大小、创新成本以及模仿成本高低等进行分析，从而为企业在作出自主创新投资的重要决策时提供借鉴和参考；同时政府部门也应当采取适当的调控措施、制定一些相关政策，如创新成本补贴、模仿成本补贴、技术引进支持等促进装备制造业的技术创新不断快速向前发展。

6.3 装备制造业创新合作与竞争的演化博弈分析

随着装备制造业市场竞争越来越激烈，产品的技术含量越来越高，其更新换代频率也在加快，产品开发越来越需要更广泛的专业能力，各企业甚至是大型企业在技术创新过程中也很难拥有所需要的所有（全部）技术。此时，装备制造企业可以通过正式或者非正式的合作方式获取外部环境中的知识、资本、人才等关键要素，加强创新合作以加快装备制造业技术创新的速度，从而形成竞争对手所无法复制的核心能力。

在用博弈模型研究企业间的合作与竞争问题时，常常假定参与人（企业）是完全理性的，并且以完全信息为基础，但对现实经济生活中的企业来讲，企业的完全理性与完全信息的条件是很难得到满足的。在装备制造企业创新合作与竞争的过程中，企业之间是有差别的，宏观环境与决策问题本身的复杂性所导致的信息不完全和决策者的有限理性显而易见，在合作过程中机会主义有可能产生，导致合作基础遭到破坏。由于以上影响因素的存在，装备制造企业创新合作与竞争博弈的均衡与演化过程往往表现出复杂性的特征。因此，本节运用演化博弈理论对装备制造企业间的创新合作与竞争进行研究。

6.3.1　装备制造业创新合作与竞争演化博弈模型

为了讨论方便，假定装备制造企业创新合作与竞争博弈的博弈方仅包括两类：一类为大企业，用企业 1 表示；一类为研发生产替代产品的大企业，用企业 2 表示。这两类企业在创新合作与竞争中各自的可行策略和收益都是不同的，由于信息的不对称，该演化博弈是多主体之间相互作用的一种非对称博弈。装备制造企业创新合作与竞争在一个具有不确定性和有限理性的空间进行，同时他们之间的策略又是相互影响的，各企业根据其他成员的策略选择，考虑在自身群体中的相对适应性来选择和调整各自的策略。假设双方的策略选择空间是（合作，竞争），v_1、v_2 分别表示企业 1 和企业 2 都采取竞争策略时各自所获得的正常收益；k_i（$i=1$，2）表示装备制造企业 i 采取创新合作策略时对创新技术共享程度；g_i（$i=1$，2）表示装备制造企业 i 通过学习、模仿对其他企业创新技术的吸收转换能力，此时 g_1k_2、g_2k_1 分别表示博弈双方选择创新合作策略时共享创新技术所获得的超额收益；c_i（$i=1$，2）表示装备制造企业 i 采取创新合作策略时潜在被学习和模仿的成本系数，c_1k_1、c_2k_2 分别表示博弈双方选择创新合作战略时所付出的初始成本。这样两类装备制造企业之间的创新合作与竞争构成了表 6-2 所示的得益矩阵代表的博弈。

表 6-2　装备制造企业创新合作与竞争博弈的支付矩阵

企业 2 \ 企业 1	合作	竞争
合作	$v_1+g_1k_2-c_1k_1$，$v_2+g_2k_1-c_2k_2$	$v_1-c_1k_1$，v_2
竞争	v_1，$v_2-c_2k_2$	v_1，v_2

6.3.2　装备制造业创新合作与竞争的复制动态与演化稳定均衡

假设企业 1 中选择创新合作策略的比例为 x，那么选择竞争策略的比例为 $1-x$；同时假设企业 2 中选择创新合作策略的比例为 y，那么选择竞争策略的比例为 $1-y$。这样在企业 1（位置）博弈的（合作，竞争）两类博弈方的期望得益 u_{1c}、u_{1n} 和群体平均得益 $\bar{u}_1$ 分别为

$$\begin{cases} u_{1c}=y(v_1+g_1k_2-c_1k_2)+(1-y)(v_1-c_1k_1) \\ u_{1n}=yv_1+(1-y)v_1 \\ \bar{u}_1=xu_{1c}+(1-x)u_{1n}=(1-x)(g_1k_2y-c_1k_1) \end{cases} \tag{6-16}$$

在企业 2 位置博弈的（合作，竞争）两类博弈方的期望得益 u_{2c}、u_{2n} 和群体平均得益 $\bar{u}_2$ 分别为

$$\begin{cases} u_{2c}=x(v_2+g_2k_1-c_2k_1)+(1-x)(v_2-c_2k_2) \\ u_{2n}=xv_2+(1-x)v_2 \\ \bar{u}_2=yu_{2c}+(1-y)u_{2n}=(1-y)(g_2k_1y-c_2k_2) \end{cases} \quad (6-17)$$

现在我们分别把两企业创新合作与竞争演化博弈的复制动态分析用于两个位置博弈的博弈方群体，得到在企业 1 位置博弈的博弈方类型比例的复制动态方程为

$$\frac{\mathrm{d}x}{\mathrm{d}t}=x(u_{1e}-\bar{u}_1)=x(1-x)(g_1k_2y-c_1k_1) \quad (6-18)$$

在企业 2 位置博弈的博弈方类型比例的复制动态方程为

$$\frac{\mathrm{d}y}{\mathrm{d}t}=y(u_{2e}-\bar{u}_2)=y(1-y)(g_2k_1x-c_2k_2) \quad (6-19)$$

于是，装备制造业创新合作与竞争的演化可以用两个微分方程组成的系统来描述，从而可以对博弈方的复制动态方程作一些分析。方程（6－16）表明，仅当 $x=0$，1 或 $y=c_1k_1/g_1k_2$ 时，企业 1 群体中选择合作策略的企业所占的比例是稳定的；方程（6－17）表明，仅当 $y=0$，1 或 $x=c_2k_2/g_2k_1$ 时，企业 2 群体中选择合作策略的企业所占的比例是稳定的。该系统的平衡点的局部稳定性可以由其相应的 Jaconbion 矩阵❶获得。对微分方程（6－18）、方程（6－19）依次求关于 x，y 的偏导数，可得出 Jaconbion 矩阵为

$$J=\begin{pmatrix} (1-2x)(g_1k_2y-c_1k_1) & x(1-x)g_1k_2 \\ y(1-y)g_2k_1 & (1-2y)(g_2k_1x-c_2k_2) \end{pmatrix} \quad (6-20)$$

通常情况下，企业 1 和企业 2 都采取创新合作策略时所获得的超额收益大于其初始成本，即有 $g_1k_2>c_1k_1$，$g_2k_1>c_2k_2$。由上面对方程的稳定点的分析可知，该系统有 5 个局部平衡点，根据 Jaconbion 矩阵的局部分析法对这 5 个平衡点进行稳定性分析，结果如表 6－3 所示。

❶ Friedman D. Evolutionary Game in Economics［J］. Econometrica，1997，59（3）：637－666.

表 6－3　系统的局部稳定性分析（$g_1k_2 < c_1k_1$，$g_2k_1 < c_2k_2$）

均衡点	J 的行列式符号	J 的迹符号	局部稳定性
$x=0$，$y=0$	+	−	ESS
$x=1$，$y=0$	+	+	不稳定
$x=0$，$y=1$	+	+	不稳定
$x=1$，$y=1$	+	−	ESS
$x=x^*$，$y=y^*$	−	0	鞍点

注：$x^*=c_2k_2/g_2k_1$；$y^*=c_1k_1/g_1k_2$。

可见，在 5 个局部平衡点中，仅有两个平衡点具有局部稳定性，也就是本研究要找的该演化博弈的演化稳定策略（ESS），它们分别对应于所有装备制造企业都采取创新合作策略或都采取竞争策略这两种模式。该系统还存在两个不稳定的平衡点和一个鞍点。图 6－7 描述了装备制造企业创新合作与竞争博弈的动态过程。

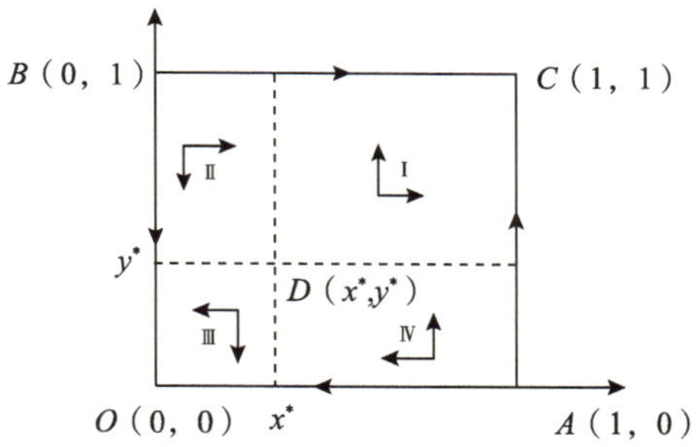

图 6－7　装备制造企业创新合作与竞争博弈动态演化图（$g_1k_2 > c_1k_1$，$g_2k_1 > c_2k_2$）

根据图 6－7 中箭头的方向不难看出，在装备制造企业创新合作与竞争博弈中，当初始情况落在Ⅰ区域时，会收敛到演化稳定策略 C 点，即所有装备制造企业采取创新合作的策略；当初始情况落在Ⅲ区域时，会收敛到演化稳定策略 O 点，即所有装备制造企业采取创新竞争的策略；当初始情况落在Ⅱ和Ⅳ两个区域时，大部分可能是最终收敛于演化稳定策略 C 点。因此在 $g_1k_2 > c_1k_1$，$g_2k_1 > c_2k_2$ 的情况下，有限理性博弈方通过长期的学习和策略调整，大部分情况最终都会收敛于双方都采取创新合作的策略。但在少数情况下，也会出现相反的结果，下面对几种特殊情况进行分析。

从模型的建立和分析都是考虑一般情况下装备制造企业都采取创新合作策

略时所获得的超额收益大于其初始成本，在一些特殊情况下，如企业的学习模仿能力差，潜在成本系数过高，或企业间的创新技术拥有量的差异过大等，都会导致企业采取共享策略时所获得的超额收益小于其初始成本，下面分别考虑三种情况。

（1）$g_1k_2 < c_1k_1$，$g_2k_1 < c_2k_2$，即所有装备制造企业自主创新的超额收益都小于其初始成本，该系统有 4 个局部平衡点。同理，根据 Jaconbion 矩阵的局部分析法对这 4 个平衡点进行稳定性分析，结果如表 6－4 所示。

表 6－4　系统的局部稳定性分析（$g_1k_2 > c_1k_1$，$g_2k_1 > c_2k_2$）

均衡点	J 的行列式符号	J 的迹符号	局部稳定性
$x=0$，$y=0$	+	－	ESS
$x=1$，$y=0$	－	不确定	鞍点
$x=0$，$y=1$	－	不确定	鞍点
$x=1$，$y=1$	+	－	不稳定

此时系统有 4 个局部平衡点，但只有 O（0，0）点是演化稳定点，而 A（1，0）、B（0，1）是鞍点，C（1，1）是不稳定平衡点。因此只有各企业都采取创新竞争策略才是演化稳定策略。图 6－8 表示该系统的演化动态，从任何初始状态出发系统都将收敛到 O（0，0）点。

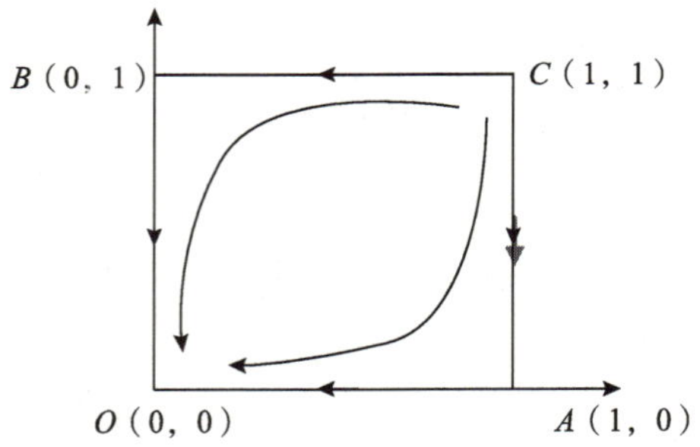

图 6－8　装备制造企业创新合作与竞争博弈动态演化图（$g_1k_2 < c_1k_1$，$g_2k_1 < c_2k_2$）

（2）$g_1k_2 < c_1k_1$，$g_2k_1 > c_2k_2$，即企业 1 的超额收益小于其初始成本，而企业 2 的超额收益大于其初始成本，该系统同样也有 4 个局部平衡点，同理根据 Jaconbion 矩阵的局部分析法对这 4 个平衡点进行稳定性分析，结果如表 6－5 所示。

表 6－5　系统的局部稳定性分析（$g_1k_2 < c_1k_1$，$g_2k_1 > c_2k_2$）

均衡点	J 的行列式符号	J 的迹符号	局部稳定性
$x=0$，$y=0$	+	－	ESS
$x=1$，$y=0$	+	+	不稳定
$x=0$，$y=1$	－	不确定	鞍点
$x=1$，$y=1$	－	不确定	鞍点

此时系统只有 O（0，0）点是演化稳定点，而 B（0，1）、C（1，1）是鞍点，A（1，0）是不稳定平衡点。因此只有各企业都采取创新竞争策略才是演化稳定策略。图 6－9 表示该系统的演化动态，从任何初始状态出发系统都将收敛到 O（0，0）点。

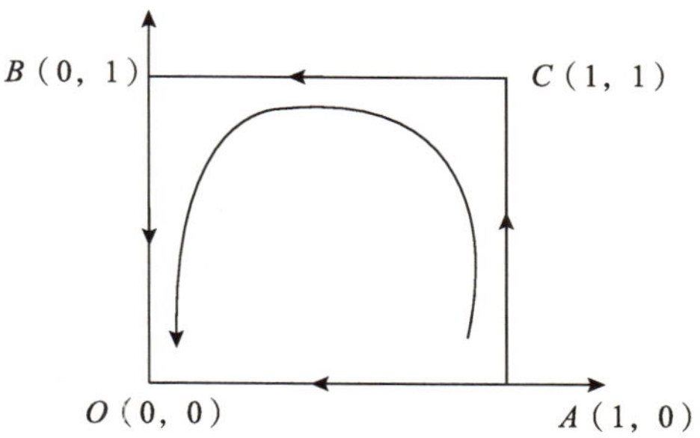

图 6－9　装备制造企业创新合作与竞争博弈动态演化图（$g_1k_2 < c_1k_1$，$g_2k_1 > c_2k_2$）

（3）$g_1k_2 > c_1k_1$，$g_2k_1 < c_2k_2$，即企业 1 的超额收益大于其初始成本，而企业 2 的超额收益小于其初始成本，该系统同样也有 4 个局部平衡点，同理根据 Jaconbion 矩阵的局部分析法对这 4 个平衡点进行稳定性分析，结果如表 6－6 所示。

表 6－6　系统的局部稳定性分析（$g_1k_2 > c_1k_1$，$g_2k_1 < c_2k_2$）

均衡点	J 的行列式符号	J 的迹符号	局部稳定性
$x=0$，$y=0$	+	－	ESS
$x=1$，$y=0$	－	不确定	鞍点
$x=0$，$y=1$	+	不确定	不稳定
$x=1$，$y=1$	－	+	鞍点

此时系统只有 O（0，0）点是演化稳定点，而 A（1，0），C（1，1）是

鞍点，B（0，1）是不稳定平衡点。因此只有各企业都采取创新竞争策略才是演化稳定策略。图6－10表示该系统的演化动态，从任何初始状态出发系统都将收敛到O（0，0）点。

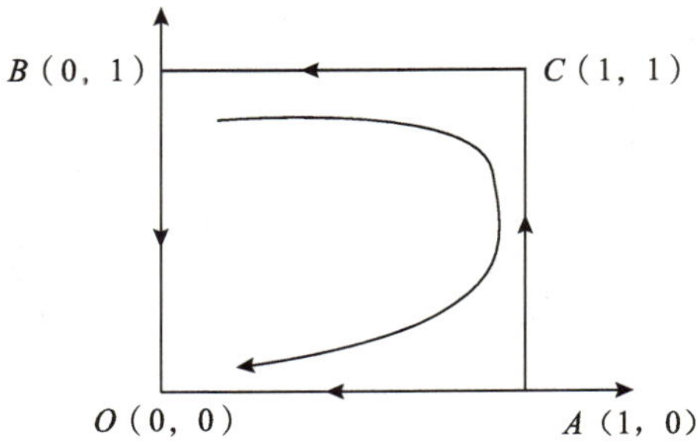

图6－10　装备制造企业创新合作与竞争博弈动态演化图（$g_1k_2>c_1k_1$，$g_2k_1<c_2k_2$）

综上可知，只有在两种企业的超额收益都大于其初始成本的情况下，装备制造企业才有可能演化为所有企业都采取创新合作策略的局面；任何一种企业的超额收益小于其初始成本，装备制造企业只能演化为所有企业都采取创新竞争策略的局面。由此可见，为装备制造业创造良好的市场竞争环境，降低企业创新的潜在成本，提高企业的学习和模仿能力，使企业更多地进行创新合作，是促进技术不断创新的重要途径。

6.3.3　装备制造业创新合作与竞争博弈模型的参数分析

下面对装备制造企业创新合作与竞争博弈策略的稳定性进行进一步探讨，由以上博弈模型可知，系统演化的长期均衡结构可能是企业间进行创新合作，也可能是相互进行创新竞争。博弈的支付矩阵以及博弈发生时的初始状态直接影响到系统将沿着哪条路径达到什么样的稳定均衡。所以在博弈过程中，构成博弈双方收益函数的某些参数的初始值及其变化将导致演化系统向不同的均衡点收敛。由于在几种特殊情况下，装备制造企业创新合作与竞争博弈都会演化到博弈双方均采用创新竞争的稳定策略，所以下面从装备制造企业创新合作与竞争博弈动态演化图6－5出发，在$g_1k_2>c_1k_1$，$g_2k_1>c_2k_2$成立的条件下，围绕系统演化图中鞍点D（$x^*=c_2k_2/g_2k_1$；$y^*=c_1k_1/g_1k_2$）分析模型参数的变化如何影响企业策略的选择，并指出相关的控制方法。

（1）代表装备制造企业通过学习和模仿对其他企业创新技术吸收转换能力的参数g。由鞍点D的表达式可知，当企业创新技术的吸收转换能力参数g

越小时，即学习和模仿能力偏低时，x^* 和 y^* 的值将越小，区域 Ⅰ 部分的面积就越大，系统收敛于均衡点 C 的概率增加，即企业 1 和企业 2 最终都采取创新合作策略的可能性增加。在实践中，这个结论也符合博弈的利益结构所决定的各个博弈方的行为取向。这就要求装备制造企业加强企业间的交流和沟通，提高企业研发人员的素质，注重通过创新合作加强对其他企业的技术知识的吸收和转化能力，从而保证企业间创新合作关系的建立和维护。

（2）代表装备制造企业采取创新合作策略时潜在被学习和模仿的成本参数 c。当装备制造企业潜在的成本参数 c 越大时，即企业在合作的过程中由于机会主义的产生导致互惠主义者承担的创新成本越大时，x^* 和 y^* 的值将越大，区域Ⅲ部分的面积就越大，系统收敛于均衡点 O 的概率增加，即企业 1 和企业 2 最终都采取创新竞争策略的可能性增加。所以通常只有企业间相互信任，彼此具有正式、非正式的合作或联盟关系，每个企业愿意进行创新合作并且技术共享的意愿较强时，企业潜在的成本参数 c 较小，从而采取合作创新策略所付出的初始成本较小。

（3）代表装备制造企业采取创新合作策略时对创新技术共享程度的参数 k。在装备制造企业创新合作与竞争演化博弈模型中，考虑到通常处于合作中的企业都拥有自己的独到的技术水平和核心能力，所以 k_1 与 k_2 大小与博弈方在合作中互利互惠的程度有关。只有当 $k_1 = k_2$ 时，即通过合作创新，博弈双方做到创新技术共享程度相当时，在力求改善参数 g 和参数 c 的情况下，系统收敛于均衡点 C 的概率才有可能增加，即企业 1 和企业 2 最终都采取创新合作策略的可能性增加，这种情况与现实中创新合作互利互惠、等价交换的原则是一致的。

6.4　本章小结

本章首先从中国装备制造业自主创新系统的结构特征分析入手，指出中国装备制造业自主创新系统的结构呈现出不平衡的规模化趋势、产业结构日趋优化、空间结构呈现不均衡态势、自主创新系统具有生命周期性等特征，这些特征决定了中国装备制造业自主创新系统选择的是一条产业集群创新之路。其次，在对中国装备制造业自主创新系统生命周期分析的基础上，采用 EMID 模型作为动态演化模型的基础模式，着力构造装备制造业自主创新系统的动态演化模型。最后，从生物群落进化的角度出发，基于演化博弈理论、系统分析装备制造企业自主创新投资的演化过程，指出市场中装备制造企业在是否选择自主创新战略进行创新投资的问题上，投资与不投资的企业比例将演化为稳定的结构状态。在此基础上利用演化博弈理论对装备制造企业创新合作与竞争行为进行分析，企业通过学习和模仿对其他企业创新技术的吸收转换能力、企业采取创新合作策略时潜在被学习和模仿的成本系数和采取创新合作策略时对创新技术的共享程度，都将影响装备制造企业在创新过程中合作与竞争的战略选择。

第7章 装备制造业自主创新能力的评价指标体系

自主创新是装备制造业持续健康发展的不竭动力，装备制造业自主创新能力是国家自主创新力的重要组成部分，对中国经济发展实现从资源依赖型向创新驱动型转变具有重要意义。增强自主创新能力依然是中国装备制造业面临的主要问题，构建合适的装备制造业自主创新能力评价指标体系，是进行科技投入与自主创新相关分析的必要条件，有利于合理配置科技资源的投入，不断提高装备制造业自主创新能力，增强其国际竞争力。

7.1 自主创新能力评价方法及其应用

7.1.1 自主创新能力评价方法的研究现状及发展趋势

目前，国内外学者提出和应用的自主创新能力评价方法有几十种，这些评价方法对自主创新能力的评价分析有着各自的侧重点。这些评价方法主要有以下几个方面：专家评价法，如专家咨询法（delphi 法）、加权平均法等；基于运筹学理论的评价方法，如层次分析法（analytic hierarchy process，AHP）、网络分析法（analytic network process，ANP）、数据包络分析法（data envelopment analytic，DEA）；基于数理统计分析的评价方法，如主成分分析法（principal component analytic，PCA）、因子分析法（factor analytic，FA）；基于模糊数学理论的评价方法，如模糊综合评价法（fuzzy comprehensive evaluation，FCE）等方法；基于智能原理的评价方法，如基于 BP 人工神经网络的评价方法、基于粗糙集理论的粗糙度量评价法等。

最近几年来，中国学术界对企业自主创新能力评价方法的研究取得了较为长足的进步，获得了不少的研究成果和宝贵经验，采用的方法也各有千秋，但是针对自主创新活动具有多目标、多层次、多因素和不确定性的特点，有的时候单独某一种或某一类评价方法已不能完全满足创新理论研究和实际工作的需要，这就形成了一系列基于多种方法集成的评价方法，如层次分析法与模糊综合评价相结合、熵值法和模糊综合评价相结合、模糊聚类方法、模糊人工神经网络评价方法、多目标决策与模糊综合评价相结合等评价系统的观点解决问题，从整体和全局剖析问题的能力强，综合化程度高，比以往的评价方法有更好的可操作性、实用性和客观性，因此在诸多行业和领域也正得到越来越广泛的应用。

7.1.2 自主创新能力常用评价方法的比较分析

1. *层次分析法*

层次分析法（analytic hierarchy process，AHP）是一种应用较为成熟的评价方法，能够较好地考虑集成综合评价过程中的各种定性和定量信息，但是在应用中仍摆脱不了评价过程中的随机性和专家主观上的不确定性及认识上的模糊性，这使得评价过程可能带有较大的主观臆断性，从而使结果的可信度下降。

具体操作过程如下。

步骤1：建立层次结构模型，将决策的目标、考虑的因素（决策准则）和决策对象按它们之间的相互关系分为最高层（决策的目的、要解决的问题）、中间层（考虑的因素、决策的准则）和最低层（决策时的备选方案），绘出层次结构图。

步骤2：分析系统中各因素间的关系，对同一层次各元素关于上一层中某一准则的重要性进行两两比较，构造两两比较的判断矩阵。

构造判断矩阵如下：设中间层包括的准则为 C_1，C_2，C_3，…，C_n，矩阵的元 $a_{ij}=C_i \div C_j$，矩阵 $\boldsymbol{A}=(a_{ij})_{n\times n}, a_{ij}>0, a_{ji}=\dfrac{1}{a_{ij}}$，即有

$$\boldsymbol{A}=\begin{pmatrix} 1 & a_{12} & \cdots & a_{1n} \\ \dfrac{1}{a_{12}} & 1 & \cdots & a_{2n} \\ \vdots & \vdots & \ddots & \vdots \\ \dfrac{1}{a_{1n}} & \dfrac{1}{a_{2n}} & \cdots & 1 \end{pmatrix} \tag{7-1}$$

步骤3：由判断矩阵计算被比较元素对于该准则的相对权重，进行判断矩阵的一致性检验。

对每个成对比较矩阵计算最大特征值及其对应的特征向量，利用一致性指标、随机一致性指标和一致性比率做一致性检验。若检验通过，特征向量（归一化后）即为权向量；若不通过，需要重新构造成对比较矩阵。

步骤 4：计算总排序权向量并做一致性检验；计算最下层对最上层总排序的权向量。

利用总排序一致性比率 $CR = \frac{a_1 CI_1 + a_2 CI_2 + \cdots + a_m CI_m}{a_1 RI_1 + a_2 RI_2 + \cdots + a_m RI_m}$ 进行检验。如果 $CR < 0.1$，则层次总排序通过一致性检验，可按照总排序权向量表示的结果进行决策，否则需要重新考虑模型或重新构造那些一致性比率 CR 较大的成对比较矩阵。

2. 模糊综合评价法

模糊综合评价法（fuzzy comprehensive evaluation，FCE）建立在模糊数学理论基础之上，隶属函数和模糊统计方法，为定性指标定量化提供了有效的方法，实现了定性和定量方法的有效集合；相比传统评价方法无法测度模糊因素的缺陷，在面对那些只能用模糊的、非定量的、难以明确定义的实际问题时，FCE 法可以较好地解决评价中的模糊性；同时，运用 FCE 法所得的结果为一个向量，这就克服了传统数学方法结果单一性的缺陷，结果包含的信息量丰富。

但是，FCE 法不能解决评价指标间相关造成的评价信息的重复问题，对于各因素权重的确定带有一定的主观性，而且在某些情况下，隶属函数的确定有一定的困难，尤其是多目标评价模型，要对每一个目标、每一个因素确定隶属度函数，计算较为繁琐。这里介绍层次分析法与模糊综合评价相结合的方法，基本步骤如下。

步骤 1：建立因素集

根据决策问题的各层子目标，定义主因素层指标集为 $X = \{X_1, X_2, \cdots, X_n\}$，表示决策问题的子目标的数目，定义子因素层指标集为 $X_k = \{X_{k1}, X_{k2}, \cdots, X_{km}\}$，其中 $k = 1, 2, \cdots, n$，m 表示第 k 个主因素所包含的子因素的数目。

步骤 2：建立权重集

确定权重的方法有很多，如 Delphi 法、座谈会法等，但权重的确定必须客观，不能随意主观地确定，层次分析法可以较好地解决这个问题。

采用层次分析法（AHP 法）确定主因素层指标集和子因素层指标集权重

的基本步骤是：在因素层次划分模型的基础上，采用表7－1所示的1～9比例标度进行同层次两两因素间的相对比较，构造判断矩阵 $\boldsymbol{A}$，这一过程由专家来进行。求解矩阵 $\boldsymbol{A}$ 的特征方程 $\boldsymbol{AW}=\lambda_{\max}\boldsymbol{W}$，其解 $\boldsymbol{W}$（特征向量）即为同一层次各因素相对于上层某因素相对重要性的排序权值，并进行一致性检验。

表7－1　两因素对比的判断标度

标度	含　义
1	表示两个因素相比，有着相同的重要性
3	表示两个因素相比，前者较后者稍重要
5	表示两个因素相比，前者较后者明显重要
7	表示两个因素相比，前者较后者强烈重要
9	表示两个因素相比，前者较后者极端重要
2，4，6，8	表示两个因素相比，介于上述相邻两种判断的中间状态

通过AHP法得出主因素层指标集相应的权重集为：$W=\{w_1, w_2, \cdots, w_n\}$，子因素层指标集相的权重集为 $\theta_k=\{\theta_{k1}, \theta_{k2}, \cdots, \theta_{km}\}$。

步骤3：建立评语集

无论是对一级指标还是二级指标，其评价集一般设计为：很强，较强，一般，较弱，很弱。上述五个评价等级元素构成评价等级集合 V，$V=\{V_1, V_2, V_3, V_4, V_5\}$。

步骤4：建立评价矩阵。

设从 X_k 到 V 的模糊评价矩阵为

$$\boldsymbol{R}_k=\begin{pmatrix} r_{11} & r_{12} & \cdots & r_{15} \\ r_{21} & r_{22} & \cdots & r_{25} \\ \vdots & \vdots & \ddots & \vdots \\ r_{m1} & r_{m2} & \cdots & r_{m5} \end{pmatrix} \tag{7-2}$$

其中 r_{ij} 表示子因素层指标 X_{ki} 对于第 j 级评语 V_j 的隶属度。r_{ij} 的值按如下方法确定：由一组评判人员（一般以20～50人为宜）对所调查的因素进行等级评判。得到对于指标 X_{ki} 有 T_{i1} 个 V_1 级评语，T_{i2} 个 V_2 级评语，…，T_{i5} 个 V_5 级评语，则有

$$r_{ij}=\frac{T_{ij}}{\sum_{j=1}^{5} T_{ij}}。 \tag{7-3}$$

步骤5：进行第一级模糊评判

先对各子因素层 X_{ki} 指标的评价矩阵 R_k 作模糊矩阵运算，得到主因素层 X_k

对于评语的隶属向量 $B_k = \theta_k * R_k = (b_{k1}, b_{k2}, b_{k3}, b_{k4}, b_{k5})$，其中：$b_{kj} = \bigvee_{i=1}^{m} (\theta_{ki} \Lambda r_{ij})$。

步骤 6：进行第二级模糊评判

由上步得到的主因素层各指标的隶属向量可构成一个总的评价矩阵 $\boldsymbol{R}$：

$$R = \begin{pmatrix} B_1 \\ B_2 \\ \vdots \\ B_n \end{pmatrix} = \begin{pmatrix} b_{11} & b_{12} & \cdots & b_{15} \\ b_{21} & b_{22} & \cdots & b_{25} \\ \vdots & \vdots & \ddots & \vdots \\ b_{n1} & b_{n2} & \cdots & b_{n5} \end{pmatrix} \tag{7-4}$$

再对 $\boldsymbol{R}$ 进行模糊矩阵运算，即得到目标层对于评语集 V 的隶属向量 $\boldsymbol{B}$：

$$\boldsymbol{B} = \boldsymbol{W} \cdot \boldsymbol{R} = (w_1, w_2, \cdots, w_n) \begin{pmatrix} B_1 \\ B_2 \\ \vdots \\ B_n \end{pmatrix} = (b_1, b_2, \cdots, b_5) \tag{7-5}$$

并由以下的公式计算 $b_j = \bigvee_{i=1}^{n} (w_i \Lambda r_{ij})$ $(j = 1, 2, \cdots, 5)$。

对 $\boldsymbol{B}$ 进行归一化处理，令 $\tilde{b}_j = \dfrac{b_j}{\sum_{j=1}^{5} b_j}$，得到 $\tilde{B} = (\tilde{b}_1, \tilde{b}_2, \tilde{b}_3, \tilde{b}_4, \tilde{b}_5)$，$\tilde{B}$ 就是总的评价结果，由模糊综合评判的最大隶属原则确定自主创新能力属于 V_j。

3. 主成分分析法

主成分分析法（principal component analysis，PCA）既是一种权重确定方法，又是一种成熟的综合评价方法。主成分分析法是把多项指标转化为少数几个综合指标的一种统计分析方法，其基本思想是从众多的观测变量中综合出携带原始数据信息最多且相互独立的几个因素来解释原有数据变量，其目的是使多维变量降维，简化数据，从而给分析问题、研究问题带来方便。

具体步骤如下。

步骤 1：将原始数据进行标准化处理

为了比较不同质的指标，消除变量量纲的影响，对全部指标要进行无量纲处理。其变换标准化公式如下：

$$Y_i = \frac{(X_i - \mu_i)}{\sigma_i} \quad (i = 1, 2, \cdots, n) \tag{7-6}$$

其中，Y_i 为标准化变量，X_i 为原始变量，μ_i 为原始变量平均数，σ_i 为原始变量的标准差。

步骤 2：求标准化后数据的相关系数矩阵 $\boldsymbol{R}$

标准化变量的协方差矩阵等于原始变量的相关矩阵。每个标准化变量 Y_i 的方差均等于 1，N 个标准化变量的方差之和等于 N。故只要去求相关矩阵的特征根和特征向量即可。相关矩阵的主成分可按下式计算：$C_i = \boldsymbol{e}_i Y = e_{1i}Y_1 + e_{2i}Y_2 + \cdots + e_{ni}Y_n$，其中 $\boldsymbol{e}_i$ 为主成分 C_i 对应的特征向量，相应的特征值为 λ_i。则 C_i 与 Y_k 的相关系数定义如下：

$$\rho(C_i, Y_k) = e_{ki}\sqrt{\lambda_i} \quad (i, k = 1, 2, \cdots, n)。 \tag{7-7}$$

步骤 3：求 $\boldsymbol{R}$ 的特征值、特征向量和贡献率。第 i 主成分 C_i 的贡献率为 $\frac{\lambda}{n}$。

步骤 4：第 m 主成分的累积贡献率为 $\sum_{i=1}^{m}\frac{\lambda_i}{n}$。

步骤 5：确定主成分的个数。将特征根从大到小排序，计算其累计贡献率，当累计贡献率大于等于 85% 时，确定特征值的个数，其对应的特征向量就是所需要的主成分个数。

步骤 6：对其经济意义作解释，其意义由各线性组合中权重较大的几个指标的综合意义来确定。

步骤 7：求各主成分分值，并计算综合分值，尤其对研究对象进行排序。

4. 数据包络分析

数据包络分析（data envelopment analysis，DEA）是以决策单元的输入输出权数为变量，从最有利于决策单元的角度进行评价，从而避免了确定各指标在优先意义下的权数，而且 DEA 不必确定输入输出之间可能存在的某种显式关系，这就排除了许多主观因素，因此具有很强的客观性。

DEA 方法模型清楚，但其应用范围限于一类具有多输入多输出的对象系统的相对有效性的评价。此外，该方法对于有效单元所能给出的信息较少（对于非有效单元，DEA 方法能够给出一些有用的管理信息，以指导各单元改进工作方式和提高管理水平），而对于如何指导这一类单元进一步保持其相对有效地位仍是实际工作中所面临的重要问题。

实际中最常用的是 C^2R 模型，C^2R 模型是研究具有多个输入、特别是多个输出的“生产部门”同时为“规模有效”与“技术有效”的理想方法。设有

n 个同类型决策单元，每个单元有 m 种输入和 s 种输出。X_{ij}表示第 j 个决策单元的第 i 种输入的投入量，$X_{ij}>0$；y_{rj}表示第 j 个决策单元第 r 种输出的产出量，$y_{rj}>0$；v_i、u_r 分别是第 i 种输入和第 r 种输出的权数，其中有 $i=1$，2，…，m；$j=1$，2，…，n；$r=1$，2，…，s。通过引入非阿基米德无穷小量，C^2R 模型可用于评价第 J_0 个决策单元的总体效率，即技术有效和规模有效。令 ε 为一个非阿基米德无穷小量，它小于任何正数且大于 0。具有非阿基米德无穷小量 ε 的 C^2R 模型的对偶规划，其公式如下：

$$\min\left[\theta-\varepsilon\left(\hat{e}^{T}S^{-}+e^{T}S^{+}\right)\right]$$

$$\begin{cases}\sum\limits_{j=1}^{n}X_j\lambda_j+S^{-}=\theta X_0\\ \sum\limits_{j=1}^{n}Y_j\lambda_j-S^{+}=Y_0\\ \lambda_j\geqslant 0(j=1,\cdots,n)\\ S^{-}\geqslant 0(S^{+}\geqslant 0)\end{cases} \tag{7-8}$$

其中：$\hat{\boldsymbol{e}}=(1,1,\cdots,1)^{T}\in\boldsymbol{E}^{m}$，$\boldsymbol{e}=(1,1,\cdots,1)^{T}\in\boldsymbol{E}^{s}$，$S^{-}$、$S^{+}$分别为各输入指标和各输出指标的松弛变量。

设 θ^0，λ^0，S^{0-}、S^{0+}是其最优解，通过对这些最优解的分析，可以评价决策单元的综合有效性，即技术有效和规模有效。其中，技术有效表示产出相对于投入达到最大；规模有效即处于规模报酬不变的最佳生产状态。具体可以细分为以下三种情况：

（1）若 $\theta^0=1$，且 $S^{0-}=0$，$S^{0+}=0$，表明 DMU_{j0}同时处于技术有效和规模有效；

（2）若 $\theta^0=1$，且 $\hat{e}^{T}S^{-}+e^{T}S^{+}>0$，则 DMU_{j0}仅为弱 DEA 有效；

（3）若 $\theta^0<1$，则 DMU_{j0}不为弱 DEA 有效。

在 $\theta^0<1$，DMU_{j0}被称为 DEA 无效，其原因可能是两方面的：一是纯技术无效率；二是规模无效率，需要借助 BC^2 模型来判断。在 C^2R 模型的基础上，引入 $\sum\limits_{j=1}^{n}\lambda_j=1$，即规模收益不变，便可以得到 BC^2 模型。规模收益不变时，该模型则可以用来判定决策单元的纯技术有效性。而规模有效性可以通过 C^2R 的综合效率值与 BC^2 模型的纯技术效率值的比值来实现。

7.2　自主创新绩效评价系统设计

自主创新能力既不是单个企业的自主创新能力，也不是区域内所有企业自主创新能力的简单加和，而是在区域创新体系内以企业为主体的自主创新条件及实现能力的综合水平。自主创新能力是一个经济、技术、社会有机结合的系统，因此，对自主创新能力的评价也必须从系统的角度进行研究，首先找出其系统结构，然后建立自主创新能力评价指标体系，运用综合评价模型，估计自主创新绩效。

自主创新能力的系统结构是一个以企业创新能力（创新动力、创新投入、创新过程、创新绩效）为核心的由创新主体（企业、研究机构、信息组织、政府等）、创新网络（知识技术转移能力、技术的市场实现能力）和创新环境（制度、文化、市场）共同构成的完整体系。

自主创新绩效评价是评价主体依据一定的标准，运用绩效评价的有关理论和方法，对自主创新进行价值判断的过程。通过对自主创新能力的系统结构中的三个组成部分同时评估，达到对自主创新绩效全面检查评价的目的。一方面，通过对自主创新能力各项指标进行评定，了解自主创新能力的质量；另一方面，对自主创新绩效进行评估。既注重过程，又注重结果，从而全面考核自主创新能力以及自主创新绩效结果。同时，自主创新绩效评估系统应具备评估主体多元化，评估维度权重化，评估标准数量化，评估系统动态化等特征。

7.2.1　自主创新绩效评价系统的制定原则

鉴于自主创新绩效的特殊性和复杂性，要客观、科学、公正地评价自主创新绩效，制定自主创新绩效评价系统时应坚持如下原则。

1. 明确目的，建立导向

对自主创新绩效的考核，必须时时把握一个根本的目的，就是通过客观的评价，充分调动自主创新能力工作的积极性，提高自主创新的绩效。评价是手段和过程，而不是目的。评价的形式和结果不是制定评价系统的目的，自主创新绩效不断提升才是进行绩效评估的目的。客观的评价是手段和前提，提高工作绩效才是根本目的；而做出评价的结果，本身就意味着有所肯定，有所否定，评价的导向作用也就在此。评价体系无疑给自主创新绩效提出了明确的目标和标准，因此对自主创新的发展目标具有很强的导向性。

2. 定量与定性评价相结合

量化的评价方法有其显著的优点：客观、精确、易于操作。但片面追求量化，甚至以所占比例作为衡量自主创新能力评估指标的绝对标准，在有意无意之间，偏离了绩效评价的根本目的，将注意力过多地集中在了评价的过程上，走上了简单化的道路。

3. 科学规范，易于操作

自主创新绩效评价系统的设计必须实事求是，从实际出发，注重可行性。在考核标准的设定上，尽量以客观标准为主，降低主观因素的影响程度，将行为标准与结果标准相结合，以确保对自主创新绩效进行全面、客观、公正的评价。评价指标和评价标准要恰当可行；评价方法和技术简单易行。在坚持统一性前提下，承认差异性。将不易客观评价的指标通过模糊转换，使其“量化”，努力避免主观性和随意性，使自主创新绩效评价系统具有客观公正性和可操作性。

4. 目标统一，共同发展

自主创新绩效评价系统是将国家的战略发展目标和自主创新能力目标统一起来的桥梁和纽带。根据国家的战略发展目标，采用相应类型的绩效评价系统将会大大提高其战略目标实现的可能性。

7.2.2　自主创新绩效评价系统的维度设置

测量和评价的目的决定了测量的内容。自主创新绩效评价系统的维度设置必须全面而不庞杂，细致而不繁琐。

1. 根据上述原则我们确定的自主创新绩效评估维度应该包括以下基本内容，如图 7－1 所示。

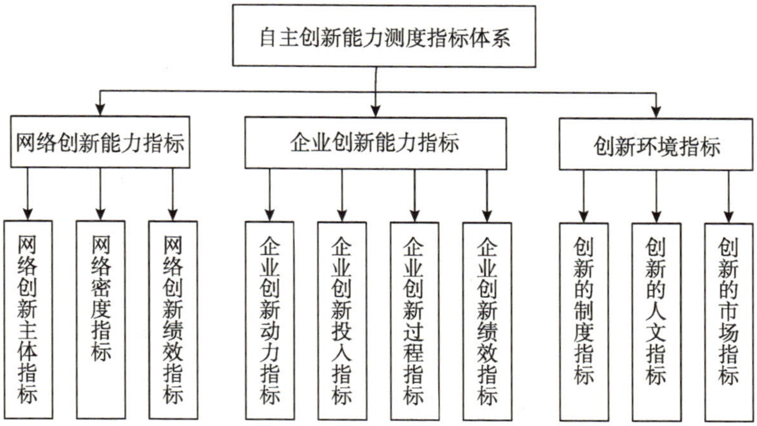

图 7－1　自主创新能力评价指标体系

根据图 7－1 可知，自主创新能力评价指标体系具体内容亦为自主创新绩效系统的三个一级指标。

（1）企业创新能力评价指标（权重为 E_1）。

企业创新能力指标包括创新动力、创新投入、创新过程、创新绩效四个方面。

（2）网络创新能力评价指标（权重为 E_2）。

网络创新能力指标包括网络创新主体、网络密度和网络绩效三个方面。

（3）创新环境评价指标（权重为 E_3）。

创新环境评价指标包括创新的制度环境、人文环境指标和市场环境指标三个方面。

表7－2～表7－4表示自主创新能力评价指标体系中每个二级指标的内容以及所含的具体指标。

表7－2　企业创新能力评价指标

二级指标	内容	具体指标
创新动力指标	企业家创新精神	企业家的学习时间、企业家的战略意识强度、企业家的决策方式（民主程度）、企业家现任职的年数、新注册企业的增长率
	企业家的创新能力	企业家的信息费用、企业家的年收入增长率、企业家的平均年龄、企业家对员工创新的重视程度、企业家的文化程度、本地企业到其它地区投资占总投资的比例、拥有国外分支机构的企业数比例
创新投入指标	创新经费投入	企业科技经费支出占销售收入比例、R&D经费支出占销售收入比例、企业技术改造投资占固定资产净值的比例、与创新有关的培训支出占人力资源总成本的比例、企业市场推广费用占销售费用的比例
	创新人力资源投入	企业科技人员占全部员工的比例、企业科学家和工程师占企业员工的比例、企业管理人员平均年龄、企业科技人员报酬与员工平均报酬的比例、企业员工培训比例
创新过程指标	开发、设计制造、市场开拓	职工人均专利申请数、职工人均专利拥有数、专利效率（新批专利数量与R&D经费支出比例）、专利成长率、新产品开发项目数、参加科技项目人员时间占全部劳动人员时间比例、员工人均合理化建议数、员工合理化建议采纳比例、员工创新参与率、固定资产新度系数、企业质量成本占全部成本的比例、设备技术改造率
创新绩效指标	以市场实现原则评价创新产出	新产品产值率、创新产品出口额占总出口比例、劳动生产率的提高、投资收益率的提高、市场占有率的提高、人均劳动报酬增长率、单位成本降低率、技术转让收入占销售收入比例、在国内外其它地区投资收益占全部利润比例

表 7－3　网络创新能力评价指标

二级指标	内容	具体指标
网络创新主体指标	企业、高等院校和科研机构以及这些机构的科技人员	有创新活动的企业比例、新注册企业比例、有新产品上市的企业比例、拥有技术中心的企业比例、高等院校和科研机构与企业数的比例、每万人科技活动人员数、企业技术中心占全部研究开发机构比例、企业科学家和工程师占全部科学家和工程师数的比例、面向创新投资的金融机构数、风险投资企业比例、上市企业占全部企业比例、高新技术企业产值占全部企业产值比例、科技型中小企业占全部企业比例
网络密度指标	创新主体之间能够方便的进行学、互动程度	技术中介机构数量及服务质量评价、每万人拥有国际互联网用户数、开展电子商务的企业占全部企业比例、高新技术园区产业集中度、产业集群平均企业数、产业集群平均企业产值、产业集群企业产值占全部产值比例、实现信息化的企业比例、信息服务企业比例、专著论文数量及增长率、服务业产值占地区生产总值比例、城市化水平、主要城市间交通平均时间
网络绩效指标	创新主体之间实现交流、互动和交换的程度	技术市场的成效额占企业销售收入比例、企业委托开发经费占销售收入比例、平均每个企业完成技术开发的合同数、购买国内技术经费支出占全部科技经费支出比例、技术创新贷款占金融贷款比例、技术人员的可流动性、风险投资增长率、技术开发和转让合同增长率、国内创新主体专利费和特许费收入增长率、国内创新主体专利费和特许费收入与对国外支付的专利费和特许费比例、风险投资收益率、不同单位合作研究成果占全部成果比例、高等院校（科研机构）来自企业科研费用占全部科研费用比例、大中专毕业生就业率、国家级创新成果形成的产业产值占全部产值比例

表 7－4　创新环境评价指标

二级指标	内容	具体指标
创新的制度环境指标	政府对创新的政策支持、政府决策的透明度、其它有利于创新的制度	财政支出中科技经费支出比例、财政支出中教育经费支出比例、企业家对技术创新政策的满意程度、技术密度产业的产值比重、供应商的专业化程度、政府电子政务实现程度、地方政府在技术创新上税收优惠占税收收入比例、知识产权保护力度、风险资金筹集难易程度、社会保障程度
人文环境指标	指有利于创新文化气氛和人的整体素质	公众的科学素质指数、每万人口中大专以上人数、企业职工平均工资与政府公务员平均工资比例、非本地籍人才占全部人才的比例、企业员工持股的人数占全部职工比例、劳动者每年学习时间、人均公共图书馆藏书数等
市场环境指标	市场主体多元化、创新产品市场潜力、要素市场的完善程度	非国有企业数比例、金融机构贷款与存款比例、人均消费水平增长率、出口增长率、垄断性产业产值占地区生产总值比例、用人单位评价的人才易得性、外来投资（包括外商投资和外地企业投资）增长率、专业批发市场销售额与社会商品零售额比例等

2. 根据自主创新绩效评价系统一级指标的权重的不同，评价系统可分为三种类型：企业创新能力导向型、网络创新能力导向型和创新环境导向型，各自支持不同的自主创新战略。如采用企业创新能力导向性绩效评价系统，增加企业创新能力的权重，就可以引导企业重视自主创新能力，增强企业的竞争力，实现以企业为核心的自主创新发展战略；网络创新能力导向性绩效评价系统就要增加网络创新能力的权重，以研究创新主体以及创新主体间的活动为主，以实现自主创新的网络创新能力战略；创新环境导向型绩效评价系统主要以研究影响自主创新过程的环境为主，以支持自主创新能力发展战略。

7.2.3　自主创新绩效评价的过程控制

为了测量和评价自主创新能力的绩效，我们从指标的分解入手，对同一类指标按不同质量分级，把一级指标分解为二级指标，再对二级指标进行分解。同时对不同级别的测量值进行兑换，在相对绩效上测量和评价自主创新能力。

1. 对每个自主创新能力的各个评价指标进行赋值

对于可直接测量或能找到数据的指标如 R&D 经费支出占销售收入比例、职工人均专利申请书等，可直接取其测量值或兑换值；对于难以量化的指标，如企业家的学习时间、企业家对创新政策的满意程度等可通过 360 度绩效评价方法，由相关专家及其他评价主体对其进行全方位的评价，在定性分析的基础上通过模糊转换，将其转化为得分。

2. 一级指标测量值的取得

(1) 对一级指标内各个测量指标的归一化处理

由于自主创新能力的绩效表现为多种不同的特征参数，因此不但不能用一个特征指标表达自主创新绩效特征的全部含义，而且也不能把所有不同质的指标进行直接的运算。因此，要实现特征指标的综合或累计，必须要对不同指标进行“质”的功能转换，即实现测量指标的归一化，达到多指标综合测量评价的目的。

测量指标的归一化处理有均值转化法、最大值转换法、标准离差转化法等多种方法。这里我们确定的功能转化模型如下：

$$F_{nij}=\frac{A_{nij}}{A_{ij}(i=1,\ 2,\ 3)} \tag{7-10}$$

式中：F_{nij}为第 n 个测量对象第 i 个一级指标中第 j 个指标的转化等效值；A_{nij}为第 n 个测量对象第 i 个一级指标中第 j 个指标的测量值或兑换值；A_{ij}为第

i 个一级指标中第 j 个指标的测量值或兑换值的总和，即 $A_{ij} = \sum A_{nij}$。

（2）测量模型

测量模型反映的是测量目标和测量对象之间的要素关系，是所确定的测量指标体系内表征测量目标的各种特征要素逻辑关系的数学表达式。对每个一级指标的测量而言，特征要素的大小直接反映了该指标绩效的好坏，特征值越大，反映出的绩效越高，反之亦然。换句话说，测量的目标和特征要素之间是一种线性关系。因此，可建立如下的测量模型：$W_{ni} = \sum F_{nij}$。

式中：W_{ni} 为第 n 个测量对象的第 i 个一级指标的绩效评价值；F_{nij} 为第 n 个测量对象第 i 个一级指标中第 j 个指标的转化等效值。

3. 每个测量对象绩效值的计算

（1）对每个一级指标赋予权重。根据自主创新能力的发展战略，对企业创新能力、网络创新能力和创新环境赋以权重，以 E_i 表示。确定权重的过程同时也体现了对自主创新能力内容的具体要求，具有导向性的作用，因此应认真谨慎地处理。

（2）运用加权的方法，得出每个测量对象的最终绩效值。模型如下：

$$G_n = \sum W_{ni} E_i \tag{7-11}$$

式中：G_n 为第 n 个测量对象的绩效值；W_{ni} 为第 n 个测量对象的第 i 个一级指标的绩效评价值；E_i 为第 i 个一级指标的权重。

4. 三点说明

（1）出现空缺的指标则计为 0 分。

（2）上述绩效维度只是给出了通用的指标，各地区在使用时可根据自己的具体情况进行增删调整。

（3）由于该绩效评价系统只考虑一般的情况，当出现绩效维度没有包含的特殊情况时，可对其进行定性分析。

7.3　装备制造业自主创新能力的评价指标体系设计

7.3.1　装备制造业自主创新能力评价指标体系的设计原则

装备制造业自主创新能力评价指标体系不是一些指标的简单、随意的组合，而是根据某些原则建立起来并能全面、客观、准确地反映装备制造业自主创新能力的真实现状的指标集合。考虑到装备制造业技术创新过程的不同，装备制造业评价指标体系应遵循以下原则。

1. 全面性原则

装备制造业自主创新涉及面较广，为了确保客观、准确的评价结果，指标体系应包括可以概括和反映自主创新基本特征的评价指标。

2. 重要性原则

在全面性的基础上，指标体系应包括每个装备制造业自主创新活动最重要的关键指标。

3. 可行性原则

在设计的指标体系里，这些指标应该都能够获得和测量。如果指标的数量太大，指标本身的获取很困难，资料收集的准确性和可信性会受到影响。

4. 可比性原则

这些指标应该是具有灵活性和可比较性的。不仅要考虑到不同的装备制造业创新能力的比较，而且要考虑同一个制造业在不同时期的创新能力的比较。

7.3.2 装备制造业自主创新能力评价指标体系的构建

基于装备制造业自主创新能力的内涵，从装备制造业自主创新的创新投入与产出和创新效率两个方面构建装备制造业自主创新能力评价指标体系，我们运用美国著名运筹学专家萨蒂（Saaty）提出的层次分析法（AHP），对装备制造业的自主创新能力及其市场竞争力进行指标体系的构建。

1. 装备制造业自主创新评估指标体系分析

自主创新既不同于一般的物质产品，也不同于科研成果，因而不能简单地用产出的经济价值量或公布项数来评价。正确选定自主创新评价指标是深入进行自主创新分析研究的必要条件。斯切尔（Scherer）认为，由于自主创新最终实现包含的内容很广，而且创新活动方式极不相同，因此，试图找到一种通用性的评价指标或体系是不太可能的，只能根据各种不同类型的自主创新而采用不同的指标。这一观点得到不少人的赞同，国外许多有关自主创新的指标总是与有关特定的自主创新分类相联系的。然而自主创新是带普遍性特征的特定活动，尽管其类型与方式有所不同，但其相互间具有广泛紧密的联系，其最终实现都是通过经济技术组织诸方面的进取效应反映出来的。因此，从有利于自主创新的微观比较和宏观综合分析要求出发，有必要采用一些通用性指标来进行自主创新力的评价。只有这样，才能有利于产业间自主创新能力的比较。

根据装备制造业自主创新的内涵和基本要素，结合中国各地区自主创新资源和企业状况，指标体系基本结构设置为 3 个指标类和 8 个指标项，其中包括以下 3 项。

（1）自主创新投入类下设以下指标项：自主开发投入比重 A1，用“自主开发经费/销售收入”计算；自主开发人员比重，用“企业专职研发人员/职工人数”计算。

（2）自主创新产出类下设三个指标项：专利数量、开发新产品数目、新产品项数目比，用“新产品项目数/新产品数目”计算。

（3）自主创新实现类下设三个指标项：新产品销售率，用“新产品销售收入/产品销售收入”计算；新产品产值率，用“新产品产值/产成品值”计算；产品利润率，用“利润/销售收入”计算。

2. 装备制造业自主创新能力评价模型分析

（1）根据装备制造业自主创新能力评价指标体系，我们可以构建其数学表达式：

$$K_i = \sum a_{ij}k_{ij} \tag{7-12}$$

$$E = \sum W_iK_i \tag{7-13}$$

式中：K_i 为第 i 类指标评价值；E 为自主创新能力评价值；W_i 为第 i 类指标权重（$0 < W_i < 1$）；k_{ij}第 i 类第 j 项指标评价值；a_{ij}第 i 类第 j 项权重系数。

（2）确定其权重值。对一个有多项评价指标的系统而言，各评价指标的相对重要性（权重）的确是一个关键。根据评价指标相互影响的大小来确定权重，称为影响权重；而依据主观的价值判断确定的权重又称价值权重，将两者结合起来则较为全面。确定权重的方法有排序法、权重因子判断表法、层次分析法、专家直观判定法等。除了可量化指标之外，还有难以用数量确切表达的指标，如创新战略、创新机制的效率，技术新颖性、产业结构、员工的素质等。在人类高级的心理活动中，伴随着错综复杂的关系，其模糊性是显而易见的，面对产业自主创新能力评价问题，也存在着模糊性。对这类模糊性现象的处理、描述和分析，模糊数学提供了有效的方法。美国著名运筹学家萨蒂（Saaty）提出的层次分析法（AHP）是对非定量事物进行分析的简便方法，也是对人们主观判断作出客观定量描述的有效方法。在反复征求专家意见（德尔菲法），进行综合权衡确定其各项指标权重 a_{ij}值和各类指标权重 W_i 值。

我们将对中国装备制造业原始数据进行标准化处理，使数据无量纲化，消除因数据类型的不同产生的分析误差，并求其相关系数矩阵。在此基础上，我们将系统标准化处理后的数据作为新的数据输入，分析计算标准化处理后各指标间的相关系数。而后，求出相关系数矩阵的特征值，并采用主成分分析法提取因子，由于特征值的大小反映公因子的方差贡献率，特征值越大，方差贡献率越大。经过处理后的装备制造业相关数据能够较好地满足后面的产业集群、自主创新能力与市场竞争力实证研究。

7.4 本章小结

本章主要介绍了评价自主创新能力几种常用的方法，通过对自主创新能力的评价指标取值，以及应选取相应的评价模型，设计自主创新绩效评价系统。具体针对中国装备制造业来说，从自主创新投入与产出和研发投资效率两个方面设计装备制造业自主创新能力的评价指标，为后两章的装备制造业自主创新能力的实证研究与研发投资效率研究奠定理论基础。

第8章　中国装备制造业自主创新能力实证研究

本章试图从行业的角度对影响中国装备制造业各行业自主创新能力的因素进行具体分析，并进一步研究装备制造业自主创新能力与市场竞争力之间的关系。在这一章，我们通过两个模型，从静态和动态的角度来分别研究中国装备制造业集群、自主创新能力与市场竞争力之间的关系。

8.1　理论假设与模型构建

1. 理论假设

（1）产业集群对装备制造业自主创新绩效的影响。

马歇尔（1890）认为，产业集群具有专门化劳动力市场、前后向市场关联的金融外部性与技术外部性三方面的优势。创新的产业集群是区域创新一个异常明显的现象，在产业集群内，各企业拥有共享的基础设施、共享的劳动力资源和技术扩散与外溢交流平台，自主创新能力迅速提高。Baptista（1998）建立了企业创新地理集中和技术扩散速度的关系模型，认为在企业技术吸收过程中，同一地区存在显著的学习效应，其技术扩散的强度要比区外强，在技术知识资源集中、密集程度高的地理区域内，集群企业新技术的扩散速度较快。

H1：产业集群是影响装备制造业创新产出绩效的一个重要因素，产业集群与装备制造业创新绩效存在正相关关系。

（2）R&D 支出对装备制造业自主创新绩效的影响。

一个地区的研发资金投入在一定程度上反映了该地区技术研发的投入规模。根据国家创新能力理论，决定创新能力的共同创新基础设施要素主要包括从事研发的人员、产业研发投入与努力及政策等。Cohen&Klepr（1992）指出，创造新知识的最大投入通常是研发资金投入，其他的输入变量包括人力资本和教育水平等。Audretsch 和 Fezdman（1996）通过选用美国标准产业目录中 163

个行业的相关数据来考量因素对于技术创新、产业集群的影响，结果发现研发物质资本投入与生产基尼系数、创新基尼系数都是正相关的关系。一般认为，一个区域筹集到的科技活动经费越多，其所能投入到研发中的资金就越多，研发产出和创新能力就越容易等到提高。可见，研发资金投入是自主创新的重要驱动力量。

H2：研发资金投入对装备制造业自主创新产出绩效有显著影响，装备制造业研发资金投入与自主创新绩效存在正相关关系。

（3）科研人员数量对装备制造业自主创新绩效的影响。

研发人力资本投入既是新知识产生的重要投入要素之一，又是知识的主要载体，区域创新与人力资本存量关系密切。一般来说，人口数量的多寡并非知识生产和创新的重要因素，关键是创新所需众多人口背后蕴藏的大量的知识和技能。Lucas（1988）和 Porter（1990）选取人力资本和知识两个因素进行研究，发现产业集群可以提高区域外部性水平，促进区域人力资本与知识的积累。考量人力资本在技术创新中的作用，主要是因为大多数的科技创新活动发生在教育水平比较高的地区。

H3：科研人员数量是影响装备制造业自主创新的一个重要因素，有利于装备制造业自主创新绩效的提高。

（4）技术引进费用对装备制造业自主创新绩效的影响。

通过引进先进技术，有利于改变技术落后的状况，加速中国装备制造业的技术改造，同时能够节约研发费用，以较少的投资取得较高的收益。通过技术的积累，结合国内原有技术对其进行消化、吸收、运用和创造，对提高中国装备制造业的自主创新能力有积极的影响。

H4：技术引进费用是影响装备制造业自主创新的一个重要因素，增加技术引进费用有利于提高装备制造业自主创新绩效。

（5）市场容量对装备制造业自主创新绩效的影响。

除了以上主要因素外，装备制造业的创新水平还受到市场容量变量的影响。一般来说，在市场容量相对较大的行业，经济较为先进，基础配套设施比较齐全，更容易产生集群效应，有利于知识和技术溢出，从而使创新绩效相应提高。

H5：市场容量对装备制造业自主创新有正面的影响，扩大市场容量有利于装备制造业自主创新能力的提高。

（6）新增固定资产对装备制造业自主创新绩效的影响。

在这里主要是考察装备制造业各行业的投资对其自主创新能力的影响，一般而言，增加装备制造业各行业的固定投资，能够完善各个行业的基础设施，为企业创造一个良好的环境，有利于技术溢出，从而使创新绩效相应提高。

H6：新增固定资产对装备制造业自主创新有正面的影响，有利于装备制造业自主创新能力的提高。

2. 模型构建

为研究 R&D 支出、科研人员数量、技术引进费用、行业聚集程度、市场容量、新增固定资产、滞后一期的 R&D 支出和创新积累（上一年的专利申请数）对中国装备制造业各行业的创新能力的影响，我们建立以下两个模型来具体分析。

（1）静态面板模型：

$$\ln PAT_{it} = \beta_0 + \beta_1 LQ + \beta_2 \ln RD_{it} + \beta_3 \ln RD_{it-1} + \beta_4 \ln TH_{it} + \beta_5 \ln TI_{it} + \beta_6 MC_{it} + \beta_7 FA_{it} + u_{it}$$

$$u_{it} = \gamma_i + \nu_{it} \qquad (8-1)$$

式中：PAT_{it}表示第 i 个行业第 t 个时期的自主创新能力，$i=1$，…，$N(N=7)$，$t=1$，…，T（i 为横截面，指装备制造业的七大行业；t 为时期，指 1999—2011 年）；β_0 表示常数项，β 为偏回归系数，γ_i 为个体固定效应，反映不同的行业特征对企业自主创新能力的影响，ν_{it}为随机误差项。

（2）动态面板模型：

$$\ln PAT_{it} = \beta_0 + \beta_1 \ln PAT_{it-1} + \beta_2 LQ_{it} + \beta_3 \ln RD_{it} + \beta_4 \ln RD_{it-1} + \beta_5 \ln TH_{it} + \beta_6 \ln TI_{it} + \beta_7 MC_{it} + \beta_8 FA_{it} + u_{it}$$

$$u_{it} = \gamma_i + \nu_{it} \qquad (8-2)$$

式中：PAT_{it}表示第 i 个行业第 t 个时期的自主创新能力，解释变量中包含滞后项是为了刻画自出创新能力的持续性以及它的均值回归性，$i=1$，…，N（$N=7$），$t=1$，…，T（i 为横截面，指装备制造业的七大行业，t 为时期，指 1999—2011 年）；β_0 表示常数项；β 为偏回归系数；γ_i 为个体固定效应，反映不同的行业特征对企业自主创新能力的影响；ν_{it}为随机误差项。

3. 变量说明

由以上两个模型（1）和（2），其变量的具体说明如下。

（1）自主创新能力（PAT），为被解释变量。在这里我们用专利申请数来衡量一国的自主创新能力。这是因为，专利授权数量对创新能力的测度方面有着明显集中性优势，也可以明确说明一个行业的前沿技术水平。该指标采用大中型工业企业的项目与专利中的专利申请数。

（2）产业集群（LQ），为解释变量。本文用区位商[1]来度量装备制造业各子行业的集群状况。区位商高说明装备制造业各行业有比较强的产业集群度；反之，集群程度越弱。装备制造业各行业的集群可以通过改善设施建设，促进劳动力共享，加快技术扩散与外溢效应等来推动自主创新。因此，我们预设产业集群与装备制造业自主创新呈正向关系。

在这里我们使用 LQ 指数对中国装备制造业集群程度进行度量，LQ 指数的计算方法如下：

$$LQ_{ij} = \frac{\dfrac{X_{ij}}{\sum_j X_{ij}}}{\dfrac{\sum_i X_{ij}}{\sum_i \sum_j X_{ij}}} \qquad (8-3)$$

式中：LQ_{ij}为j区域i产业的产业集群度，$\sum_j X_{ij}$为j区域的工业总产值，$\sum_i \sum_j X_{ij}$为全国的工业总产值。$LQ_{ij} > 1$，说明该产业在该地区的生产较为集中，集群度高，具有一定的比较优势；$LQ_{ij} > 2$，说明比较优势十分突出；$LQ_{ij} < 1$，则表明该产业专业化程度低于全国水平，其规模具有比较弱势。在这里我们使用的是装备制造业大中型工业企业中各行业的数据来保持统一的口径。

（3）R&D 支出（RD），为解释变量。这一指标用来衡量政府的研发经费对装备制造业各个行业自主创新的作用，在这里我们采用大中型工业企业科技活动经费内部支出表示。因为企业开展科研活动，目的在于企业的长期发展，拥有可持续的竞争优势，所以我们认为 R&D（研发）支出对装备制造业的自主创新有推动作用，预期符号为正，通过验证最后得出变量的符号。考虑到价格波动的影响，以 1999 年为基准用相应年份的物价指数进行处理。

（4）科研人员数量（TH），为解释变量。这一指标用来衡量科研人员对装备制造业各行业中的自主创新能力的影响，在这里我们采用装备制造业中大中型工业企业科技人员数量来表示。一般而言，科技人员从事企业的科研活动，有利于企业发明新的专利，所以在这里我们预期符号为正，最后变量的符号确定通过验证得出。

（5）技术引进费用（TI），为控制变量。这一指标用大中型工业企业其他

[1] 又称为专门化率和地方专业化指数。

技术活动经费支出中的技术引进经费表示。企业通过引进技术，为企业开展自主研发活动创造了一个有利的环境，企业可以通过“引进—吸收—再创新”的方式，提高企业自身的自主创新能力，所以我们预期符号为正，最后变量的符号确定通过验证得出。同时考虑到价格波动的影响，我们用 1999 年的物价指数处理，以消除物价因素的影响。

（6）市场容量（MC），为控制变量。市场容量包括市场容量绝对值和增长率两个指标，本研究用行业增加值自然对数与行业增加值增长率乘积的综合指标表示，同时我们用 1999 年的物价指数处理，以消除物价因素的影响。

（7）新增固定资产（FA），为控制变量。该指标用装备制造业各行业的新增固定资产的增长率来衡量，旨在说明新增固定资产对中国装备制造业各行业的自主创新能力的影响情况。

综合以上几种变量及数据说明，将所涉及的变量的定义、度量以及预期影响的假设总结概括如表 8 – 1 所示。

表 8 – 1　经验模型变量的定义和度量

变量名	符号	单位	定义与度量	预期影响
创新产出专利申请数	PAT	件	大中型工业企业申请的专利数	
产业集群	LQ	%	产业区位商	+
R&D（研发）支出	RD	亿元	大中型工业企业科技活动经费内部支出	+
科研人员投入	TH	人	大中型工业企业科技人员数量	+
技术引进费用	TI	亿元	大中型工业企业其他技术活动经费支出中的技术引进经费	+
市场容量	MC	%	行业增加值自然对数与行业增加值增长率乘积	+
新增固定资产	FA	%	新增固定资产的增长率	+

4. 数据来源

从现有文献来看，我们按照国民经济行业分类与代码（GB/T4757—2002）把装备制造业划分为金属制品业、普通机械制造业、专用设备制造业、交通运输设备制造业、电气机械及器材制造业、电子及通信设备制造业、仪器仪表及办公文化机械制造业、武器弹药制造业。由于武器弹药制造业的数据难以获得，因此我们把这一行业排除在研究之外。本章中的各个指标数据均来自《中国统计年鉴》（2000—2012）、《中国科技统计年鉴》（2000—2012）和

《中国工业经济统计年鉴》(2000—2012)。另外，为了统一单位和便于计算，涉及到货币单位的指标统一以人民币为表示单位。

8.2 描述性统计分析

随着国家对装备制造业的自主创新能力的日益重视，对这七个行业的创新投入都在不断加强，创新成果逐渐显著。

表8-2 中国装备制造业各行业的专利申请数 (单位：件)

行业	1999年	2000年	2003年	2005年	2007年	2009年	2011年
金属制品	148	141	323	591	2008	1989	4386
普通机械	306	391	824	1513	3484	5538	10618
专用设备	434	794	768	1805	2880	4877	9627
交通运输	222	365	1105	3692	6251	11668	19131
电气机械	1090	1708	2626	6131	9528	12215	22541
电子通信	275	883	2233	6121	12838	27894	40263
仪器仪表	111	142	410	589	805	1912	5381

从表8-2可以看出，在1999—2011年间，中国的装备制造业行业的专利申请数呈现出持续的增长趋势。尤其是电子通信制造业的专利申请数增长的幅度最大，在这14年间，电子通信制造业专利申请数从275件增加到40263件，增加了174倍，同时其他六个行业的专利申请数也在逐步地增长，这说明中国装备制造业各行业的自主创新能力在稳步提升。

表8-3 中国装备制造业各行业的R&D内部支出 (单位：亿元)

行业	1999年	2000年	2003年	2005年	2007年	2009年	2011年
金属制品	8.19	6.37	10.01	16.19	33.36	65.82	46.12
普通机械	38.23	36.22	48.75	79.31	137.73	250.68	209.97
专用设备	20.41	25.05	33.31	66.83	95.45	209.78	197.25
交通运输	52.91	65.14	120.82	202.43	359.41	553.49	459.99
电气机械	33.63	52.02	96.9	145.08	211.93	385.65	329.32
电子通信	38.78	85.05	185.37	293.83	409.95	655.11	549.61
仪器仪表	7.12	8.64	10.49	8.75	31.62	59.67	48.52

从表 8－3 可以看出，在 1999—2011 年间，中国的装备制造业各行业的 R&D 内部支出的增长显著，但是在 2009 年，与装备制造业 R&D 人数的变化情况一样，这七个行业的 R&D 内部支出明显减少，这很大可能受到全球金融危机的影响。相比较而言，电子通信制造业和交通运输制造业的增长势头非常明显，其他几个行业也呈现出稳定的增长趋势。

表 8－4　中国装备制造业各行业的 R&D 人员　　（单位：人）

行　业	1999 年	2000 年	2003 年	2005 年	2007 年	2009 年	2011 年
金属制品	21070	17730	15036	18198	25145	36652	30845
普通机械	146733	128471	108582	106104	126855	155633	114815
专用设备	110811	93186	73029	87955	93820	119796	94145
交通运输	195132	197758	183473	182563	210768	271085	175899
电气机械	98396	98261	88347	97411	112963	171778	145932
电子通信	105827	115305	130712	152466	210923	305987	255641
仪器仪表	34408	27020	28987	24912	27703	40369	32269

从表 8－4 可以看出，在 1999—2011 年间，中国的装备制造业行业的 R&D 人员数量也在逐渐地增加，但是在 2009 年这七个行业的 R&D 人数都有所减少。相比较而言，电子通信设备制造业的 R&D 人员增长表现得最为明显。金属制造业的 R&D 人员数目略显偏低，其他行业的 R&D 人员数目则介乎于二者之间。

表 8－5　中国装备制造业各行业的技术引进费　　（单位：亿元）

行　业	1999 年	2000 年	2003 年	2005 年	2007 年	2009 年	2011 年
金属制品	5.36	0.49	4.53	4.74	3.28	2.7	2.65
普通机械	9.39	6.99	10.68	11.35	13.34	26.49	19.06
专用设备	4.66	1.59	4.12	9.66	6.9	5.79	7.68
交通运输	20.07	14.17	28.86	58.06	43.32	53.98	94.34
电气机械	8.33	18.82	29.79	17.53	14.21	19.9	22.85
电子通信	22.21	18.32	63.07	76.47	74.69	123.62	52.58
仪器仪表	1.92	0.44	3.27	4.05	2.96	6.6	5.07

从表 8－5 可以看出，在 1999—2011 年间，与专利申请数、R&D 人员、R&D 内部支出的稳定增长不同，中国的装备制造业行业的技术引进费用的增加趋势很不稳定，具有很强的不确定性。从表 8－5 可以看出，1999—2011 年

技术引进经费呈现出波动增长的趋势，但2008年的技术引进费用变动非常大，这可能是因为对国外技术的引进不是企业单方面所能决定的，而是引进方、出让方以及在双方政府的共同作用下的结果。

表8-6　中国装备制造业各行业的LQ指数

行　业	1999年	2000年	2003年	2005年	2007年	2009年	2011年
金属制品	0.6086	0.485	0.4748	0.5941	0.6134	0.6165	0.567
普通机械	1.200	0.9355	0.8452	0.8158	0.8049	0.7722	0.7124
专用设备	1.2716	0.9946	0.8746	0.9355	0.867	0.8566	0.8435
交通运输	1.7432	1.2967	1.2811	1.2384	1.2057	1.2324	1.2826
电气机械	1.3847	0.9601	0.9376	0.9665	0.9716	0.9875	0.9888
电子通信	1.4291	1.0922	1.2443	1.3057	1.3387	1.3844	1.4302
仪器仪表	1.0422	0.7725	0.8991	0.9716	0.9875	1.0347	0.9905

从表8-6可以看出，在1999—2011年间，中国装备制造业业的LQ指数的变化趋势并不是很明显。在这七个行业中，交通运输设备制造业和电子及通信设备制造业的LQ指数都大于1，说明这两个装备制造业的生产较为集中，集群度高，具有一定的比较优势；电气机械及器材制造业和仪器仪表及办公文化机械制造业的LQ指数在1附近波动，说明这两个装备制造业的专业化程度与全国水平大致持平；在这13年间，其余的几个行业的LQ指数大部分都是小于1的，表明它们的专业化程度低于全国平均水平，其规模具有比较弱势。

表8-7　中国装备制造业各行业的市场容量　　（单位：亿元）

行业	1999年	2000年	2003年	2005年	2007年	2009年	2011年
金属制品	1.048	1.18	1.35	1.52	1.66	1.91	1.32
普通机械	1.694	1.69	1.76	1.9	2.02	2.23	1.77
专用设备	1.387	1.38	1.5	1.64	1.75	2.2	2.02
交通运输	1.502	1.7	1.8	2.04	1.85	2.28	2.3
电气机械	1.427	1.6	1.7	1.88	1.94	2.14	1.32
电子通信	1.433	1.51	1.6	1.75	1.72	1.83	0.11
仪器仪表	0.974	1.13	1.09	1.51	1.41	1.82	0.15

从表8-7可以看出，在1999—2011年间，虽然有的行业市场容量的变化过程波动较大，但是从整体上来看，中国装备制造业的市场容量呈现出增长的趋势，变化的趋势并不是很明显，虽然在2009年有较大的波动，但是总体来

说，各个行业的市场容量比较集中。

表 8 – 8　中国装备制造业各行业新增固定资产率

行　业	1999 年	2000 年	2003 年	2005 年	2007 年	2009 年	2011 年
金属制品	0.0423	0.142	0.987	0.484	0.689	0.382	0.284
普通机械	0.021	0.183	0.122	0.721	0.888	0.497	0.375
专用设备	–0.412	–0.318	–0.063	1.468	0.664	0.487	0.358
交通运输	0.229	0.731	–0.166	0.231	0.612	0.413	0.316
电气机械	0.283	0.110	0.483	0.283	0.688	0.39	0.518
电子通信	0.221	1.11	–0.082	0.0449	0.276	0.042	0.066
仪器仪表	–0.187	0.327	0.058	0.560	0.212	0.315	0.231

从表 8 –8 可以看出，在 1999—2011 年间，中国装备制造业的新增固定资产率的变动比较大，具有很强的不确定性。虽然某些行业的新增固定资产率在某些年份有所波动，但是总体上，装备制造业各行业的新增固定资产还是在增长。出现这种现象可能是因为新增固定资产中的一部分来自国内的投资，还有部分来自国外，而国外的投资具有不确定性，正是由于这种不确定性导致了中国装备制造业各行业的新增固定资产率呈现出上下浮动的曲线。

8.3　实证检验及结果分析

我们利用 stata11.0 软件根据上述模型中各个变量的相关数据进行检验，考虑到样本数据的时间跨度比较长，这里需要引入时间效应。

1. 固定效应与随机效应检验的选择

该检验在数据选择上采用国际上通常采用的 Panel Data（面板数据）进行分析。目前国内的研究文献大多采用简单的时间序列或某一特定时点的截面数据，并运用普通最小二乘法（OLS）进行回归运算，估计各变量的系数。这样的运算存在一定的局限性：采用时间序列可能样本区间太短，会掩盖这种十分显著的行业差异；采用横截面数据又只能静态地反映某一时点的经济情况，而不能全面动态地从一个时段上描述经济现象的变化态势。为了避免这两种数据的缺陷，本文采用了面板数据进行分析。由于 Panel Data 既包括时间序列数据，又包括横截面数据，提供了更多的样本数据和信息，避免了这两种数据的缺陷，相对于单纯的时间序列和横截面模型而言，面板数据模型有以下一些优点：①观测样本量大大增加，更有可能构造可靠的参数估计，而且使我们能够识别和检验约束条件放松了的更一般的模型；②能较好地消除多重共线性；③能够识别和度量一些纯粹时间序列和横截面模型所不能识别的因素，如潜变量的影响；④降低估计误差。

我们采用常用的协方差分析方法进行检验，该方法利用 Hendry“一般到特殊”的建模思想，用无约束模型和有约束模型的回归残差平方和构造 F 统计量，通过 F 检验进行面板数据模型的设定：

$$F=\frac{\frac{(R_u^2-R_P^2)}{(n-1)}}{\frac{(1-R_u^2)}{(nT-n-K)}}\sim F(n-1,nT-n-K) \tag{8-4}$$

式中：R_u^2 表示无约束模型的残差平方和（变截距模型）；R_p^2 表示有约束模型的残差平方和（常截距模型）。在给定的显著性水平 α 下，如果 $F<F_\alpha(n-1,\ nT-n-K)$，则接受零假设，即认为设定的常截距模型是可靠的；反之，则拒绝零假设，认为应该采用各地区截距项不同的模型进行回归。

变截矩模型主要有两种方法：一种是使用固定效应模型（fixed effects model），另一种是使用随机效应模型（random effects model）❶。在计量分析中常用 Hausman 检验来判定固定效应模型和随机效应模型谁更有效（Hausman，1978），该检验构造的检验值服从自由度为 K 的卡方分布（格林，1998，中译本）。检验形式如下：

$$H=\chi^2[K]=[b-\beta]'\Sigma^{-1}[b-\beta] \tag{8-5}$$

式中：b 是固定效应模型的估计系数；β 是随机效应模型的估计系数，$\sum=\text{Var}[b]-\text{Var}[\beta]$；$H$ 服从一定自由度的卡方分布（Chi - squared），若 $|H|$ 大于临界值，则接受固定效应模型，反之，则接受随机效应模型。

考虑到本章涉及的自主创新能力的影响因素应该有多个不可观测的因素，同时各变量之间均存在相关关系，原则上应该采用固定效应模型，但为了保证研究的谨慎性，我们在回归时使用 Hausman 检验值判断随机效应与解释变量之间的相关性，从而决定两类模型的优劣。在进行模型的选择中，为了确定是建立混合模型还是固定效应模型，首先对模型进行 F 检验，其零假设是“固定效应不存在”；为了确定选择随机效应模型还是固定效应模型，对模型进行

---

❶ 固定效应模型假定各组之间的差别可以由常数项的差别来说明，在回归结果中直接体现为截距项的不同，而随机效应模型则把个体的特定常数项看作是跨截面随机分布的，回归结果中截距项由两部分组成，即 $\beta_i=\beta_0+\mu_i$，各截面的差异体现在误差项 μ_i 上。

Hausman 检验，其零假设是“存在随机效应”，检验结果如表 8－9 所示。

表 8－9　自主创新模型的固定效应与随机效应的检验结果

a. 固定效应的 F 检验结果

零假设 H0：不存在固定效应

模型	Ⅰ	Ⅱ	Ⅲ	Ⅳ	Ⅴ	Ⅵ	Ⅶ
F 值	37.40	37.67	39.43	42.62	51.63	76.11	1.24
P 值	0.0000	0.0000	0.0001	0.0000	0.0000	0.0000	0.2686

b. 随机效应的 Hausman 检验结果

零假设 H0：随机效应存在，即个体效应与解释变量不相关

模型	Ⅰ	Ⅱ	Ⅲ	Ⅳ	Ⅴ	Ⅵ	Ⅶ
自由度	77	78	79	80	81	82	90
χ^2	11.11	19.56	8.68	2.02	0.01	0.00	5.62
P 值	0.1338	0.0033	0.1224	0.7324	0.9996	0.9980	0.0177

表 8－9 中 a 给出了关于固定效应的 F 检验，因为 F 统计量对应的 p 值 < 0.05（近似为零），所以拒绝零假设，建立固定效应模型；表 8－9 中 b 中给出了随机效应模型的 Hausman 检验结果，模型Ⅰ、Ⅲ、Ⅳ、Ⅴ和Ⅵ接受原假设，认为个体与解释变量不相关，应选择随机效应模型，Ⅱ和Ⅶ这两个模型“存在随机效应”的零假设被拒绝了，说明回归模型的个体效应与解释变量相关，应选择个体固定效应模型。

2. 静态模型检验结果分析

对于静态面板模型（1），考虑到各变量之间存在相关关系，可能产生异方差和序列相关性，采用广义最小二乘法（GLS）中的“截面加权”（cross－section weights）进行估计，以消除异方差和序列相关现象的影响，得到装备制造业自主创新能力影响因素的分析结果如表 8－10 所示。

表 8－10　中国装备制造业自主创新能力影响因素分析结果（静态模型）

模型	Ⅰ	Ⅱ	Ⅲ	Ⅳ	Ⅴ	Ⅵ	Ⅶ
常数	3.41*	－8.482*	－0.9081	0.078	7.111***	7.060***	8.773***
	(1.94)	(－1.7)	(－0.27)	(0.02)	(12.91)	(13.20)	(7.75)
LQ_{it}	0.964*	1.551**	1.896***	1.591**	0.710	0.676	1.280
	(1.85)	(2.1)	(2.84)	(2.41)	(1.35)	(1.31)	(1.11)
RD_{it}	0.003**	0.003**	0.003*	0.004*	0.005***	0.007***	
	(2.03)	(2.13)	(1.76)	(1.84)	(3.14)	(12.96)	

续表

模型	Ⅰ	Ⅱ	Ⅲ	Ⅳ	Ⅴ	Ⅵ	Ⅶ
RD_{it-1}	0.004** (2.30)	0.005*** (2.78)	0.003 (1.5)	0.003* (1.70)	0.002 (1.27)		
TH_{it}	0.269 (1.32)	1.352*** (2.80)	0.815** (2.47)	0.713** (2.20)			
TI_{it}	0.004 (0.82)	0.013*** (2.71)	0.010** (2.27)				
MC_{it}	0.582** (2.01)	0.802*** (2.99)					
FA_{it}	0.216** (2.33)						
$Adj-R^2$	0.746	0.642	0.697	0.702	0.683	0.678	0.087
模型选择	随机效应	固定效应	随机效应	随机效应	随机效应	随机效应	固定效应

注：括号内数据为 z 检验值、t 检验值（选择固定效应模型为 t 值，随机效应模型为 z 值），***、**、*分别表示1%、5%、10%的显著水平，本表的估计由 stata11.0 软件完成。

表 8-10 详细描述了影响自主创新能力的各个因素对中国装备制造业自主创新能力的作用。

（1）代表行业集群的变量 LQ 的回归系数都比较大，且系数都为正数，与假设 1 相符，说明行业聚集程度促进了中国装备制造业各行业的自主创新，但目前对于中国装备制造业自主创新能力的正向作用不是很明显。

（2）R&D 经费支出的回归系数为正且都显著，与假设 2 的预期符号一致，说明 R&D 内部支出对装备制造业各行业的自主创新有正向影响，显著正向影响着装备制造业各行业的自主创新。R&D 一阶滞后变量的回归系数为正，且绝大部分的系数都通过了显著性检验，说明早期的 R&D 支出有利于装备制造业的自主创新，影响着装备制造业的自主创新绩效产出。

（3）代表科研人员数量的变量 TH 的回归系数为正，与假设 3 的符号一致，表明研发人力资本的投入能够为中国装备制造业的自主创新带来积极地效果，但是模型 I 的科研人员数量不显著，而去掉固定资产变量后，科技人员变量都为正且显著，说明科技人员数量对装备制造业自主创新的影响程度不如固定资产的投资，这可能是由于某些行业科研人员的数量较少，其人员的质量还没达到较高的效率水平。

（4）技术引进费用的变量 TI 的回归系数为正，与假设 4 的符号一致，说明技术引进费用的投入对中国装备制造业各行业的自主创新能力具有较强的促进作用；但是这种作用与固定资产投资相比，并不是很显著。

（5）市场容量 MC 的系数为正且都显著，与假设 5 的预期符号一致，说明市场容量的扩大也能诱发中国装备制造业各行业的自主创新，而且是显著地影响着自主创新能力。

（6）新增固定资产的变量 FA 的回归系数为正，且都通过了显著性检验，与假设 6 的预期符号一致，说明新增固定资产带来的新技术能够显著提升中国装备制造业各行业的自主创新能力。

3. 动态模型检验结果分析

考虑动态的情况，我们在模型的解释变量中再加入滞后一期的专利数量，这样做的目的是：刻画自主创新能力的持续性以及它的均值回归性。在分析影响自主创新能力因素的同时，也分析早期自主创新效应对当期自主创新能力的影响情况。

由于我们关注的参数是系数 $\beta_i(i=1, 2, \cdots, 8)$，可以通过差分将模型Ⅱ转化为

$$\Delta \ln PAT_{it}=\beta_1\Delta \ln PAT_{it-1}+\beta_2\Delta LQ_{it}+\beta_3\Delta \ln RD_{it}+\beta_4\Delta \ln RD_{it-1}+\beta_5\Delta \ln TH_{it}+\beta_6\Delta \ln TI_{it}+\beta_7\Delta MC_{it}+\beta_8\Delta FA_{it}+\Delta u_{it} \quad (8-6)$$

上述模型消除了个体效应，但是一阶差分滞后项依然和残差项的一阶差分存在相关性（因为 $\ln PAT_{it-1}$ 和扰动项 u_{it-1} 相关），但是由于 $\ln PAT_{it-j}(j>1)$ 和除 $\Delta \ln PAT_{it-1}$ 外的其他自变量都与 Δu_{it} 不相关。根据阿里拉诺和邦德（1991）的分析，可以利用这些变量作为工具变量，利用广义矩方法（GMM）来估计模型参数，以解决内生性问题，估计结果如表 8－11 所示。

表 8－11　中国装备制造业自主创新能力影响因素分析结果（动态模型）

模型	Ⅰ	Ⅱ	Ⅲ	Ⅳ	Ⅴ	Ⅵ	Ⅶ	Ⅷ
常数	0.461 * * (2.54)	1.422 * * * (4.17)	1.431 * * * (3.30)	1.355 * * * (2.95)	0.140 (0.10)	－0.813 (－0.67)	－0.702 (－0.60)	－1.560 (－1.29)
PAT_{it-1}	0.977 * * * (43.05)	0.963 * * * (39.12)	0.959 * * * (18.98)	0.963 * * * (17.33)	0.957 * * * (18.18)	0.934 * * * (13.67)	0.911 * * * (13.34)	0.886 * * * (13.57)
LQ_{it}		0.881 * * * (3.54)	0.867 * * * (3.95)	0.821 * * * (3.94)	0.905 * * * (4.22)	1.012 * * * (4.03)	0.863 * * * (3.64)	0.920 * * * (4.03)

续表

模型	Ⅰ	Ⅱ	Ⅲ	Ⅳ	Ⅴ	Ⅵ	Ⅶ	Ⅷ
RD_{it}		0.001 (0.79)	0.001 (0.19)	0.001 (0.60)	0.001 (0.16)	0.001 (0.15)	0.001** (2.35)	0.001** (2.37)
RD_{it-1}				0.003 (0.39)	0.001 (0.23)	0.001 (0.35)	0.001* (1.80)	0.001** (2.25)
TH_{it}					0.120* (0.93)	0.224* (1.72)	0.180* (1.35)	0.275** (2.26)
TI_{it}						0.003** (2.06)	0.002* (1.83)	0.003** (2.27)
MC_{it}							0.253*** (4.04)	0.237*** (3.73)
FA_{it}								0.047** (1.96)

注：括号的值为 z 值，***、**、*分别表示 1%、5%、10% 的显著水平，软件为 stata11.0。

在表 8－11 可知：（1）从模型Ⅰ～Ⅷ，自主创新积累 $lnPAT_{it-1}$ 的回归系数比较大，最高的有 0.977，说明自主创新积累是影响中国装备制造业自主创新能力的重要因素，同时，变量 $lnPAT_{it-1}$ 通过了显著性检验，说明创新积累（$lnPAT_{it-1}$）对中国装备制造业的自主创新能力的影响是显著的，即过去的创新成果对中国装备制造业的未来创新的实现有显著的影响。

（2）与静态面板估计的结果相比，结论发生了一些变化：科研人员变量 TH 与技术引进经费变量 TI 能够显著地提升中国装备制造业各行业的自主创新能力；而其他变量的作用与静态情况下基本一致。

4. 装备制造业自主创新能力的总体情况分析

在表 8－10 和表 8－11 中模型估计结果的基础上，我们可以由表 8－12 来总结 R&D 研发支出、滞后一期的 R&D 研发支出、科研人员数量、技术引进费用、行业聚集水平、市场容量、新增固定资产和创新积累（上一年的专利申请数）对中国装备制造业的自主创新能力的影响。

表 8－12　中国装备制造业自主创新能力的总体情况分析

变量	PAT_{it-1}	LQ_{it}	RD_{it}	RD_{it-1}	TH_{it}	TI_{it}	MC_{it}	FA_{it}
静态系数		0.964	0.003	0.004	0.269	0.004	0.582	0.216
动态系数	0.886	0.920	0.001	0.001	0.275	0.003	0.237	0.047
均值系数	0.886	0.942	0.002	0.003	0.272	0.004	0.409	0.132

通过表 8－12 我们得出以下结论。

（1）PAT_{it-1}对 PAT_{it}的影响是显著的，即过去的创新成果对中国装备制造业未来的自主创新能力的实现有显著影响，且这种影响是持续的。滞后期的专利对于当期专利产生的影响是积极的，也就是说行业过去的创新能够影响行业目前的创新。总的来看，创新积累每增加 1 件，专利数量增加 0.886 件，其中对下一期的积累作用稍低于当期的影响。

（2）LQ_{it}对 PAT_{it}的影响是显著的，即行业聚集对中国装备制造业的自主创新能力产生积极的影响，推动了装备制造业的自主创新。总的来看，行业聚集程度提高 1%，专利数量平均增加 0.942 件。

（3）RD_{i} 对 PAT_{it}是正向影响且显著，即短期内 R&D 支出对中国装备制造业的自主创新能力有显著的影响；长期来看，过去的研发投入对自主创新的作用也比较明显。

（4）TH_{it}对 PAT_{it}是正向影响但不完全显著，即短期内科技人员投入对中国装备制造业的自主创新能力产生了积极的影响，但可能是因为企业科技人员的数量较少或者研发效率较低，科研人员的投入并没有产生显著的创新绩效。

（5）TI_{it}对 PAT_{it}是正向影响并不完全显著，即技术引进经费虽然对中国装备制造业自主创新有较好的影响，但并没有发挥其应有的作用，没有显著的创新绩效。

（6）MC_{it}对 PAT_{it}的影响是显著的，即市场容量对中国装备制造业的自主创新能力产生积极的影响。总的来看，市场容量每扩大 1 个单位，专利数量平均增加 0.409 件。

（7）FA_{it}对 PAT_{it}的影响是显著的，即新增固定资产对中国装备制造业的自主创新能力产生积极的影响，新增固定资产发挥了其应有的作用。总的来看，新增固定资产率每提高 1%，专利数量平均增加 0.132 件。

8.4　本章小结

本章主要是根据我们所搜集整理的大量数据，分别运用装备制造业的相关数据和不同的实证分析方法，通过静态面板模型和动态面板模型分析了各个因素是如何影响我国装备制造业的自主创新能力的，然后在这两个模型分析的基础上，综合讨论了各个因素对我国装备制造业自主创新能力提升的影响程度。

第9章　中国装备制造业自主创新能力与研发投资效率研究

装备制造业自主创新系统是把创新投入资源转化为产出的系统。通过自主创新绩效评价，可使装备制造企业科学地认识自身的创新状态，分析影响企业自主创新绩效的主要因素、自主创新资源的使用效率，从而使企业逐步改进自主创新系统，保持和提高竞争优势，获得最佳效益。本章运用 DEA 方法测算出研发投入效率、影子价格等，并从技术分析的层面评价中国装备制造业 7 个行业的经营效率。

9.1　自主创新与研发效率研究文献回顾

数据包络分析（data envelopment analysis，DEA）是由美国运筹学家 A. Charnes 和 W. W. Copper 等学者于 1978 年在“相对效率评价”的基础上发展起来的一种非参数前沿效率分析方法，是运筹学、管理科学和数理经济学交叉研究的一个领域。该方法常被用于生产生活的投入产出系统中进行管理、决策和效益效率评价等，目前已成为管理科学与系统工程领域较广泛运用的一种有效分析工具。DEA 主要采用数学规划方法，以测评一组具有多种投入和多种产出的“部门”或“单元”（称为决策单元，decision making unit，DMU）的绩效和相对效率为基础，利用众多 DMU 构成评价集合，通过对相对效率的分析比较，根据对各 DMU 观察的数据判断 DMU 是否为 DEA 有效；确定“有效生产前沿面”，并根据各 DMU 与有效生产前沿面的距离状况确定各 DMU 是否 DEA 有效；同时还可用投影方法法指出非 DEA 有效或弱 DEA 有效 DMU 的原因及应改进的方向和程度。由于 DEA 无需任何权重假设的特性，在避免主观因素和简化运算、减少误差等方面有着显著的优越性。

利用 DEA 方法的 C^2R 模型可以评价创新系统的综合有效性；应用 BC^2 模型可以评价创新系统纯技术有效性和规模效率有效性；通过对创新投入资源的

影子价格的分析，可以揭示影响创新绩效的关键因素，提出提高创新绩效的对策建议。国内已有一些学者借助 DEA 模型对创新系统的绩效进行了实证研究，如林佳丽、薛声家（2008）运用数据包络分析（DEA）方法中的超效率模型和 BC^2 模型，对广东省 21 个城市科技创新相对有效性进行较为全面而客观的评价；孙凯（2008）对中国 30 个省的创新投入、产出现状进行了分析，并对它们的效率表现进行了评价；刘俊杰和傅毓维（2008）以 2006 年高技术企业统计数据为依据，在建立创新投入产出指标体系的基础上，运用 DEA 方法，从综合有效性、技术有效性和规模收益等三方面对全国 30 个省（市、区）的高技术企业创新的有效性进行实证分析，并在此基础上提出了相应对策；李兰冰（2008）以 DEA 模型为理论工具对中国 31 个省（直辖市）的区域科技创新效率进行总体评价；罗登跃（2009）提出了企业技术创新绩效评价的指标体系，然后运用 DEA 方法从综合有效性、技术有效性和规模收益等三方面对全国 30 个省（市、区）的大中型工业企业创新的绩效进行实证分析；李守伟（2010）运用 DEA 方法对江苏省沿江 8 地市的技术创新能力进行了分析与评价；郑珊珊、樊一阳、刘华珍（2010）利用 DEA 方法对中国高技术产业的 15 个具体行业在 2004—2007 年期间的技术创新资源配置效率进行分析评价，并提出改进和提高中国高技术产业技术创新资源配置效率的有效建议和对策。吴永林和赵佳菲（2011）采用 DEA 模型中的 Malmquist 生产率指数法，对北京市高技术企业总体 2005—2008 年间技术创新活动的效率及变化情况进行了研究。

9.2　装备制造业研发效率的 DEA 模型构建

在 DEA 等非参数方法的分析中，一般的学者都采用 Farrell（1957）提出的技术效率、纯技术效率和规模效率等概念。技术效率（TE）反映在给定投入的情况下企业获取最大产出的能力。在放松投入和产出规模报酬不变的情况下，技术效率又可以分为纯技术效率（pure technology efficiency，PTE）和规模效率（scale efficiency，SE）。纯技术效率测度的是当模型报酬可变时，被测单位与生产前沿面之间的距离；而规模效率测度的是规模报酬不变的生产前沿与规模报酬变化的生产前沿之间的距离。

1. DEA 模型的应用步骤

DEA 模型在装备制造业自主创新能力方面的应用步骤包括确定评价目的、选择决策单元、建立输入输出指标体系、选择 DEA 模型、进行 DEA 评价分析、调整输入输出指标体系、得出综合评价结论这 7 个步骤。DEA 模型的应用步骤如图 9－1 所示。

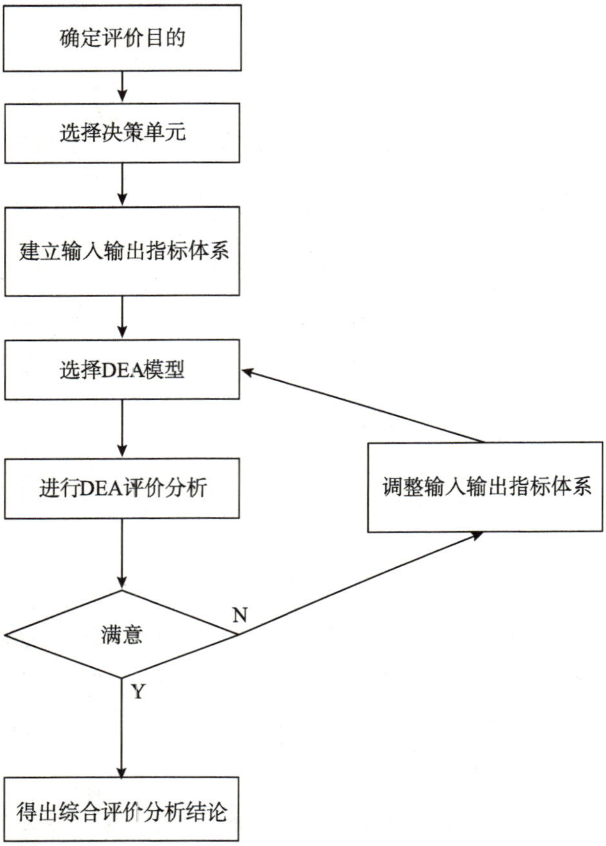

图 9－1　DEA 模型的应用步骤

2. DEA 模型的构建

假设有 n 个评价行业，每一个行业记为 DMU，分别记为：DMU_1，DMU_2，…，DMU_n，且它们之间具有可比性，每个 DMU 有 m 种类型的投资输入和 s 种类型的投资输出。用 x_{mj} 表示 DMU_j 第 m 项投资输入，y_{sj} 表示 DMU_j 的第 s 项投资输出，则所有 DMU_j 的输入可以表示为 $\boldsymbol{X}_j=(x_{1j}, x_{2j}, \cdots, x_{mj})^{\mathrm{T}}$，输出向量可以表示为 $\boldsymbol{Y}_j=(y_{1j}, y_{2j}, \cdots, y_{sj})^{\mathrm{T}}$，其中 $j=1, 2, \cdots, n$，我们的目标是输入越小越好，而输出越大越好。

再令输入指标的权向量为 $\boldsymbol{V}=(v_1, v_2, \cdots, v_i, \cdots, v_m)^{\mathrm{T}}$，输出指标的权向量为 $\boldsymbol{U}=(u_1, u_2, \cdots, u_r, \cdots, u_s)^{\mathrm{T}}$，$DMU_j$ 的投资效率可表示为

$$E_j = \frac{\boldsymbol{U}^{\mathrm{T}}\boldsymbol{Y}_j}{\boldsymbol{V}^{\mathrm{T}}\boldsymbol{X}_j} \tag{9-1}$$

式中：$\boldsymbol{U}^{\mathrm{T}}$ 和 $\boldsymbol{V}^{\mathrm{T}}$ 分别表示输入输出的权向量，适当选取权重 u_m 和 v_s，能够使 $E_j \leqslant 1(j=1, 2, \cdots, n)$。

我们构建 DEA 模型（C^2R）模型如下：

$$\begin{cases} \max \dfrac{U^T Y_0}{V^T X_0} = h_0 \\ \dfrac{U^T Y_j}{V^T X_j} \leqslant 1 \ (j=1, 2, \cdots, n) \\ U \geqslant 0 \ (V \geqslant 0) \end{cases} \tag{9-2}$$

上面的规划模型是一个分式模型，使用 Chames - Cooper 变化，令 $t = \frac{1}{V^T X_0}$，$w = tV$，$\mu = tU$，因此分式规划问题（C^2R）化为

$$\begin{cases} \max \quad \mu^T Y_0 = h_{j0} \\ \omega^T X_j - \mu^T Y_j \geqslant 0 \ (j=1, \cdots, n) \\ \omega^T X_0 = 1 \\ \omega \geqslant 0 \ (\mu \geqslant 0) \end{cases} \tag{9-3}$$

当模型计算结果 $h_{j0}=1$ 时，则 DMU_j 为 DEA_j 有效；否则，DEA 无效。

后来 Banker、Charnes 和 Cooper（1984）在此基础上剔除了 C^2R 模型中规模报酬不变的假设，而以规模报酬变动取代，发展成 BC^2 模型：

$$\begin{cases} \max \ (\mu^T Y_0 - \mu_0) \\ \omega^T X_j - \mu^T Y_j + \mu_0 \geqslant 0 \ (j=1, \cdots, n) \\ \omega^T X_0 = 1 \\ \omega \geqslant 0 \ (\mu \geqslant 0, \ \mu_0 \in E^1) \end{cases} \tag{9-4}$$

和

$$\begin{cases} \min \quad \theta \\ \sum_{j=1}^{n} X_j \lambda_j \leqslant \theta X_0 \\ \sum_{j=1}^{n} Y_j \lambda_j \geqslant Y_0 \\ \sum_{j=1}^{n} \lambda_j = 1 \\ \lambda_j \geqslant 0 (j = 1, \cdots, n, \theta \in E^1) \end{cases} \tag{9-5}$$

BC^2 模型能将纯粹技术效率和规模效率区分开来，可以衡量受评估单位在既定的生产技术情况下，是否处于最优生产规模状态。

3. 变量说明及数据来源

科学合理地选择投入和产出指标对于有效地使用 DEA 模型十分重要，通过对研究目的、模型要求和设计原则的深入分析，构建投入和产出指标如下。

（1）自主创新投入指标。根据搜集的相关数据，我们在这里选择的自主创新投入指标有四个，包括 R&D 支出（lnRD，亿元）、科研人员数量（lnNT，人）、技术引进费用（lnTA，亿元）以及新增固定资产率（NA,%）。

（2）自主创新产出指标。我们在这里选用专利申请数（lnPAT，件）作为唯一的自主创新产出指标，以上指标的统计口径均为大中型工业企业。

（3）数据来源。企业自主创新绩效评价涉及面较广，单个企业的自主创新数据很难收集齐全，选择某一行业的企业作为评价目标就显得更加现实。而中国大中型工业企业数量虽然只占全国规模以上工业企业的一成，但是资产总额和净资产却占到了七成以上，销售收入和利润也占到了六成以上，同时还集中了中国近五成的研究与发展资源。因此，我们选择了装备制造业的七个子行业的大中型工业企业作为评选对象，对其自主创新绩效进行实证分析，原始数据均来自于《中国科技统计年鉴》(2000—2012)、《中国统计年鉴》(2000—2012)。本研究采用 EMS1.3 软件投入导向的 DEA 模型进行求解。

9.3 检验结果及分析

投资效率是指企业投资所取得的有效成果与所消耗或占用的投入额之间的比率，也就是企业投资活动所得与所费、产出与投入的比例关系，投资效率值的高低可以反映企业的投资利用状况。本章采用 C^2R 模型和 BC^2 模型计算 1999—2011 年中国装备制造业大中型工业企业自主创新与市场竞争力的技术效率值及其分解后的纯技术效率值和规模效率值。

1. 装备制造业 1999—2011 年间的技术效率变化趋势

我们运用 EMS1.3 软件分别计算综合技术效率、纯技术效率，然后通过总体技术效率与纯技术效率的比值可计算出规模效率，如表 9－1 所示。

表9-1 1999—2011年中国装备制造业的技术效率、纯技术效率和规模效率值

指标	1999年	2000年	2001年	2002年	2003年	2004年	2005年	2006年	2007年	2008年	2009年	2010年	2011年
TE	0.75	0.80	0.80	0.93	0.83	0.79	0.83	0.84	0.83	0.83	0.84	0.98	0.93
PTE	0.89	0.88	0.90	0.94	0.91	0.90	0.91	0.90	0.89	0.90	0.91	0.99	0.96
SE	0.84	0.91	0.88	0.98	0.91	0.89	0.91	0.93	0.93	0.93	0.93	0.99	0.97

注：TE、PTE、SE分别表示综合技术效率、纯技术效率以及规模效率值。

由表9-1可知，总体来看，1999—2011年间中国装备制造业的综合技术效率、纯技术效率以及规模效率呈现出向最佳技术效率及最佳规模靠拢的趋势。这种趋势与科研人员的数量、技术引进经费、新增固定资产以及R&D经费的支出的变动有关。从表9-1可以看出，平均技术效率（TE）整体较高，2010年的平均技术效率最高，为0.98；1999年的平均技术效率最低，为0.75。平均纯技术效率（PTE）整体也较高，其中2010年的平均纯技术效率最高，为0.99；2000年的平均纯技术效率最低，为0.88。规模效率（SE）的整体水平也较高，其中2010年的平均规模效率最高，为0.99；1999年的平均规模效率最低，为0.84。

2. C^2R模型的相对效率θ变化趋势

表9-1的评价结果可以分解成表9-2的中国装备制造业大中型工业企业的自主创新能力的研发投资效率的C^2R模型中的相对效率θ。

表9-2 装备制造业C^2R模型的相对效率θ

行业	1999年	2000年	2001年	2002年	2003年	2004年	2005年	2006年	2007年	2008年	2009年	2010年	2011年	平均值
金属制品	0.85	0.97	1	1	0.92	0.95	0.94	0.96	0.95	0.92	0.89	1	1	0.95
普通机械	0.62	0.69	0.65	0.82	0.68	0.63	0.69	0.73	0.75	0.77	0.78	0.93	0.86	0.74
专用设备	1	0.79	1	0.83	0.81	0.74	0.71	0.75	0.75	0.78	0.79	0.97	0.86	0.83
交通运输	0.48	0.84	0.52	1	0.80	0.68	0.75	0.76	0.77	0.85	0.81	0.97	0.88	0.78
电气机械	0.78	0.76	0.77	0.99	0.75	0.80	0.82	0.85	0.85	0.83	0.85	1	0.92	0.84
电子通信	0.60	0.70	0.63	0.87	0.86	0.76	0.89	0.81	0.83	0.86	0.99	1	0.98	0.83
仪器仪表	0.90	0.88	1	0.99	0.97	0.95	1	1	0.88	0.84	0.78	1	1	0.94

根据表9-2，为了方便分析，我们将评价结果按相对效率θ由低到高划分为4个等级，其等级如下：

$$\begin{cases} 0 \leqslant \theta < 0.5 & \text{低效率区间} \\ 0.5 \leqslant \theta < 0.8 & \text{较高效率区间} \\ 0.8 \leqslant \theta < 1 & \text{高效率区间} \\ \theta = 1 & \text{最佳效率} \end{cases} \tag{9-6}$$

根据评价结果，在91个决策单元中，有13个决策单元为DEA有效，即$\theta=1$，技术效率是有效的；有45个决策单元位于高效率区间；有32个位于较高效率区间；有1个位于低效率区间。这样的分布表明，在1999—2011年间，中国装备制造业大中型工业企业自主创新的研发投资的技术效率整体较高，所投入的资源得到了较好的利用。

分行业来看，在1999—2011年间，在这13个有效的DMU中仪器仪表办公用品制造业占有5个最佳效率的DMU，说明在这13年中，仪器仪表办公用品制造业有5年的创新资源的投入是有效的，应该继续保持这种优势，提高创新活动的水平；相比较而言，普通机械制造业没有一个有效的DMU，其自主创新的研发投入的技术效率有效性最低，这表明其在创新资源利用方面存在浪费，必须进行资源的优化配置并且改善经营管理增加产出，才能实现最优生产效率。从各个行业的技术效率的平均值看，各个行业的技术效率相差不是特别大，金属制品制造业的平均技术效率最高，为0.95；而普通机械制造业的平均技术效率最低，只有0.74。

分年度来看，2010年装备制造业中有4个分行业达到了最佳技术效率，为1999—2011年这13个年份中技术效率最高的年份，这4个子行业为金属制品制造业、电气机械制造业、电子通信制造业和仪器仪表办公用品制造业，占装备制造业7个子行业的57.14%；在2001年装备制造业中有3个分行业达到了最佳技术效率，这3个子行业是金属制品制造业、专用设备制造业和仪器仪表办公用品制造业，占装备制造业7个子行业的42.86%；在这13年中有6年装备制造业各行业没有达到最佳效率。

3. BC^2 模型的相对效率 θ 变化趋势

表9-1的评价结果可以分解成表9-3的中国装备制造业中大中型工业企业自主创新能力的研发投资效率的BC^2模型中的相对效率θ。

同理，我们根据式（9-6）的分类将评价结果按相对效率θ由低到高划分为4个等级。

表 9-3　装备制造业 BC^2 模型的相对效率 θ

行　　业	1999年	2000年	2001年	2002年	2003年	2004年	2005年	2006年	2007年	2008年	2009年	2010年	2011年	平均值
金属制品	0.97	1	1	1	1	0.99	0.99	1	0.99	0.96	1	1	1	0.99
普通机械	0.82	0.83	0.83	0.85	0.85	0.85	0.86	0.86	0.86	0.86	0.85	0.93	0.89	0.86
专用设备	1	0.85	1	0.87	0.88	0.88	0.87	0.88	0.88	0.88	0.87	1	0.90	0.9
交通运输	0.75	0.85	0.79	1	0.84	0.83	0.84	0.84	0.83	0.85	0.83	0.97	0.93	0.86
电气机械	0.86	0.87	0.87	0.99	0.88	0.89	0.89	0.89	0.89	0.87	0.86	1	1	0.9
电子通信	0.84	0.84	0.84	0.9	0.89	0.86	0.90	0.85	0.86	0.92	1	1	1	0.9
仪器仪表	0.99	0.95	1	1	1	0.97	1	1	0.97	0.96	0.94	1	1	0.98

根据表 9-3 的评价结果，在 91 个决策单元中，有 24 个决策单元为 DEA 有效，即 $\theta=1$，纯技术效率是有效的；有 65 个决策单元位于高效率区间；有 2 个位于较高效率区间。这样的分布表明，在 1999—2011 年间，中国装备制造业中的大中型工业企业自主创新能力的研发投资的纯技术效率整体较高，所投入的资源得到了较好的利用。

分行业来看，在这 24 个有效的 DMU 中，金属制品制造业在 1999—2011 年这 13 年间占有 8 个有效的 DMU，表明该行业自主创新的研发投入的技术效率有效性最高，其创新是有效的，应该保持这种有效性，继续提高创新活动的水平；相比较而言，普通机械制造业没有一个有效的 DMU，其自主创新的研发投入的技术效率有效性最低，这表明其在创新资源利用方面存在浪费，必须进行资源的优化配置，并且改善经营管理，增加产出，才能实现最优生产效率。从技术效率的平均值来看，金属制品制造业的平均技术效率在 7 个行业中是最高的，达到了 0.99；而普通机械制造业和交通运输制造业的平均技术效率在 7 个行业中处于最低的水平，为 0.86。

分年度来看，在 1999—2011 年这 13 年间，2010 年是纯技术效率最高的年份，装备制造业 7 个子行业中有 5 个达到了最优纯技术效率，这 5 个子行业是金属制品制造业、专用设备制造业、电气机械制造业、电子通信制造业和仪器仪表办公用品制造业，占装备制造业 7 个子行业的 71.43%；其次为 2011 年的纯技术效率最高，装备制造业 7 个子行业有 4 个行业达到了最优纯技术效率，分别为金属制品制造业、电气机械制造业、电子通信制造业和仪器仪表办公用品制造业，占装备制造业 7 个子行业的 57.14%；在这 13 年中有三个年度装备制造业各行业没有达到最优纯技术效率。

4. BC² 模型的规模效率与规模报酬的变动趋势

表 9－1 的评价结果可以分解成表 9－4 的中国装备制造业中大中型工业企业的自主创新能力的研发投资效率的 BC² 模型中的规模效率。通过总体技术效率与纯技术效率的比值可求出规模效率，规模效率越接近于 1，表示规模大小越合适，也就越接近最佳规模。如规模效率等于 1，则表示处于固定规模收益的状态；如规模效率小于 1，则表示处于规模收益递增或者递减的规模无效率状态。至于行业到底是处于何种状态，还要通过另外的计算才能得出其具体的状态，评价结果如表 9－4 所示。

表 9－4　装备制造业 BC² 模型的规模效率

行　业	1999 年	2000 年	2001 年	2002 年	2003 年	2004 年	2005 年	2006 年	2007 年	2008 年	2009 年	2010 年	2011 年	平均值
金属制品	0.88	0.97	1	1	0.92	0.95	0.95	0.96	0.96	0.96	0.90	1	1	0.96
普通机械	0.76	0.83	0.78	0.96	0.80	0.74	0.80	0.85	0.87	0.90	0.92	0.98	0.97	0.86
专用设备	1	0.92	1	0.95	0.92	0.83	0.82	0.85	0.86	0.90	0.91	0.97	0.96	0.91
交通运输	0.64	0.98	0.66	1	0.95	0.83	0.90	0.91	0.93	1	0.98	1	0.95	0.90
电气机械	0.90	0.88	0.99	1	0.85	0.89	0.92	0.95	0.96	0.96	0.99	1	0.91	0.94
电子通信	0.72	0.82	0.88	0.97	0.97	0.89	1	0.95	0.98	0.94	0.99	1	0.98	0.93
仪器仪表	0.92	0.93	1	0.99	0.97	0.97	1	1	0.91	0.87	0.82	1	1	0.95

由表 9－4 的评价结果可以看出，整体来说，中国装备制造业各行业大中型工业企业的平均规模效率相差不大了。在这 7 个行业中，金属制品的平均规模效率最高，到达了 0.96，比较接近最佳规模，说明电气机械制造业的自主创新能力的研发投入资源得到了很好的利用；其次是仪器仪表办公用品制造业的平均规模效率也很高，为 0.95；相比较而言，在这 7 个行业中，平均规模效率最低的行业是普通机械制造业，为 0.86。

根据评价结果，在 91 个决策单元中，处于最佳规模效率的 DMU 有 14 个，其中仪器仪表制造业占有 5 个有效的 DMU，说明仪器仪表制造业在 1999—2011 年这 13 年间有 5 个年份都处于最佳规模状态；普通机械制造业没有一个 DMU 处于最佳状态，表明其创新投入可能并没有得到合理的利用。其他的 DMU 不能通过表 9－4 直接判断出装备制造业各行业是处于规模收益递增阶段还是规模收益递减阶段，需要进一步予以判断，为此我们可以对所有的决策单元各指标所对应的 λ 值列表。根据计算公式 $K = \sum_{j=1}^{n} \frac{\lambda_{j0}}{\theta}$ 可确定装备制造业各行业的规模收益状况。具体含义如下：

若 $K=1$，为规模收益不变，此时 DMU 达到最大产出规模点；

若 $K<1$，为规模收益递增，且该值越小，DMU 规模收益递增趋势越大；

若 $K>1$，为规模收益递减，且该值越大，DMU 规模收益递减趋势越大。

通过上面的计算公式得出了装备制造业各行业的规模收益情况如表 9－5 所示。

表 9－5　装备制造业 BC^2 模型的规模收益的确定（K 值）

行　业	1999年	2000年	2001年	2002年	2003年	2004年	2005年	2006年	2007年	2008年	2009年	2010年	2011年
金属制品	1.03	0.9	1	1	0.88	1.01	0.99	0.93	1.01	1.04	0.84	1	1
普通机械	1.23	1.21	1.20	1.18	1.18	1.17	1.17	1.16	1.16	1.17	1.17	1.07	1.13
专用设备	1	1.16	1	1.13	1.15	1.13	1.14	1.13	1.14	1.15	1.15	1.02	1.11
交通运输	1.33	1.17	1.26	1	1.18	1.21	1.20	1.19	1.2	1.18	1.20	1.03	1.07
电气机械	1.16	1.15	1.15	1.01	1.13	1.13	1.12	1.12	1.13	1.16	1.17	1	1.05
电子通信	1.20	1.19	1.19	1.12	1.13	1.16	1.12	1.17	1.18	1.09	1.16	1	1.13
仪器仪表	1.02	1.06	1	1.03	1.01	1.03	1	1	1.04	1.04	1.06	1	1

根据表 9－5 评价结果，在 91 个决策单元中，处于规模收益不变的 DMU 有 14 个，其中有 5 个 DMU 处于规模报酬递增阶段，并且都是在金属制品制造业。其他的 DMU 均处于规模报酬递减阶段，但是其递减趋势变动不一致，我们结合上面对 K 值的规定可以看出其他 DMU 的规模收益情况。

9.4　装备制造业自主创新投入资源的调整方向

1. C^2R 模型的投入资源影子价格的经济意义

投入资源的影子价格表示单位资源投入变化所引起的创新绩效的改变，是针对具体创新系统而存在的特殊价格。由于 C^2R 模型本身就是一个线性规划模型，投入资源影子价格的经济意义就是增加单位投入引起目标函数值的增量，即 DEA 有效性的增量。因此可以利用影子价格来判断各种投入对决策单元的稀缺程度。创新系统某种自主创新投入的影子价格相对于其他创新系统投入的影子价格较高时，说明该投入对其创新绩效影响较大，是系统的稀缺资源，系统应加大该资源的投入。这里各项资源的投入是渐进的，可以视为各项投入资源是递增的投入，以上一年的资源基数为基础。

因为各种投入资源的数值大小影响该资源影子价格的数值大小，为了对各种影子价格进行比较，我们首先对输入输出指标进行无量纲化处理，处理方法如下：将各种指标按照百分制评分，令 μ_i 表示第 i（$i=1, 2, \cdots, 91$）个 DMU 某个指标的统计值，ω_i 表示第 i 个 DMU 该指标分数：$\omega_i = 100 \times \mu_i \div \max_i \{\mu_i\}$ 。要说明的是，指标的量纲并不影响各种效率值以及 λ 值的计算，下面我们进行在生产前沿面上的投影分析时，仍使用原始数据。

从表 9－6 至表 9－9 中各种投入资源的影子价格可以看出，中国装备制造业各行业的大中型工业企业在自主创新方面存在的问题有很大的差异。各行业可以根据其实际情况确定提高创新绩效的改进方向，制定相应的创新调整措施。

2. 科技人员数量的影子价格及其调整方向

表 9－6 的评价结果是 1999—2011 年间中国装备制造业各行业的大中型工业企业的科技人员数量的影子价格，表明了科技人员数量对中国装备制造业各行业的大中型工业企业自主创新绩效的影响情况。通过分析影响情况，我们可以确定相应的提高创新绩效的改进方向。

表 9－6　科技人员数量的影子价格

行　业	1999年	2000年	2001年	2002年	2003年	2004年	2005年	2006年	2007年	2008年	2009年	2010年	2011年
金属制品	0.09	0	0	0.09	0.09	0.07	0.08	0.08	0.06	0.06	0.09	0	0.05
普通机械	0.08	0.06	0.06	0.09	0.08	0.09	0.09	0.09	0.09	0.08	0.08	0.08	0.09
专用设备	0.09	0.05	0.03	0.05	0.09	0.06	0.09	0.07	0.09	0.07	0.07	0.08	0.09
交通运输	0.05	0.09	0.08	0.08	0.09	0.08	0.07	0.08	0.08	0.07	0.08	0.06	0.08
电气机械	0.06	0.08	0.08	0.09	0.09	0.09	0.09	0.09	0.09	0.08	0.08	0.08	0.08
电子通信	0.05	0.08	0.09	0.1	0.09	0.08	0.08	0.08	0.08	0.08	0.08	0.07	0.08
仪器仪表	0	0.08	0	0.08	0.08	0.07	0.07	0.07	0.06	0.06	0.09	0.05	0.08

由表 9－6 的结果可知，总体来看，除了个别年份科技人员数量的影子价格为 0 之外，科技人员数量的影子价格都比较小，理解为：可能是本年度在上一年的基础上资源投入并没有太大的变化，所以此时科技人员对中国装备制造业各行业的创新绩效影响比较小。这一方面说明科技人员的投入力度不够，另一方面说明了科技人员的投入对中国装备制造业各行业的自主创新绩效的影响不大，科技人员在自主创新过程中发挥作用不显著，可能是因为创新人才资源短缺，人力资源的结构不合理造成的，制约着装备制造业创新能力的进一步提

升。所以在制定创新政策时，要积极培养和大力引进创新型专业人才，优化人力资源的结构是至关重要的。在 DEA 创新绩效评价比较差的行业，比如普通机械制造业，更应该加大创新型人才的引进和培养力度，提高科技人员占从业人员比重，优化人力资源结构，进而提高创新绩效。相对来说，在创新绩效比较好的行业，比如仪器仪表办公用品制造业，也要注重人力资源的结构，提高高层次人才占从业人员比重。

3. R&D 支出的影子价格及其调整方向

表9－7的评价结果是1999—2011年间中国装备制造业各行业的大中型工业企业的 R&D 支出的影子价格，表明了 R&D 支出对中国装备制造业各行业的大中型工业企业自主创新绩效的影响情况。通过分析影响情况，我们可以调整相应的措施来提高自主创新绩效。

表9－7　R&D 支出的影子价格

行　业	1999年	2000年	2001年	2002年	2003年	2004年	2005年	2006年	2007年	2008年	2009年	2010年	2011年
金属制品	0.01	0.15	0.04	0.04	0.02	0.01	0.01	0	0.01	0.01	0	0	0.01
普通机械	0	0.01	0.01	0	0	0	0	0	0	0	0	0	0
专用设备	0	0.01	0.01	0.01	0	0.01	0	0	0	0	0	0	0
交通运输	0.01	0	0	0	0	0	0	0	0	0	0	0	0
电气机械	0.01	0	0	0	0	0	0	0	0	0	0	0	0
电子通信	0.01	0	0	0	0	0	0	0	0	0	0	0	0
仪器仪表	0.14	0.01	0.02	0.01	0.01	0.01	0.03	0.01	0.01	0.01	0	0.01	0

由表9－7的结果，总体来看，大部分年份 R&D 支出的影子价格为0，其他 R&D 支出的影子价格都比较小，且集中在金属制品制造业和仪器仪表制造业。相对于其他几个行业，金属制品和仪器仪表行业的研发投入比较少，是稀缺资源，加大 R&D 经费的投入将有利于提高金属制品和仪器仪表行业的自主创新绩效。出现这种现象的原因，一方面可能是由研发支出的结构不合理造成的，另一方面可能是由于研发经费的投入不足和研发经费没有得到有效利用。所以在制定创新政策时，一方面要合理布局装备制造业各行业的研发结构，增大相应的研发经费的投入，另一方面要提高研发经费的使用效率，增大其对中国装备制造业各行业的自主创新绩效的影响力。在 DEA 创新绩效评价比较差的行业，更应该加大 R&D 经费的引进，提高其使用效率，进而提高创新绩效。相对来说，在创新绩效比较好的行业，也要注重 R&D 支出的使用效率问题。

4. 技术引进经费的影子价格及其调整方向

表9－8的评价结果是1999—2011年间中国装备制造业各行业的大中型工业企业的技术引进经费的影子价格，表明了技术引进经费对中国装备制造业各行业的大中型工业企业自主创新绩效的影响情况。

表9－8 技术引进经费的影子价格

行业	1999年	2000年	2001年	2002年	2003年	2004年	2005年	2006年	2007年	2008年	2009年	2010年	2011年
金属制品	0	0	0.07	0.08	0.07	0	0.03	0	0.05	0.05	0.04	0.06	0.06
普通机械	0	0	0	0.02	0	0	0	0	0	0	0	0.04	0
专用设备	0.06	0.05	0.05	0.02	0.05	0	0	0	0.03	0	0.03	0.04	0
交通运输	0	0	0	0	0	0	0	0	0	0	0	0.01	0
电气机械	0	0	0	0	0	0	0	0	0	0	0	0.03	0
电子通信	0	0	0	0	0	0	0	0	0	0	0	0.04	0
仪器仪表	0	0.06	0.10	0.09	0.07	0	0.03	0	0.05	0.06	0	0.10	0

由表9－8的结果可知，总体来看，大部分年份各个行业的技术引进经费的影子价格为0，只有金属制品和仪器仪表行业的技术引进费用的值非零值，说明技术引进经费在这两个行业属于稀缺资源，必须加大其技术引进经费来增加其自主创新绩效。另外，2010年装备制造业各行业技术引进经费的影子价格非零，说明这一年的技术引进经费投入较少，这种现象可能跟2010年全球经济萧条有关，装备制造业各行业都减少了技术的引进经费，导致2010年度在上一年的基础上资源投入大幅减少，消化吸收经费的缺乏造成技术引进经费对中国装备制造业各行业的创新绩效影响比较小。所以在制定创新政策时，一方面要增大相应的技术引进经费的投入，另一方面要提高技术引进经费的消化吸收能力，增大其对中国装备制造业各行业的自主创新绩效的影响力。在DEA创新绩效评价比较差的行业，更应该加大技术引进经费的投入，提高其消化吸收能力，进而提高创新绩效。相对来说，在创新绩效比较好的行业，也要注重技术引进经费的消化吸收能力。

5. 新增固定资产的影子价格及其调整方向

表9－9的评价结果是1999—2011年间中国装备制造业各行业的大中型工业企业的新增固定资产的影子价格，表明了新增固定资产对中国装备制造业各行业的大中型工业企业自主创新绩效的影响情况，通过分析影响情况，我们可以确定相应的调整创新绩效的改进方向。

表 9-9　新增固定资产的影子价格

行　业	1999年	2000年	2001年	2002年	2003年	2004年	2005年	2006年	2007年	2008年	2009年	2010年	2011年
金属制品	0.14	0.2	0.16	0.13	0	0.06	0.02	0	0.05	0.05	0.05	0	0.1
普通机械	0.10	0.09	0.09	0.18	0.12	0	0	0	0	0	0	0.07	0
专用设备	0.09	0.05	—	0.08	0.17	0.01	0	0	0	0	0	0.07	0
交通运输	0.07	0.19	0	—	0.15	0	0.52	0	0	0	0.13	0.18	0
电气机械	0.09	0.16	0.13	0.19	0	0	0	0	0	0	0	0.01	0
电子通信	0.08	0.67	0	0.18	0.13	0	0.58	0	0	0	0	0.15	0.15
仪器仪表	0.19	0.08	0	0.08	0.13	0.06	0	0	0.06	0.06	0.09	0	0.12

由表 9-9 的结果可知，总体来看，除了部分年份新增固定资产的影子价格为 0 外，装备制造业各个行业的技术引进经费的影子价格为非零值，说明固定资产投资是一种稀缺资源，固定资产的增加在一定程度上能有效发挥出其应有的作用，有利于装备制造业的自主创新绩效产出。出现这种现象的可能的原因是：中国装备制造业的生产设备可能有部分来自于国外，固定资产的更新换代费用比较高，而且很难引进关键设备和关键技术。另外中国在消化吸收方面还做得不够到位，这使得原本可由新增固定资产带来的新技术大打折扣。所以在制定自主创新政策时，一方面要扩大相应的固定资产的投入，另一方面要提高固定资产的消化吸收能力，增大其对中国装备制造业各行业的自主创新绩效的影响力。在 DEA 创新绩效评价比较差的行业，更应该加大固定资产的投入，提高其消化吸收能力，进而提高创新绩效。相对来说，在市场竞争力比较好的行业，也要注重固定资产的消化吸收能力。

9.5　本章小结

本章运用数据包络分析方法（DEA）对中国装备制造业的 7 个子行业的大中型工业企业的自主创新能力的研发投资的技术效率、纯技术效率以及规模效率和规模报酬进行分析与评价，通过采用 C^2R 模型和 BC^2 模型，运用 EMS 软件得出中国装备制造业的综合技术效率、纯技术效率以及规模效率的大致变化趋势：中国装备制造业的综合技术效率、纯技术效率向最佳效率靠拢，而规模效率也趋近于最佳规模，同时通过计算得出各行业的规模收益情况；通过采用 C^2R 模型的影子价格来分析各个影响自主创新能力的因素对中国装备制造业的自主创新绩效的影响情况，并针对创新资源投入提出相应的调整方向。

第 10 章　中国装备制造业自主创新能力提升的实现条件及路径

在当今世界，国际竞争的关键是科学技术的竞争，而加快科学技术发展的关键在于自主创新。装备制造业是中国国民经济发展的支柱产业，是为国民经济和国防建设提供技术装备的基础性、战略性产业，其发展水平体现了一个国家的工业化水平、科技创新能力和综合国力，决定着国民经济其他产业竞争力的强弱及运行的质量和效益。装备制造业的快速、健康发展，对增强企业整体竞争实力和发展后劲，对提升国家和地区经济发展水平，具有深远的影响。

10.1　中国装备制造业自主创新能力提升的可行性分析

中国装备制造业经过 50 多年的发展，已经形成了门类齐全的产业体系，成为了国民经济的支柱产业，但是其自主创新能力不足成为装备制造业发展的难题，我们也深刻认识到中国装备制造业发展的重心应该放在提升自主创新能力上。在发展中国家的行列中，中国被公认为最具有承接国际产业转移吸纳力的国家，中国具有稳定和谐的社会、政治环境，给予各方投资者可靠的保障，中国创造的优良政策环境使各方面利益都能得到充分保证。目前中国装备制造业自主创新能力的提升是客观要求和必然要求，实现自主创新的可行性具体如下。

1. 市场可行性

当市场开放，跨国公司大量进驻，激烈的竞争迫使本土装备制造企业需要通过自主创新以提升其在全球价值链中的地位。自主创新能力的高低水平最终要依靠市场的检验。创新需求拉动理论认为：当一种需求出现并得不到满足时，必然会形成市场空缺，使相应的潜在产品价格上升，这意味着企业能够获得潜在利润。如果企业能够首先进行创新占领市场，还可能抢占市场的先机，形成垄断地位。自主创新企业在市场上吸引生产要素，使资源向具有自主创新能力的企业集中，具有自主创新能力的企业率先发展起来，使其他企业无法生存，迫使企业不得不进行创新，以求得生存和发展。

中国装备制造业所在的市场存在着极大的需求和机遇，这为装备制造业自主创新提供了方向性指引，引导了企业的自主创新，从而形成自主创新能力。市场激励机制是自主创新主体通过市场机制实现其自主创新利己目标的一种制度安排。从自主创新市场激励分析，市场形成了企业进行自主创新自组织的机制，对自主创新有一种导向和激励作用，这种激励是通过市场对自主创新效果的检验来实现的。如果自主创新的成果能满足市场需求，自主创新主体就可获得相应的回报；反之就会受到市场惩罚。

目前中国市场主体活力四射，市场体系羽翼更丰，市场化方向更加清晰，完善的社会主义市场机制为装备制造业的发展增添了极大的活力，为装备制造业的自主创新能力的提升提供了充分的保证。中国实行扩大对外开放，把“引进来”和“走出去”结合起来，充分利用国际、国内两个市场、两种资源稳步发展装备制造业。另外中国的市场体系也在逐步完善，产销得到很好的衔接，这些都为振兴装备制造业提供了良好市场环境。

2. 资源可行性

中国装备制造业的发展需要丰富的低成本劳动力提供支撑，这主要来自于农村剩余劳动力的转移。当前或之后一段时间内，中国农村剩余劳动力的转移将持续使得装备制造业在劳动成本上具有优势。企业进行自主创新研发的资金大部分来源是金融机构，企业自主创新存在周期长、消耗高、不确定性、风险大等特点，而常规的金融机构出于对安全性的考虑不敢贷款，导致企业缺乏创新的动力。近年来政府逐步建立并完善风险投资体系，在制度上制定激励政策，鼓励银行为企业提供贷款，改善商业银行对企业的融资服务，积极引导商业银行进入科技投资、融资体系，为企业自主创新提供资金支持，并与成长性好、资信好的企业建立稳定的银企合作关系，从而有利于促进金融机构支持装备制造业自主创新。在具体的操作上，政策性银行可通过提供贴息贷款或低息贷款的方式，加大创新贷款的额度，建立授信制度，完善资金管理办法，增加信贷品种，积极发展订单贷款业务，推行权利质押和动产质押担保业务。加强与企业的沟通和合作，直接支持企业的科技开发和产业化项目。另外，政府通过实行贷款优惠政策为装备制造业企业自主创新筹集了部分资金，根据各地区产业集群的特征，引导建立自主创新产业发展基金或专项资金，基金可以实行信贷优惠政策，对于集群内企业从初期科研到成果进入市场的商业应用各个环节提供低息或无息的优惠贷款。

3. 环境可行性

从国际环境来看，国际产业结构的调整转移趋势日益强劲，为发展中国家产业升级创造了机会。经济的全球化趋势使得世界各国之间的经济依存度日益提高，国际贸易大幅度增长。发达国家由于劳动成本不断上涨，不得不放弃大批传统产业，向发展中国家转移，以便致力于高科技、金融、服务行业的发展；发展中国家将本国的生产能力化作低成本的商品，外销欧美经济发达国家，扣除运费以后开始盈利，形成原始积累，随后日渐发展进步，甚至还有能力与经济发达国家竞争。日本和“四小龙”的崛起以及中国东莞制造基地的奇迹无一不是经济全球化和国际贸易推动所结硕果。随着中国装备制造业的发展，中国已经积累了大量的外汇储备和相应的技术准备，加之国际环境的变化，中国迎来了重大的国际投资机遇，而且又将迎来一个自主创新提升的机遇。

从国内环境来看，中国具有承接国际产业转移的吸纳力与优势。在发展中国家，中国是最具承接国际产业转移的吸纳力和优势的。主要体现在：中国有良好的、稳定的社会、政治环境，优良的政策环境使外商在华利益能得到充分保证；有丰富的、素质较高、廉价的人力资源及潜在市场；中国装备制造业的发展已经具备一定规模，能源、通信、交通等基础设施日趋完善，并在承接外包业务方面有很多成功经验。近几年迅猛发展起来的信息技术与装备制造业相融合，将使物质财富的生产方式和产品发生革命性的变化，并推动装备制造业迈入大发展的新阶段。装备制造业的产品吸收、融入信息技术和其他高技术，将提高产品的功能层次、智能化程度，使产品更小、更精、更灵巧，实现软硬设备的提升。装备制造业的生产过程采用信息技术，将使其更加柔性化、智能化，既满足个性化和多样化的要求，又能达到低成本、低消耗的要求。

中国产业结构调整势在必行，各行各业都面临新一轮的技术改造和设备更新，基础设施建设进一步完善，高新技术产业蓬勃发展，都为装备制造业的发展提供了巨大的市场空间。

4. 经济可行性

对于中国装备制造行业自主创新能力提升的经济可行性包括两个方面的内容：一是对于自主创新能力提升过程中所占有和使用经济资源的可能性，进而实现自主创新能力提升目标的可能性；二是在自主创新过程中所需花费的成本和取得的收益。

国家政府和企业的财政资源是有限的，占有和使用的经济资源也是有限的。因此，任何一项公共政策都存在一个争取公共经济资源的问题。一般说来，“公共政策的经济资源的占有量与其政策目标的期望值成正比例关系。”当然，这还涉及成本效益问题。如果某一方案的成本大于收益，显然这项政策是不可行的。当前工业经济延续企稳回暖态势，在基建投资和房地产投资的带动下，市场需求逐步回暖，价格水平有所回升，去库存化过程尚未结束，企业盈利也平稳增长，用工需求保持平稳较快增长。在房地产、农田水利、轨道交通等行业投资加速增长的带动下，装备制造业产销增速回升，多数产品价格底部回暖，利润保持平稳增长，行业景气度温和回升，整体形势大好。可以看出装备制造业投资的极大可能性，同时从自主创新能力提升方面来讲，这种装备制造业经济上的回暖更能激发行业自主创新能力的提升。

在笔者看来，目前正是中国装备制造业进行自主创新提升的最佳时机。首先，现在中国经济总量达到世界第二，无疑这对中国装备制造业自主创新提供了良好的保障。其次，中国这样一个人口众多，其他各种资源丰富的国家，对于装备制造业自主创新所需资源的供应也提供了一定的保障。更重要的是我们需要看到，装备制造业对中国国民经济的重要作用。总之，从经济角度谈自主创新能力的提升是可行的。

10.2　中国装备制造业自主创新能力提升的实现条件

10.2.1　技术性条件

装备制造业是典型的供应商驱动型价值链，其产品的复杂性和加工工艺的复杂性绝非一般产品可以比拟，整机开发周期长，开发成本高，风险也高，多数产品都需要多个关联行业和企业共同配合才能实现其开发过程。尤其是那些技术难度大，界面复杂，含多重子系统的大型成套设备，装备企业的竞争力取决于它的研发能力，制造能力，取决于技术、知识等技术能力。发展中国家的装备制造企业一旦掌握了核心的技术和研发能力，将使其国内价值链整体从低位向高位移动，从研发环节和采购环节讲，发展中国家的装备企业由于掌握了核心的技术，重要部件的生产和核心零部件的采购将摆脱发达国家的制约，使其附加值增加；从生产组装环节来讲，发展中国家掌握了先进的制造设备和制造工艺，必然将会使这一环节的生产率提高，附加值也相应提高；从营销和品牌环节来讲，由于装备行业的核心竞争力是技术，因此技术能力的提升将使产品在国际市场的竞争力得到提高，营销和品牌环节的上移就变的顺理成章。

目前，中国装备制造业仍旧处于工艺装备落后，生产能力落后，设计手段落后的阶段，产品以中低档的趋同产品为主，高新技术产品和重大成套产品的研发制造能力不足，市场占有率低；一些重要产品和核心技术仍需要大量从发达国家引进，自主知识产权少；大量的经费都用于设计图纸和专利的购买商，而用于消化吸收的资金却相对较少，这就使装备制造行业陷入了一种引进—落后—再引—再落后的恶性循环。我们应该清醒地认识到，引进国外先进技术，能从一定程度上带动国内装备制造业的发展，但是如果重引进轻消化，我们的装备制造业将永远受制于发达国家，永远落后于发达国家。应该利用与跨国公司合作的机会，学习他们先进的管理、技术、营销理念，加强自主创新自主研发的能力，不断建立自己的研发团队，改变核心技术为外资垄断的被动局面，使技术创新的步伐与国际接轨，不断增加其价值。

10.2.2 制度性条件

在国内建立一批具备独立研发高技术、高质量配套设备的专业化企业，已经成为发展中国装备制造业必须攻破的一道难题。我们必须将技术开发和生产制造不断分离，将制造加工各工序不断分离，实现各个环节的专业化生产，而配套企业也只有通过不断的细分，才能保证其专业化制造水平，从而保证各个环节企业的创新能力、产品质量以及高性能。同时，我们必须建立一套适合行业发展的标准化体系和规范化的生产体系，使配套体系的各个环节在技术上和质量上保持一致，从而使得最终产品能够适应装备行业新产品开发制造的需要。通过这一整套专业化配套协作体系的建立，我们的装备制造业就不再需要依赖进口，而是从国内就能采购到各类符合其产品开发要求的高技术、高质量、高性能的核心设备，不但节约成本，缩短供货周期，同时也提高了产品总体性能，实现了利润重分配，同时也有助于装备制造业自身创新能力的提升。

一个社会的创新活跃程度、一个行业的自主创新活跃程度都有赖于这个社会对创新的激励与支撑程度。中国政府应不断推动相关体制改革，破除影响自主创新的体制性障碍，加强科技政策、人才政策、分配制度、资本市场运作机制等方面的改革，制定一系列有利于自主创新的地方政策与法规。在鼓励自主创新的同时，为企业创新提供有效的服务，营造安全祥和的生活环境，营造宽容失败的氛围，使企业家及科技人员的创新潜能得到最大限度的发挥。具体的制度包括：①法律保障制度。加强自主创新法制建设，健全知识产权保护体系是维护企业自主创新活动正常秩序，推进创新活动的根本保障。健全的知识产权保护体系不仅是企业自主创新项目所有者权益的保护屏障，也是企业自主创新投资者防范投资风险的重要手段。发展提高企业的自主创新能力，必须在制度安排上建立健全知识产权保护体系，保护自主创新知识产权所有者的合法权益。作为知识产权的制度范围，产权界定是知识产权保护的基本要素。企业的产权制度安排要明确自主创新知识产权的所有者，以鼓励为自主创新能力发展作出贡献的产权所有者；要保护自主创新投入者的利益，将自主创新外部效益内部化；还要加大知识产权的执法力度，来打击侵害知识产权的违法行为，保护自主创新知识产权所有者的合法权益不受侵犯。②财政税收制度。政府通过直接拨款支持企业提高创新能力，是世界各国普遍采用的方法。财政对企业自主创新投入机制管理的不断完善，不断深化改革，强化竞争机制，使用效益提高都能够有力地促使企业自主创新能力的提升。③金融投资制度。在自主创新的金融投资方面，国家出台一些相关政策也是企业自主创新能力形成的有效途径。企业自主创新的金融投资机制还体现在以下三方面：一是国家政策性银行设立专项贷款科目，支持企业重大自主创新成果转化和技术自主创新项目，支持发展高新技术产业；二是通过发展高科技自主创新资本市场来筹集社会资金；三是大力发展技术创新风险投资机构，积极开展风险投资业务，逐步形成投资机构与企业“项目共建、利益共享、风险共担”的风险投资机制。④创新奖励制度。完善自主创新奖励制度，建立适应新时期自主创新工作特点的科技人员业绩考评制度，拓宽奖励渠道，完善自主创新工作激励机制。鼓励科研人员通过开发研究，转让自主创新成果，发展高新技术企业等途径先富起来。

10.2.3　信息化条件

进入 21 世纪，制造业发生了一系列巨大变化，传统装备制造业已变为融入了信息技术和高新技术的现代装备制造业。装备制造业作为一国工业发展的基础，其技术水平和发展速度必须在整个国民经济中保持相对领先，否则极易成为国民经济持续快速健康发展的瓶颈。各种装备产品需要充分吸纳当代先进技术成果，体现精密化、柔性化、智能化、网络化、集成化、数字化与绿色化等发展方向，以满足不断个性化和多样化的市场需求。信息化代表着未来装备制造业发展的方向，今后国际竞争中，一个产业甚至一个企业要想具有国际竞争力，很大程度上取决于信息化，装备制造业将不再仅仅是以资金、技术的积累而循序渐进地发展，而将被直接推向全球竞争的前沿。将信息化技术运用到中国的装备制造业中，实现装备制造业的信息化已经是一件刻不容缓的事。信息技术的融入为中国装备制造业实现跨越式升级提供了契机，它将有可能缩短中国装备制造业赶超发达国家装备制造业的时间。信息技术能推动装备制造业的企业管理的科学化；实现产品的机电一体化；提升生产过程的自动化、柔性化水平；实现企业内部信息的集成和共享；促进企业间信息的沟通和制造资源的优化配置；实现供应链、营销渠道的网络化等。

建立一套能覆盖企业内部管理、研发、制造、客户管理和企业管理活动的信息系统，并形成具有自身特色的决策支持系统，最终与企业网络系统实现无缝集成，真正实现信息化，这也是装备制造企业自主创新能力提高的微观实现条件。

10.3 中国装备制造业自主创新能力提升的实现路径

探索中国装备制造业的自主创新实现路径，对于提高中国装备制造业的自主创新能力，促进中国经济发展具有重要意义。创新是对现状的改革与提升，在自主创新工作中，不仅要搞好技术自主创新，而且要认真进行体制创新、机制创新、经营理念和模式创新、管理思维与方法创新，以促进经济结构调整与增长方式的变化，进而达到创新发展模式的目的。原始创新、集成技术、引进—消化—吸收—再创新等都是自主创新的重要组成部分。中国是最大的发展中国家，中国装备制造业规模水平居世界前列，在研发创新活动方面具备人力资本投入的规模优势，因而应该充分利用知识生产的规模经济性，形成自身的研发比较优势，实现比较优势升级。基于以上分析，中国装备制造业最优自主创新路径应该是积极引进吸收国际先进技术与自主研发进行有效结合，实现自主创新能力最快速的增长，获取可持续性竞争优势和长期价值的最大化。

装备制造企业自主创新能力提升模式可以分为：技术引进—消化吸收—自主创新、技术合作—技术集成—自主创新、自主研制开发—渐进创新—自主创新。上述三类企业自主创新能力提高模式是不能绝对分开的，不同企业存在不同的自主创新模式，就是相同的企业在不同阶段也存在不同的自主创新能力提高模式。企业技术创新的核心问题是自主创新能力的提升问题，企业自主创新能力的形成与发展是与自主创新模式的选择相关的，在自主创新能力的不同发展阶段企业应选择与之相匹配的自主创新模式，我们可以用下面的图 10－1 表示。

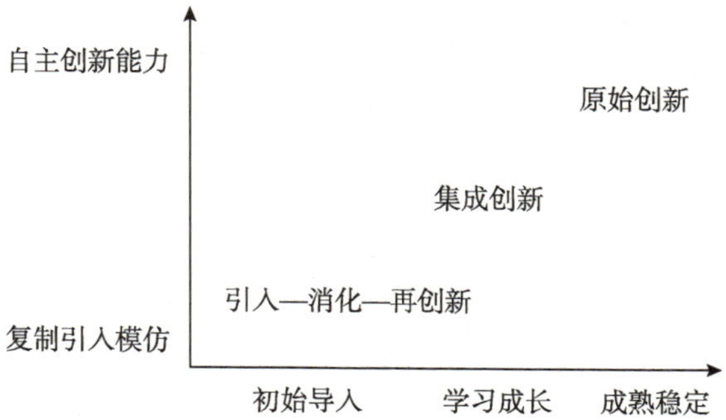

图 10－1　装备制造业不同发展阶段的技术创新模式选择

采取低层次技术引进消化吸收再创新模式，即仅仅运用技术引进改进制造过程的技术创新路径，其特点是自主研发投入少，在低成本优势尚存的初期阶段可能具有较高的经济效益，但是由于未能形成自主研发能力，在低成本优势丧失后，企业几乎不具备生存能力，经济效益趋近于零。采取中高层次消化吸收再创新或者集成创新方式，即不仅将引进技术运用与生产制造过程，而且与自主研发创新相结合，用于提高国内企业的自主研发能力和研究效率，其特点是需要高额的研发投入，短期内可能经济效益较低，但是长期内由于企业积累了自主研发创新能力，获取了可持续性竞争优势，经济效益逐渐增加。运用技术引进改进制造过程是一种比较弱的技术扩散形式，因为并没有获得技术本身而只是获得了技术对于制造过程的效果；一个国家的研究者应该直接从其他国家的研究中受益，运用外国技术提高本国研究者的生产率，只有这样才能获取长期竞争优势，实现长期价值最大化。

中国装备制造业自主创新能力提升路径可以从创新主体、创新途径、创新方式、集群发展等方面进行优化。

1. 建立以装备制造企业为主体、市场为导向、产学研相结合的自主创新体系

在计划经济体制时期，“科研—企业应用—市场实现”这一有机过程被分立的行政力量所隔离。大学和科研院所根据上级安排国家拨款，企业管理生产；相当多的科研成果不能转化为生产力，政府是其投资主体。近年来，“企业为主体、市场为导向、产学研合作”作为创新体系建设的主体，已经获得实质性推进。

确立装备企业在技术创新和研发投入中的主体地位，是提高装备制造业自主创新能力的关键。不断增强企业的研发能力，要让这些企业成为装备制造业的创新主体。目前行业内很多企业也深刻认识到先进科技作为第一生产力的重要先导作用，已经自觉地把加强技术创新能力作为推动企业发展的战略任务，加大科技投入、广揽优秀人才、建立和完善研发机构。企业以其产品和服务迅速进入市场并占有市场，这是敏锐洞察消费者需求以适销产品迅速捕捉市场机会的结果，在此我们认为，只有市场需求导向的创新才能将研发成功转化为现实的利益。创新是企业在市场竞争中的本能反应，任何行业的企业要想立足于竞争的不败之地，就必须根据国内市场和国际市场需求，进行自主创新研发形成竞争优势。中国高校能够将所得的创新结果源源不断地输送给企业，装备制造行业企业要集成各方面力量和分散的科技资源，构建以企业为主体，以市场为导向，以高校和科研机构为两翼，产学研紧密结合的装备制造业自主创新体系。产学研结合是科技成果转化和技术创新的重要手段，只有不断地加强企业与科研机构、大专院校的紧密结合，发挥各自优势，才能有效加快科技成果产业化的步伐，最终提升行业自主创新能力。另外，注重创新资源的整合，采取多种渠道、多种方式，整合同行业企业、研究机构、高校现有的技术资源为装备制造业所用，有效开展集成创新，创造更多的价值。

2. 在创新途径上，正确处理技术引进与自主创新的关系

中国装备制造业大多走的是一条技术引进之路，存在较严重的重技术引进、轻消化吸收，重硬件、轻软件和重引资、轻技术的“三重三轻”现象，形成了对国外技术的依赖性，而这种技术上的依赖性比资金上的依赖性更为可怕，它会带来产业“空心化”的严重后果。因此，我们要汲取一些发展中国家的经验教训，正确处理好技术引进与自主创新的关系，通过引进—消化—吸收—改进到创新建立有效的消化吸收和再创新机制，使技术引进成为提升自主创新能力的有效途径，以逐步缩小中国装备技术水平与发达国家的差距，实现后来居上和跨越式发展。

一要借鉴日本和韩国的成功经验，把技术引进与自主创新结合起来，实现从进口设备为主转向购买设计制造技术为主，从较低层次的跟踪模仿转向对引进技术的消化吸收再创新。

二要多渠道筹措资金，并将资金“大头”投向对引进技术和装备的消化吸收和再创新环节上。

三要加强宏观调控和管理，防止和杜绝低水平重复引进，特别是对于大型

成套设备和生产线的盲目进口。

四要针对一些重要装备与关键技术的引进，建立消化吸收与再创新的产学研联动机制，形成从技术引进、消化吸收到自主开发及市场运作相互衔接的有机链条。

五要调整外资引进方式。要改变“以市场换资金”“以市场换技术”和片面追求政绩工程的短视行为，对新进入的外资进行必要的甄别和筛选，尽量引进那些能够带来先进设计制造技术和管理经验的资本，并鼓励合资企业在中国设立研发机构，以充分发挥外资企业的“技术溢出”效应。

通过对引进技术的投入进行消化吸收，实现对引进技术的再创新是装备制造业自主创新能力提升的一条有效途径，能够根据实际情况节约成本，缩短时间从而取得成效。技术引进是基础，消化吸收是手段，再创新和自主创新才是目的。同时，我们要认识到这种自主创新能力提升路径也确实存在着一定的问题，混合型技术创新模式是带有急功近利性质的，当引入技术吸收进行再创新的企业发展到一定水平，或者与竞争企业并驾齐驱时，如果其科技理论水平和基础应用研究却处于劣势，仍然试图以上述技术创新模式支撑企业的发展，就变得不现实了。

3. 在创新方式上，高度重视共性技术、关键技术的创新以及集成创新模式

由于原创科技创新能力以及技术集成创新能力不足，导致中国装备制造业难以形成核心竞争力。而基础性研究和共性技术开发薄弱，也影响了行业整体技术水平的提高。在装备制造业的自主创新能力提升的路径选择上，我们应该依托科技进步使关键共性技术取得突破。关键、共性技术的重大突破，能打破一些重点领域制约行业发展的瓶颈，从而加快中国装备制造业的发展。另外装备制造行业组织重大关键共性技术开发，通过促进结构调整，达到自主能力的提升。

对于发展中国家而言，原创性技术创新固然重要，但面向市场需求的系统集成创新同样也该放在重要的位置。集成创新是一种风险小、成本低、周期短，但具有重大商业价值的创新方式，它同样可以成为实现技术跨越的突破口。这种相关技术有机融合的集成化方式，有助于实现重要产业关键技术的突破和创新，有助于开发具有自主知识产权的产品，更有助于培育具有核心技术的产业，从而提高国家经济的核心竞争力。

装备制造业自主创新能力的提高必须建立在扎实的产业共性基础技术之

上。产业共性基础技术和基础零部件产业的发展滞后已严重制约了装备制造业的自主创新。装备制造业共性技术、基础技术特别是原创性技术是提高产业整体创新能力和竞争力的基础。装备制造业的共性技术、基础技术涉及产品设计数据、设计方法、技术标准、材料应用、制造工艺、自动化技术、测试技术、制造模式和管理技术等方面，具有公共产品的属性，应属于“稳住一头”的范围。针对中国产业共性技术研究队伍日益萎缩的状况，国家要加大对其的扶持力度，国家自然科学基金、国家高技术发展计划、科技攻关计划、重大装备国产化计划等应优先支持装备制造业共性技术研究，集中力量解决一批行业和企业面临的共性技术、基础技术难题，增强装备制造业的发展后劲。

大量历史事实证明，关键、核心技术的突破往往会导致制造技术和制造业的重大进步，带动相关产业技术群的形成和产业的技术升级，甚至会引发一场产业革命。只有大力发展先进制造技术，突破制约装备制造业发展的关键技术瓶颈，才能摆脱对国外技术的高度依赖性，走出在全球价值链低端徘徊不前的困境，进而获得真正的竞争优势。为此，要坚持“有所为，有所不为”的原则，以重大建设为主，围绕重点行业、重点领域，如环保设备、大型石化、冶金、建材、医疗设备，大型成套动力设备，先进适用运输装备，高档数控机床，集成电路制造设备，航空、航天、国防军工设备和高精尖科研仪器设备等的研制和关键零部件的开发，集中力量和资金，攻克一批事关国家竞争力的装备制造业关键、核心技术，使制造业技术水平进入世界先进行列，并形成一批国际竞争力强的优势产业和品牌产品。

在当今科技发展既高度分化又高度综合的时代，产业技术往往呈现出产业链与技术链的特征，相关技术的集成创新的效益及其所带来竞争优势往往大大超过单项技术的突破，并且集成创新还具有投入少、风险小、周期短的特点。装备制造业研制成功的产品大都是集成创新的产物，如大型成套设备就是将众多的单机、配套产品和零部件，通过系统设计，集成为实现某一整体功能的大系统。装备产业的发展也需要研发、设计、材料、加工制造、零配件等方面的综合配套和多部门的协同攻关，特别是那些技术难度大、成套性强，需要跨行业配套制造的重大技术装备的自主研制，更需要多领域的集成创新和技术链的整体突破。因此，必须将面向市场的系统集成创新作为装备制造业实现技术跨越的突破口。一方面，要以重大装备研制和行业共性、关键技术研发为中心，组织研发机构、设计部门、装备制造部门、核心零部件配套部门以及装备应用单位等各方面的力量，实现单元技术、关键技术的集成和整机生产制造的突破；另一方面，我们也要善于积极利用国外特别是发达国家现有成熟技术和资源进行自主集成创新和系统开发，形成具有自主知识产权的创新成果和集成技术，开拓新的市场空间。

4. 发展具有技术优势的产业集群，促进中国装备制造业成长

产业集群是指在特定区域中，具有竞争与合作关系，且在地理上集中，有交互关联性的企业、专业化供应商、服务供应商、金融机构、相关产业的厂商及其他相关机构等组成的群体。不同产业集群的纵深程度和复杂性相异，代表着介于市场和等级制之间的一种新的空间经济组织形式。

国内外有很多发展产业集群的成功经验，产业集群的发展模式也有很多类型。归纳起来，主要有以下几种：一是独立设立劳动密集型（市场型）产业集群。这是指在传统的手工业背景或劳动密集型工业为主的中小企业集聚而成的产业集群，集群内的企业具有一定的独立设计能力、企业之间的关系以平等市场交易为主，各生产企业以水平联系来完成产品的生产。这些中小企业有能力进行产品或生产过程的设计，它们或许不生产自己的品牌，但也不依附于装配商或零售商的设施。这类产业集群的典型例子为意大利的佩扎罗，中国浙江的义乌小商品等；二是独立设计型产业集群。这是指大企业为适应市场和技术的快速变化而实行弹性精专的生产经营模式，自己只从事具有优势的核心技术开发（或制造）、产品设计和营销等方面的业务，把不具成本优势的生产环节包给中小企业进行生产。如美国的通用、福特汽车公司，韩国金星彩电公司等属于此类；三是独立设计智力密集型（高科技型）产业集群。这是指主要依托当地的科研力量以及企业相互之间的密切合作，区域内有非常强烈的创新氛围。如美国的硅谷、台湾新竹科技园区、印度的班加罗尔、中国北京中关村属于此类。

经济学家克鲁格曼指出区域性集群结构能够更好地实现劳动力市场的共享，更好地利用区域资源，更好地促进区域知识的凝结和技术的外溢。这种优势可以使装备制造业在专业化细化分工体系中，逐步扩大经营规模。从这方面考虑的话，要使中国装备制造业自主创新能力进一步提升，除了依靠拥有自主创新能力的大型企业外，还要借助相关中小型企业、科研院所在内的多种力量。这样既能从自身发展能力上寻求突破，也可以从产业联系、区域经济环境的角度寻求行业联合，最大限度地提升我们装备制造业的自主创新能力。中国装备制造业未来适合的产业集群模式应选择独立设计型产业集群模式，具体来说，是以现有的大企业为基础，重点发展依托大企业的产业集群，也就是以大

企业为核心，众多小企业为其配套外包的产业集群。

中国装备制造业产业集群发展潜力很大，以大连为核心的辽宁沿海经济带正在迅速崛起，以沈西工业走廊为核心的腹地正在加速转型，哈大齐工业走廊区域内也形成了一批具有竞争优势和特色的装备制造业。借鉴东北装备制造业的产业集群升级路径，中国装备制造业应该加大自身研发投入，充分发挥自身在知识生产方面的规模经济优势，努力进行自主研发与充分利用国际技术扩散相结合，促进自身技术能力快速提升，逆转研发比较劣势为研发比较优势，实现产业竞争力显著提升。

10.4 案例分析：三一重工自主创新路径、模式及经验措施

三一重工是一家从事工程机械的研发、制造、销售的上市公司，主导产品包括混凝土输送泵、混凝土输送泵车、混凝土搅拌站等全系列混凝土产品。2012 年 8 月 13 日，财富中文网正式发布“2012 年最具创新力的中国公司”排行榜，三一重工排名第三，成为国内工程机械行业排名最高的公司。2012 年 1 月 18 日，在北京人民大会堂召开国家科学技术奖励大会上，三一重工“混凝土泵车超长臂架技术及应用”荣获 2012 年度国家技术发明奖二等奖，是迄今为止工程机械行业获得的国家级科技发明奖项的最高级别荣誉。2012 年 7 月 6 日，全国科技创新大会在北京召开，三一重工作为企业代表，和国家发改委、科技部、财政部、北京市委市政府等其他 8 家单位一起在大会上作典型发言，介绍企业创新经验，充分表明公司的科技创新能力获得了国家的高度认可。

1. 公司简介

三一重工是一家以工程机械产品及其配件的开发与生产为主营业务的民营上市公司，主要从事工程机械的研发、制造、销售，产品包括建筑机械、筑路机械、起重机械等 25 大类 120 多个品种，拥有 300 多项国家专利、50 多项主要核心技术并获得了国家科技进步二等奖，被认定为中国驰名商标，入选中国名牌。

三一重工业集团有限公司成立于 1994 年 11 月 22 日，其前身是由梁稳根、唐修国、毛中吾和袁金华等四人于 1989 年 6 月筹资创立的湖南省涟源市焊接材料厂。二十多年来，三一集团秉持“创建一流企业，造就一流人才，做出一流贡献”的企业宗旨，打造了业内知名的“三一”品牌。2007 年，三一集

团实现销售收入 135 亿元、利润 40 亿元，成为建国以来湖南省首家销售过百亿的民营企业。2012 年，三一重机实现销售收入约 468.3 亿元、利润 56.9 亿元。

1991 年 9 月，湖南省涟源市焊接材料厂更名为湖南省三一集团有限公司。

1994 年 11 月，湖南省三一集团有限公司召开董事会，梁稳根、唐修国、向文波、毛中吾、袁金华、周福贵、翟登科、王佐春等 8 名董事出席了会议，会议作出企业分立决议：将湖南省三一集团有限公司分立为湖南三一重工业集团有限公司和湖南三一（集团）材料工业有限公司，并明确了产权分配以及债权债务处置方案："将湖南省三一集团有限公司分立为有限公司和三一材料公司两个具有法人资格、独立承担民事责任，责、权、利相对独立、平等的紧密型企业"。

1995 年 1 月，湖南三一重工业集团有限公司经国家工商行政管理局核准，更名为三一重工业集团有限公司。

2000 年 12 月，经湖南省人民政府湘政函［2000］209 号文批准，有限公司整体变更为三一重工股份有限公司。

2003 年 7 月 3 日，三一重工在上海证券交易所成功上市，股票代码为 600031。

2003 年 7 月 30 日，三一重机有限公司成立，下辖挖掘机事业部、桩工机械事业部、新材料事业部。

2004 年 1 月 13 日，三一重型装备有限公司成立，三一正式进入煤炭机械制造领域。

2004 年 3 月 1 日，三一控股有限公司更名为三一集团有限公司。

2005 年 6 月 10 日，三一重工股权分置改革试点成功，为中国股权分置改革成功地打响了第一枪。

2008 年 6 月 17 日，是"中国股改第一股"三一重工 5.6 亿股全面解禁、中国股市正式步入全流通时代的第一天。为了中国股市的稳定与健康发展，三一发布了"解禁股"继续锁定两年、股价低于 55.76 元不减持的公告。

2007—2010 年，公司先后收购北京三一重机、三一重机、三一汽车和湖南汽车，公司的产品组合扩大至混凝土机械、挖掘机械、汽车起重机械、履带起重机械、桩工机械、路面机械。2012 年 1 月，三一重工与世界混凝土巨头德国普茨迈斯特（Putzmeister）在德国宣布，两家公司已达成正式协议，将在通过监管部门审核之后正式完成合并。

目前三一重工是全球工程机械制造商50强、全球最大的混凝土机械制造商、中国企业500强、工程机械行业综合效益和竞争力最强企业、福布斯“中国顶尖企业”、中国最具成长力自主品牌、中国最具竞争力品牌、中国工程机械行业标志性品牌、亚洲品牌500强。

2. 三一重工的自主创新能力提升路径

2013年4月，国际权威媒体*International Construction*（《国际建设》杂志）发布全球工程机械行业排名，三一重工蝉联中国工程机械企业第一，全球排名由第六位上升至第五位，行业竞争地位进一步提升。2012年9月，根据世界品牌实验室和世界经理人集团共同编制和发布的2012年《亚洲品牌500强》排行榜，三一重工位居第36位，较2011年上升12位，名列中国工程机械行业第一，并被评为“亚洲十大最具影响力品牌”。截止2012年底，三一重工已累计申请专利4528项，授权2428项，申请及授权量居中国工程机械行业第一。

三一重工主要从事工程机械的研发、制造、销售，产品包括建筑机械、筑路机械、起重机械等25大类120多个品种，主导产品有液压砖机、制砖机、免烧砖机设备；混凝土输送泵、混凝土输送泵车、混凝土搅拌站、沥青搅拌站、压路机、摊铺机、平地机、履带起重机、汽车起重机、港口机械等。三一混凝土输送机械、履带起重机械、旋挖钻机已成为国内第一品牌，混凝土输送泵车、混凝土输送泵和全液压压路机市场占有率居国内首位，泵车产量居世界首位，是全球最大的长臂架、大排量泵车制造企业。三一秉承“品质改变世界”经营理念，将销售收入的5%～7%用于研发。拥有国家级技术开发中心和博士后流动工作站，拥有授权有效专利536项和近百项核心技术。荣获国家科技进步二等奖，被认定为中国驰名商标、全国“免检产品”、中国名牌产品、中国工程机械行业标志性品牌。

1994年，三一重工第一台大排量、高压力混凝土拖泵研制成功，此后全面替代进口。

1998年，三一重工成功研制出37米泵车，中国终于有了自己的长臂泵车。

2000年，三一重工全液压平地机下线，属世界首创，代表了平地机未来发展方向。

2002年，三一重工在香港国际金融中心创下单泵垂直泵送混凝土406米的世界纪录。

2003 年，三一重工黑色路面成套机械全面进入市场，开创了中国路面施工的新工艺。

2004 年，三级配混凝土输送泵在三一重工研制成功，破解了三级配混凝土不能泵送的世界难题。三一重工自行研制出中国最大的 60 吨水平定向钻。

2005 年，拥有四个“中国独创”的三一重工路面铣刨机问世。RSC45 - 5M 集装箱正面吊达到中国先进水平，三一集团成功进入港口机械产品领域。

2006 年，获得国家科学技术进步二等奖，申请专利 130 件；66 米世界最长臂架泵车成功下线；400 吨履带起重机的成功研制和下线，结束了中国在大型履带起重机方面长期依赖国外品牌的历史；产品智能化水平提高：GPS、SYMC、智能臂架等，泵车臂架减振技术获得突破；世界首台高效无泡型沥青砂浆车、水工型 HZS180 搅拌站、国内首台胎带机成功下线，技术水平与性能指标接近或达到了国际领先水平。

2007 年，开发的全新产品有水泥砂浆车、入岩钻机、反循环钻机、潜孔钻机、水平旋喷钻机等。新开发了泵车臂架减振技术、泵车防倾翻技术、泵车 X 型支腿结构、节能技术四项核心技术；三一自主研发的高技术含量的 SYMC 控制器、GPS 终端、力矩限制器等已经批量使用；PDM/CAX 等信息化技术为公司提供了先进的设计开发平台，实现了数据流程的集中管控，研发能力得到大幅提升。三一重工微泡沥青水泥砂浆车亮相京津高铁，结束了中国高铁施工中沥青砂浆灌注使用外国设备的历史，打破了德国博格公司独家拥有该项技术的格局。由三一重工自主研制的 66 米臂架泵车获得吉尼斯世界记录证书，标志着中国的混凝土泵送技术由世界的跟随者成为领跑者。

2008 年，公司研发变革全面启动，科研成果突出。开发的新产品有：世界最长臂架 72 米泵车；亚洲最大吨位 SCC10000 履带起重机；世界首创 PQ160C 全液压平地机；亚洲首台大吨位 SR360 全液压旋挖钻机（最大成孔直径达 2.5 米，最大成孔深度达 92 米）；推出新一代 X 支腿系列泵车，该系列泵车拥有 7 项全新技术；SY9300TSJ500 沥青水泥砂浆半挂车荣获 2008 年长沙市科技进步一等奖。亚洲最大吨位全液压旋挖钻机在北京三一重机下线。亚洲首台 1000 吨履带起重机在三一重工研制成功。

2009 年，三一重机自主研发出中国第一台混合动力挖掘机。在刚刚落成的全球最大工程机械总装厂房，由三一重工自主研制的 86 米泵车成功下线，再次刷新其在 2009 年创造的 72 米世界最长臂架泵车的世界纪录，这标志着三一重工牢牢掌握了世界混凝土泵车的最尖端技术，站在世界泵车设计和制造领域的最前沿，引领了行业的技术发展。

2010 年 5 月 18 日，被业界誉为“全球第一吊”的 SCC86000TM（3600 吨）履带起重机成功下线，标志着中国履带起重机已屹立于世界之巅。12 月 11 日，公司 86 米世界最长臂架泵车继 9 月 19 日下线后，又正式通过吉尼斯世界纪录认证，标志着公司稳稳站在世界泵车设计和制造领域的最前沿。

2011 年，除世界之最的 86 米泵车和 3600 吨履带起重机外，第五代 E 系列泵车、C3 系列小挖、C9 系列中挖、SAC3500 起重机、SR460 旋挖钻等一批标志性产品也实现批量销售或生产下线，持续保持行业领先地位。发明专利“用于抑制混凝土泵车臂架震动的方法和装置”获“第十三届中国专利金奖”。

2012 年，三一重工混凝土机械下线主机新产品 7 款、研发新技术 8 项；挖掘机械下线主机新产品 3 款、部件新产品 2 款，研发新技术 4 项；起重机械下线主机新产品 2 款，研发新技术 5 项；桩工机械下线主机新产品 2 款，部件新产品 3 款，研发新技术 1 项；共申请专利 1553 项，授权 1484 项。

3. 三一重工的自主创新模式

三一创业之初就身处重重包围之中，要想破茧而出必须放手一搏，尤其在技术创新上，有自己的大气魄。它从零开始，设计替代进口的关键元器件，行业内的许多耀眼纪录都由它创造。三一重工总裁向文波说起三一重工创业初期的往事，感慨万端：“三一重工是被逼出来的。如果说，我们取得了某种意义上的成功，那是因为我们坚持了自主创新。”三一刚进入重工这个行业的时候，引进、消化、吸收、国产化是国内企业普遍的思路。三一的老板梁稳根曾出去“周游列国”，希望能和国际巨头谈技术引进，结果碰了一鼻子灰，人家根本不理你。无奈中，只有坚持以自己研究为主，结果反而大获成功，现在不受制于任何人。对于技术创新，向文波认为引进、消化、吸收、国产化的思路是错误的：“不是说世界是平的吗？把引进的技术建立在不完善的工业基础之上，即便引进的技术是先进的，生产出的产品仍然是落后的。”在自主创新模式选择策略上，三一重工围绕客户需求，进行新产品设计，以满足客户需求为中心，分析市场，在产品技术和工艺上进行改进，制定适宜的自主创新模式。

（1）差异型产品创新模式。

三一重工针对国内外市场的不同市场划分，将不同市场所需产品进行自主创新分类，围绕提高产品性能、降低生产成本、形成特色产品等方面进行展开，不断提高产品性能形成多样化特色产品生产体系，迅速开发出各种型号的新产品。这一创新模式可以在技术创新度较低时，由产品不同的创意赢得市场的青睐。

（2）组合型产品创新模式。

考虑到不同的技术组合可以创造不同的创意产品，因此可以运用技术组合提高三一重工的产品研发能力，从而提高市场竞争力。三一重工为了实现市场目标，不须改变其他方面而着重提高技术开发组织管理水平，研发人员和营销管理人员通过不同的技术创意可以创造出不同的新产品，形成新的产品线，不断提高市场竞争力。

（3）技术型产品创新模式。

三一重工采用技术型产品创新，主要围绕解决产品市场上存在的产品需求进行的新技术、新原理的应用，与世界先进企业的产品或成本优势企业比较，并引进新技术或新装置来改进其产品的生产装置，建立研发小组重点分析产品性能和技术问题，针对技术产品装置进行模块设计，同时到目标市场上针对特定顾客进行调查和分析，确定新产品的规范及技术。

（4）复合型产品创新模式。

三一重工针对部分产品采用这一模式，要求企业在技术与市场两个方面综合考虑，进行综合创新。考虑到研发人员和顾客对新产品的了解不足，建立研发人员和消费人员联系的纽带，让研发者引导消费者，消费者充分了解新产品。由于各国地形复杂和环境差异，机械产品需要也复杂多元化，三一重工立足特色产品，对复杂产品的性能进行研发，在技术和市场形成统一的创新性，从而在国际市场上形成良好的口碑。

4. 三一重工自主创新能力提升的经验措施

三一重工通过加大对技术研发平台的建设，走出了一条民营工程机械制造企业技术研发的跨越之路。三一的研发速度是国内工程机械行业中的翘楚，只要是看准了的技术趋势和新项目，一定会想方设法跳上快车，从立项、研发到试验、量产，速度常以秒计算。它虽然发展模式靠自主投资而非收购兼并，但成长速度之快毫不逊于后者。三一重工着眼于国际最前沿的技术以及最尖端产品的研发，引领行业的发展，增强自身的市场竞争力。三一重工在强大的技术力量的带动下，不仅实现了产品的多样化，实现了占据市场高份额的目的，还进一步提升了企业的国际竞争力。

（1）建设强大的科研力量。

三一重工研究院被认定为国家级企业技术中心，并经国家人事部批准，建立了博士后流动工作站，全院共有各类专业技术人员 313 人，其中大学本科、硕士和博士 272 人，拥有高级职称的人员 58 人、中级职称人员 163 人。在上海、北京、西安等地建立研究院，大力引进成熟技术人才，构建和保持公司智力资本优势，确保公司产品的技术领先地位。在技术体系的建立和优化方面，三一重工自创业以来，建立了具备自主开发能力的机、电、液核心技术，培养了一支 300 多名工程技术专家组成的企业研究开发队伍，引进了一批以液压技术专家易小刚、路面机械专家李冰等为代表的技术带头人，最大限度地将企业优势资源集中于研发环境的改善之中。研发队伍拥有全公司最为优越的工作条件，全体人员以应用计算机三维设计为基本工作手段，运用计算机完成运动仿真模拟、结构分析、设计计算、图样绘制、产品数据管理等多项工作。2010 年中国企业 500 强的统计数据显示，中国制造业企业研发投入只占其销售收入的 1.95%。研发投入的严重不足也成为制约中国工程机械产业造就强势品牌的一大关键。公司技术开发费用近 7 年来，每年平均增加科研经费超过 1000 万元，三一重工每年将销售收入的 5% 到 7% 投入研发，这是中国同行业平均水准的 3～5 倍。雄厚的科研经费投入，为公司自主创新提供了保障。

2006 年，三一投资 3600 万元，建成了占地 17000 平方米、目前中国工程机械产业面积最大、设施最先进的研发大楼。它的建成，是三一加大研发投入，致力于自主创新发展，引领行业技术进步的又一体现。目前，三一在长沙、昆山建造了两大制造中心，在长沙建立中央研究院，在人才密集的上海、北京、沈阳等地设立研究院，就近指导产业园区的生产制造，围绕核心产业进行适当地延伸，共享三一集团研发创新的最新成果。三一敢于投入、敢于创新，并始终将研发创新能力作为一项核心竞争力来培植，终于使之能够在工程机械这一典型的传统产业获得成功。其次，招贤纳士。对于决定企业生存和发展的重要资源，梁稳根提出，人是企业中唯一创造可持续竞争优势的资源：谁拥有高素质的人才，谁就能在国际和国内竞争中获胜。正是基于这一观点，三一重工招揽了大批人才。于今，三一麾下已经汇聚了一大批工程机械产业精英，并建立了博士后科研工作站。经过 12 年的努力，三一重工已成为国家重点高新技术企业，三一重工研究院被认定为国家级技术开发中心。随着公司的发展，三一重工在人才招聘中，研发技术人员的职位需求总是最大的，占职位需求总人数的 40%。

（2）开展广泛的技术交流与合作。

三一重工非常重视组织和运用国内外的技术和智力资源，开展广泛的技术交流与合作，开展中国工程机械、建筑机械的研究。在国内，公司与交通科学研究院、清华大学、浙江大学、同济大学、长安大学、国防科技大学、中南大学、湖南大学、北京自动化研究所等高等院校和科研院所建立了长期稳定的合作关系，充分利用科研院所的人才、科研手段等优势，使公司的研发能力得到了补充和延伸。在国际合作方面，三一重工在美国乔治亚洲、巴西圣保罗、德国北威州以及印度马哈拉斯特拉邦等地区投入大笔资金成立了研发中心，通过数字化管理，实现了国内和国际研发中心数据的实时传输和共享。公司还在工业最发达的国家——美国、德国建立了办事处和工程师办公室，以及时获得当代最先进的技术成果。公司已与世界500强之一的美国迪尔公司签订合作协议，在工程机械研究方面开展长期合作。

为了提高企业核心竞争力，实现公司的跨跃式发展，保持行业领先地位，2002年度，三一重工投入产学研项目经费达1400多万元，占到全部项目经费的16%。公司在上海、北京、深圳设立了研究分院，招揽人才，发挥各地优势。在美国、德国、日本设立了工程师办公室，使公司能及时了解世界前沿技术，这是保证公司行业技术领先不可缺少的条件。

（3）创建强有力的创新机制和绩效考核体系。

为加大公司的技术创新能力，达到提高产品质量和技术水平的目的，公司成立了技术创新领导小组，设置了技术创新管理委员会和工作小组，全面负责公司技术创新的领导和日常管理工作。为使技术创新工作制度化、程序化，公司制定了专业技术创新管理办法、非专业技术创新管理办法和项目承包管理规定等制度，通过采取每年召开两次技术创新大会，对有突出贡献的科技人员予以重奖等举措，在公司内部营造了一种技术创新的良好氛围，极大地激发了广大员工创新的热情和创造力；同时在研究院内部全面推行新产品研发项目经理负责制，对研发人员的工作进行量化和绩效考核，充分调动全体研发人员工作积极性，提升了研发人员的技术水平和研发能力，缩短了新产品的研发周期，提高了新产品的研发质量。

三一在提高员工平均福利的同时，更注重绩效激励。为了更快出成果、出大成果，在加大科研投入的同时，三一还实施股权和期权的研发项目激励措施，加大对研发技术人员的激励，极大地调动了研发技术人员的积极性。近年，先后有30多位研发项目带头人获赠公司股票。高科研投入、高人才凝聚以及有效激励机制的实施使得三一走出了一条极具特色的自主创新之路。与此同时，三一重工董事长梁稳根还认为，为了保证自主创新的有效性，三一还必须进行管理的创新，以信息化来提升传统产业；必须进行营销的创新，以确保国际国内市场的增长；更重要的是，还必须进行文化的创新，才能打造出一个基业长青的百年老店，促进企业健康、持续、快速地发展。

（4）科学完善研发组织管理体系。

三一重工建立自主创新领导小组，运用科学规范化管理研发部门，将新产品研发以项目的形式和项目管理方式结合起来，建立研发效率和质量考核机制，定期考核比较，进行时间、费用和人力的预算，实施风险预测和及时跟踪机制，降低风险和提高效率并重。根据客户需求、业务部市场调研结果或技术提高的需要，进行产品开发工作，根据制程中的效率和品质需要，进行产品改制及技术服务工作，并负责整理分发和控制技术资料，保持技术资料在各个职能部门均为最新有效。研发部的职能从现有反应型转变为创新性研发，明确组织机构设置，设立专门进行人才培养的培训机构，这一专业培训机构的职责包括人员轮岗、招聘试用、全方位考核等。

为保证三一重工战略目标实现，规划技术创新体系，促进技术创新工作，公司建立了较完善的技术创新体系，设置了专门的技术创新工作机构。三一重工由公司总经理担任技术创新管理委员会主任，公司各部门主管领导为技术创新管理委员会成员，这表明公司领导对创新工作的高度重视，保证了创新活动的广泛深入开展及创新项目的顺利实施。在制度创新方面，公司制订了一系列的技术创新管理制度，如《（非）专业技术创新管理办法》《信息反馈管理办法》《研发项目承包管理办法》《两化项目管理办法》和《知识产权（专利）管理规定》等，在公司内部网上建立了技术创新信息计算机管理系统，对创新工作进行规范化管理。根据制度运行情况，在2002年度公司研究院学习国内外先进企业管理经验，综合公司的实际情况，对这些制度进行了改善和提高。将《研发项目承包管理办法》和《两化项目管理办法》合并为《研发项目承包管理办法》，引入“一票否决制”和“最高评级制”，制订了《技术创新管理和激励办法》及《三一重工知识产权（专利）管理规定》，完善了技术创新组织管理体系。

（5）完善研发人员的招聘和人才培养体系。

人才是企业发展的根本。三一重工自从创建以来，一直重视对人才的引进与培养。高薪聘请，发挥所长，使其依托三一，成就自我。2002年，研究院共引进技术人员88人，其中博士3人（博士后2人），硕士4人，具有高级职称者15人，完成了标志性人才引进任务。2002年10月28日，三一重工博士后工作站正式挂牌成立。目前在站博士后研究人员2人，已正式投入课题研究

（“863”项目）。公司有专门的培训室，配备有专职培训讲师，负责所有产品培训教材的编写和培训授课；与高校合作，成立了清华班，学习先进的课程理论知识，有16名工程师参加了全国统考；公司还经常委派研发人员出国考查，进行技术交流，这从侧面说明了三一重工对科技人才培养的重视。对国内外成功企业的文化建设进行调研和认真分析，尤其在增加员工的凝聚力和亲和力方面做了大量的工作，高薪、灵活先进的用人机制、先进的研发条件使员工能和企业达成共识，有共同的愿望，有归属感，能自觉诚心为公司工作，以形成中国工程机械的“三一人才高地”。

（6）加强知识产权保护体系的建设

为了保障三一重工新产品开发能力的提升，促进企业研发能力长期进行，加强知识产权保护体系的建设显得尤为重要。三一重工拥有主导产品关键技术的知识产权，分别在产品开发立项阶段，充分检索国内外知识产权情况，做到知己知彼；在产品设计阶段，对技术创新成果及时申请专利，如泵车、拖泵、压路机、摊铺机、平地机等产品共申请了108项专利，其中一种静液压平地机的发明专利技术处于世界领先水平。在主导产品的研发过程中，研究院利用自身雄厚的技术实力，以自主开发为主，充分利用国内外资源，勇于创新，经过无数次实验，研制出了具备国内领先水平的三一产品。所有自主知识产权的获取来源于公司建立了一套完整的自主知识产权工作体系：第一，公司领导有极强的知识产权保护意识，为知识产权工作指明了方向：建立了知识产权领导班子，明确了主管知识产权的公司领导，在研究院设立了知识产权办公室；研究院各研究所及质保部、制造部、营销公司等部门设立了知识产权联络员，形成一套知识产权工作班子。第二，制订了《知识产权管理规定》。该制度规范了公司专利的申报程序及其他知识产权工作，把专利工作纳入技术创新的全过程；非常重视专利信息的应用，密切关注竞争对手的动向，采取相应的战略和对策，赢得市场竞争的有利地位；建立了知识产权奖励基金，制定激励措施，对专利申请的发明人实施奖励，对在专利实施过程中做出贡献的人给予重奖；鼓励技术创新，开发拥有自主知识产权的核心技术，利用知识产权制度推动技术创新，加快了产品开发的速度，提高了产品的质量，加速了公司的发展。公司对每个产品除了有原创性核心技术专利外，还从不同方面申请专利对产品实施知识产权保护，形成了严密的自主知识产权保护体系。正是因为重视对知识产权的利用和保护，三一重工股份有限公司2002年被国家知识产权局评为“全国专利工作先进单位”，每年有多项专利获湖南省专利实施奖，越来越多的自主知识产权为公司长远发展保驾护航，也增强了企业核心竞争力。

10.5 本章小结

本章主要从市场、资源、环境和经济方面分析了中国装备制造业自主创新能力提升的可行性，详细提出了中国装备制造业自主创新能力提升的实现条件，包括技术性条件、制度性条件和信息化条件。经过对原始创新、集成创新和引进再创新等模式的对比分析，结合中国装备制造业自主创新当前所处水平和现状特点，提出了一条最优路径，即吸收国际技术扩散和自主研发有效结合的路径，然后就最优路径的优化从多方面提出了提升的方法和途径，包括建立自主创新体系、如何处理自主创新和技术引进的关系、采取怎样的集成创新模式和发展具有技术优势的产业集群。然后，以三一重工为例，研究了该公司的自主创新路径、模式及经验措施。

第 11 章　中国装备制造业自主创新能力提升的对策建议

在当今世界，国际竞争的关键是科学技术的竞争，而加快科学技术发展关键在于自主创新。装备制造业是中国国民经济发展的支柱产业，是为国民经济和国防建设提供技术装备的基础性、战略性产业，其发展水平体现了一个国家的工业化水平、科技创新能力和综合国力，决定着国民经济其他产业竞争力的强弱及运行的质量和效益。装备制造业的快速、健康发展，对增强企业整体竞争实力和发展后劲，对促进国家和地区经济发展水平的提升，具有深远的影响。本章将具体从政府宏观层面、行业层面和企业层面三个方面提出提高中国装备制造业自主创新能力的对策建议。

11.1　政府宏观层面的对策

提高和增强中国装备制造业企业的自主创新能力，离不开政府的作用。胡锦涛主席在十七大报告中已指明了方向："要大力推进经济结构战略性调整，更加注重提高自主创新能力……加快建设国家创新体系，支持基础研究、前沿技术研究、社会公益性技术研究。"提高中国装备制造业自主创新能力，政府工作的定位在以下几点。

11.1.1　制定完善相关政策法规

装备制造业是战略性产业，要实现在本世纪头 20 年振兴中国装备制造业的宏伟目标，提高中国装备制造业在国际市场上的竞争力，必须加快制定和落实支持中国装备制造业自主创新发展的政策法规，提供良好的宏观环境。

1. 完善促进装备制造业自主创新的税收优惠政策

税收优惠也是世界各国普遍采用的推动技术创新的手段，其做法是给新产品和研发活动以税收优惠待遇，包括调整税率和免税等。美国的法律允许在特定的领域更快地提高资本设备折旧率，这对设备投资强度大的产业的创新有很大的推动力，而对一些设备投资较少的行业影响较小。法国为鼓励创新，进一步改善税收优惠措施，如对于研究人员拿公共科研成果创建的企业，允许创建时间15年以内的企业，包括从原有公司派生出来的企业按事先确定的价格，以“企业创建者股份登记凭单”入股的形式吸引人才，将来他们转让这些凭单时，盈利部分应按税法征收16%的增值税；如果持股人在公司工作不足3年，增值税应按30%征收。同时法国政府的科研税收信贷政策已实行多年，对企业增加科研投入起到了关键作用。因此，根据中国的实际情况，在税收方面，中国应该继续完善与装备制造业相关的增值税和所得税政策。

鼓励装备制造企业自主开发高技术是国家核心发展战略的一项极其重要的任务。为此，国家颁布了鼓励企业自主创新的所得税优惠政策，如2006年发布的《财政部国家税务总局关于企业技术创新有关企业所得税优惠政策的通知》。依照税法规定，若企业开办初期有亏损，可以依税法规定逐年结转弥补，其获利年度以弥补后有利润的纳税年度开始计算。这对装备制造企业的创新创业有重要的激励作用。为了进一步鼓励装备制造业的自主创新，扩大政策的涵盖范围，还需对有关的税收优惠政策做进一步修订。

2. 制定完善装备制造企业的政府采购法规

政府是市场中最大的消费者，世界上的大多数国家都把政府采购市场留给本国企业。例如，美国1933年就颁布了有关优先购买美国产品的法规，其美国产品的标准是：在美国开采、生产或者制造的零部件价值占所有零部件价值或成本的50%。英国的法规要求政府部门和国营公司优先甚至必须从本国公司购买通信、计算机等设备；日本在振兴汽车和电子产业时，政府与公益团体的采购资金均投向本国汽车工业和电子工业，为本国工业提供市场机会。

因此，中国政府应该借鉴发达国家的经验，进一步完善中国政府采购的相关法律法规，把优先考虑采购本国创新技术和产品，鼓励和促进自主创新作为政府采购法规重要内容。按照《中华人民共和国政府采购法》的规定，以重大工程为依托，实行对国产设备的政府首购政策和订购制度，特别要优先采购具有自主知识产权的国产设备；通过政府采购的方式鼓励国内装备企业首台（套）国产设备进入市场并在竞争中发展壮大。

3. 降低国外装备制造企业的进入成本，促进中国装备制造行业的竞争

目前，外资企业进入中国除遵循《中华人民共和国公司法》之外，还要

符合《外商投资产业指导目录》的相关规定。各种审批程序使得外资企业进入比较困难。而装备制造行业是国家的战略性产业，对于外国的装备制造企业进入国内也设置了很多审批限制。因此，要通过采取相关便利的措施，提高相关政府部门的行政审批效率，降低外国装备制造企业进入中国的成本，吸引广大外资装备制造企业来华投资。由于外资企业进入后，先期的投入比较大，因此有时会裹足不前。相关政府要在严格审批的前提下，减少不必要的核准步骤和提高行政效率，提高外资装备制造企业进入的可能性。一旦外资装备制造企业进入中国，势必会给国内现有的装备制造企业形成一定的压力和增加行业的竞争，有压力才有动力，促使国内装备制造企业通过改进技术，增加投入等，努力提升自身的自主创新能力。

11.1.2　加强财政金融支持力度

装备制造企业自身属于投资比较大的企业类型，而进行自主创新更需要大量的资金投入作保障。因此，从政府层面加强对装备制造企业的财政金融支持就显得尤为重要。

1. 加大自主创新的科技投入，提高资金的使用效率

虽然中国在装备制造业上的科技投入逐年增长，但是与发达国家相比，仍存在很大的差距，无法满足装备制造业自主创新的需要，另外也缺乏明确的科技投入战略，资金使用不确定性较大。要提高装备制造业的自主创新能力，必须加大资金投入力度，将有限的财政技术创新资金投入到关键技术领域。首先加大对装备制造业技术创新、引进技术的消化吸收和技术改造的财政补贴。设立装备制造业专项发展资金，专门用于重要技术研究开发补助，共性技术研究开发补助，参与官、产、学合作开发项目补助，对国家重点技术领域和重大研究开发项目、技术改造项目以及高精尖产品生产环节的流动资金贷款贴息。其次政府应进一步健全科技投入机制，加大财政对科技的投入力度，确保科技研发经费投入的增长，调整投入结构，加大对基础研究、前沿高新技术研究的支持，加强对科技经费的合理配置和监督，提高资金使用效益和效率，提高和增强中国自主创新能力。

2. 完善装备制造企业的信用担保体系和融资政策

装备制造业自主创新项目具有“投入高”“周期长”和“风险大”等特点，导致商业银行不愿提供贷款和投资者不愿投资的情况出现，创新项目融资非常困难。中国现在的融资环境已经得到很大的改善，但与发达国家相比，还

是有很大的差距。因此，中国政府实施金融融资政策的主要目的就是为装备制造企业与银行等金融机构之间搭建桥梁，增加双方合作的信用保障。通过完善相关企业的贷款担保体系，为企业提供公平的融资环境，以解决装备制造企业融资难的问题。我们认为可以从以下三个方面入手解决这个问题：一方面由政府带领建立企业创新融资“融资通道”，对装备制造企业用于自主创新的资金申请采取降低门槛、简化程序、缩短时间、减少费用等政策；一方面要建立担保机构风险准备金制度，根据业务量的比例提取准备金冲抵坏账损失；另一方面改善自主创新的资本市场环境，政府应建立一套多层次的融资体系，这就需要建立健全包括科技创业服务体系、科技融资体系，加快发展创业风险投资，支持创新型企业股票上市，多渠道解决企业尤其是中小企业融资难的问题；再次，国内金融机构尤其是政策性银行，应积极开发多种金融产品，签订银企战略合作协议，为装备制造企业自主创新提供更多、更好的金融服务。

11.1.3　完善自主创新的社会中介服务体系

科技机构的作用不容忽视，它作为企业自主创新体系重要的信息交流平台，能最大限度节省企业的时间成本和资源。科技中介是科学技术与经济相互联通的桥梁，能够使科学技术作为生产要素进入市场，从而推动技术进步和经济发展。

1. 加强公共研发机构建设，提升其科技创新的产出效率

对于国内的中小装备制造企业而言，由于企业规模、资金、技术力量等多方面因素的影响，企业可能没有自身独立的研发机构。因此，要提高整个行业的整体创新能力，需要建立公共研发机构来向行业提供共性技术，扶持创新能力不足的中小企业。围绕“政府引导、市场运作、统筹规划、分布实施、整合集成、共建共享、围绕产业、支撑发展”的原则，以提高产业自主创新能力和增强核心竞争力为目标，建设为装备制造企业服务的公共研发机构，以此来实现行业重大关键技术或共性技术的攻关，破解技术难题。另外，公共研发机构在进行科研攻关时，要把握整个行业对创新的要求，尽量集中力量解决关键技术难题。

2. 加快建设自主创新的产权交易市场

技术产权交易市场是装备制造业自主创新的重要延伸，它不仅肩负着发展和繁荣技术市场的使命，同时还肩负着促进高新技术与资本对接、促进装备制造企业快速全面融入资本市场的使命。技术产权交易市场的繁荣和发展对促进

科技创新，建立以企业为主体，市场为导向、产学研结合的技术创新体系起到了突出的纽带作用，对企业自主创新有着积极的推动作用。1999 年 12 月上海市技术产权交易所正式成立，为中国技术产权交易市场的形成和发展起到积极的示范和带动作用，目前全国已建立技术产权交易机构 40 多家。随着经济和社会的发展，要求技术交易市场等中介服务机构提供更便捷、高效的服务，对技术产权交易机构提出更高的要求。因此，大力发展技术产权交易市场，对促进装备制造业自主创新和科技创业，具有深远的意义和影响，为企业的自主创新提供了良好的发展条件。

3. 搭建创新创业平台，吸引和激励创新创业型人才

要提高装备制造业自主创新能力，首先，应加快高层次创新团队的培育和建设，充分发挥院士的吸引、聚集、培养高层次人才不可替代的作用，不断壮大高端人才队伍，加快培养造就一批具有较强创新能力的科技领军人物；其次，完善激励人才创新创业机制，鼓励技术、管理等生产要素参与收益分配，探索高级经营管理人员、骨干技术人员年薪制，支持实行期权、期股奖励和企业年薪制度，允许科技人员提取所完成的省级科技开发类项目经费的一定比例作为劳务费，鼓励高校、企业、科研机构的人员在合作研发项目和科技成果产业化期间交流兼职，允许兼职人员兼职兼薪；最后，健全和完善引智政策，对带高技术成果来实施产业化或从事高新技术项目研发的高层次人才要开辟绿色通道，不受编制、工资总额、户口等限制。

11.1.4　全面推动产学研三螺旋自主创新模式的实现

生产与科研的脱节是制约装备制造业自主创新提升的重要因素。要提高装备制造企业的整体创新能力，提升其在国际市场中的竞争力，获得持久的生命力，必须将生产和科研紧密在一起，加强企业与高等院校和科研机构间的技术合作与技术交流。只有面向产业的高校才具有活力，只有依托高校的企业才会有生命力。我们应该借鉴国内外先进经验，从以下几个方面加强产学研合作机制，提高装备制造业自主创新能力。

1. 加强官产学研四维互动，加大技术人才的培养力度

大力引进装备制造业急需的各种人才，建立多层次的装备制造业研发设计和管理人才培养体系，加强官产学研四维互动，通过实行资金技术入股、提高薪酬等灵活政策措施，吸引国内外高水平专业技术人才；同时整合大专院校、科研机构，使其与企业的技术人才实现共同研究、良性互动和相互促进；依托

职业技术院校，整合培训资源，大力发展包括高职、职高在内的职业技术教育，培养大批装备制造业急需的软件“蓝领”、数控设备操作工等高级技工人才。

2. 营造有利于产学研合作发展的环境

实行政企分开，注重培育技术、人才和资金市场，培育产学研合作的利益主体；建立装备制造企业与科研院所、地方高校的产学研利益共同体，完善以市场为导向的研发体系和开放的产学研合作机制，形成以装备制造业为主体的高效互动的技术创新平台；加大对基础性研究和重大科技成果攻关的持续投入和重点扶持，推进科研管理制度的改革并为产学研合作创新建立保障体系，达成产学研相互支撑的有机联合体。

3. 鼓励企业与高等院校等科研机构建立校企合作委员会

这是产学研合作的较高层次，是指高校与装备制造企业成立校企合作委员会，专门负责推动校企间的科技合作，使高校与企业之间建立起科学合理、优势互补的合作关系。作为科技成果转化的重要基地，它可以是各种形式的联合实验室、研究开发中心。通过高校与装备制造企业共建技术中心和科技成果转化基地，不仅建立技术成果由高校向企业转移的渠道，而且整合学校与企业的人才、技术装备和研发经费等资源，实现产学研一体化，最终形成科技创新合力，为传统产业改造提供强有力的技术支撑。

11.1.5 构建共性技术创新和集成创新平台

1. 加强共性技术创新平台建设

科技体制改革后，原有的产业部门研究所全部转制为企业，产业共性技术研究形成“缺位”。在中国社会主义市场经济体制还未完善、企业技术创新机制还未根本改变、广大中小型企业自主开发能力较弱的情况下，多数企业无力支持共性、基础性及前瞻性技术的研发，这时就需要充分发挥政府的作用。首先根据中国重点培育自主知识产权的技术装备目录，有计划、有步骤地加强国家重点实验室、工程技术研究中心、行业科研院所等共性技术研究开发平台的建设，创建一支高水平和精干的研究队伍，重点承担产业原创性技术、共性技术及战略性关键技术的研究开发。其次确定一批对经济发展带动性强、产业关联度大的装备制造业领域，集中力量开展产学研联合攻关，力争攻克和掌握一批能形成产业核心竞争力的、具有自主知识产权的产业共性技术和关键技术，并实现产业化和形成一批国际竞争力强的产业。最后，我们可以借鉴发达国家的成功经验，积极利用全球技术资源，通过对国内外特别是发达国家现有成熟技术的自主集成创新和系统开发，形成具有自主知识产权的创新成果和集成技术，构建共性技术创新平台。

2. 发挥集成创新平台的作用

坚持自主创新并不意味着自己去创新所有的单项技术，那样必须投入大量的研发资金。在当今科技高度分化又高度综合的时代，现代产业技术往往体现出技术链特征，相关技术集成创新的效益及其所带来的竞争优势会大大超过单项技术的突破。装备制造业是多项技术集成的产业，其自主创新的成败更是取决于技术的集成创新和技术链的整体突破。因此，我们可以借鉴日本、韩国等国家的成功经验，积极利用全球技术资源，通过对国内外特别是发达国家现有成熟技术的自主集成创新和系统开发，形成具有自主知识产权的创新成果和集成技术，开拓新的市场空间。

11.1.6　加强知识产权保护

知识产权制度是保障、促进自主创新和实现国家技术发展战略的重要工具，其实质在于保护创新者的利益和积极性，促进技术合理、有偿地扩散，促进自主创新。加强知识产权保护对提高装备制造业自主创新能力至关重要，要充分认识保护知识产权的重要意义。经过 20 多年的努力，中国在知识产权保护方面取得了显著成绩，但知识产权意识仍薄弱，侵犯知识产权的行为依然存在，经济全球化和科技的日新月异使知识产权保护面临新的挑战。

1. 坚持完善知识产权法律体系

首先要完善知识产权保护的法律制度，健全知识保护体系，营造有利于装备制造业自主知识产权产生与转移的良好法治环境。其次要加强装备制造业知识产权保护力度。知识产权保护就是要保护知识创造者和拥有者的合法权益，是知识产权制度的核心。要加强执法，做到有法必依、执法必严、违法必究，进一步加大对侵犯知识产权行为的查处和打击力度，严厉制裁违法行为；另外还要加强宣传教育，培养全民的知识产权保护意识。

2. 加大知识产权工作的投入

加快装备制造业专利事业的发展需要各方面的支持和配合，除了政策，也还需要一定的资金投入，要使专利事业的发展更好地适应形势发展的要求，必须加强体系建设和能力建设，提高专利工作的综合能力和整体水平。装备制造业专利工作综合能力和整体水平的提高，除了专利管理机关要进一步综合运用法律和必要的行政手段外，经济手段也是必不可少的。各地专利管理部门应积极争取当地政府和财政部门的支持，建立自己的专利发展资金，以支持本地区相关专利工作的开展。

11.2 行业层面的对策

提高装备制造业自主创新能力必须对现有装备制造企业的生产能力和科研能力进行整合，要充分发挥装备制造行业中各种力量的作用。

11.2.1 充分发挥行业服务系统的功能

1. 制定行业创新引导机制

行业中各大装备制造企业在自身利益的需求或者其它因素的驱动下，为了建立自己的优势而进行技术创新，这虽然在一定程度上促进了行业的技术创新，但由于一味拼技术创新，从长远来看，这会对行业内的企业形成一定内耗。而且这种各自为战的创新，使国家或者行业急需解决的重大技术问题不能得到很好的解决。因此，在装备制造行业中要建立行业创新引导机制，引导行业中的企业集中力量专攻国家或者行业急需解决的重大技术问题。这样才能真正形成装备制造企业的竞争优势。

2. 建立装备制造行业信息平台，促进行业知识的有效流动

当前，装备制造业正向全面信息化方向迈进，产品和技术发展以及系统管理方法不断高技术化、高附加值化、智能化、系统化、集成化和网络化，网络化制造已成为装备制造业重要的发展趋势。中国装备制造业信息化推进应本着“应用为本，效益第一”的原则，先立足单元技术，逐步完善技术数据，然后过渡到局部集成阶段，最后达到全面集成。同时选择技术水平国内领先、市场需求量大、规模化生产的装备生产企业进行信息化制造试点，逐步向先进制造企业迈进。充分利用先进的网络技术搭建为装备制造业发展服务的信息平台，以便市场信息和科技信息进行交流沟通，从而促进中国装备制造业整体水平的发展。

11.2.2 建立有序的行业竞争环境

建立有效的行业竞争环境，使装备制造企业能够在行业中形成有效竞争，提高装备制造企业的运作效率：一方面，完善市场规则，规范市场秩序。在垄

断较为突出的行业加快引进公平竞争机制，做好商会与行业协会法的修改论证工作，规范行业协会，加强行业自律，维护市场秩序，真正发挥行业协会在政府与企业之间的桥梁和纽带作用。另一方面，加强价格竞争行为的监督和管理。对市场上出现的不正当价格竞争进行严厉的打击，完善宏观调控下由市场形成价格的机制，健全政府价格决策听证，专家评审、集体审议和重要商品与服务成本监审等制度，加强价格和收费的监管。

11.2.3　组建装备制造企业集团

在经济全球化、国际跨国公司大举进入中国市场的情况下，中国企业如果不能做大做强，则在国际交换和国际分工中将面临被边缘化的威胁。中国装备制造企业规模与发达国家相比仍存在很大的差距。装备制造业的高研发支出决定装备制造企业的发展需要一批大规模的企业集团。

1. 鼓励扶持装备制造企业跨行业、跨区域兼并重组

消除妨碍装备制造企业进行组织结构调整的各种障碍，形成具有竞争力的产业组织结构和企业规模结构。鼓励扶持装备制造企业按照市场规则实行横向兼并、纵向兼并和混合兼并，不断扩大企业规模，提高装备制造企业的国家竞争力；经过企业组织结构调整，形成以大企业为主导，中小企业合理分工、有机联系、协调发展的格局；以优势企业为龙头，推进跨行业、跨地区、跨所有制重组，提高产业集中度，实现更大范围内的资源优化配置和专业化分工，逐步形成具有工程总承包、系统集成、国际贸易和融资能力的大型企业集团。

2. 加大对装备制造企业上市的支持力度

首先积极引入高科技风险投资机制，改进风险投资运行机制，实现风险投资的企业化运营，在发挥政府风险投资资金的导向作用的同时，引导企业和民间风险资本投入装备制造行业；其次支持条件比较成熟的装备制造企业在国内主板和中小企业板上市。推进中小企业板制度创新，缩短公开上市辅导期，简化核准程序，加快中小装备制造企业上市过程；进一步完善创业板；逐步允许具备条件的装备制造企业进入证券公司股份代办转让系统进行股份转让。

11.2.4　保障集群式自主创新模式的运行

装备制造业自主创新模式中最为突出的是产业集群的创新模式。因此，要想提升中国装备制造业自主创新能力，需要装备制造行业协会发挥主动积极作用，推动各类地方机构对区域技术创新的参与，为装备制造业集群的技术扩散

营造通畅的渠道，并对集群内制造企业研发和自主创新建设大力支持。

1. 建立知识共享平台和交流平台

在集群内部建立以制造企业为主导的知识共享平台和装备制造业集群主体要素交流平台是实现产业集群自主创新重要的条件之一，通过知识共享平台和交流平台的搭建，推动区域内以市场为基础的知识和人力资源流动和技术的扩散，推动产业技术创新的发展。

2. 发挥装备制造行业竞争-合作关系，形成优势互补的产业集群

由于各装备制造企业生产的产品相似，相互之间存在一定程度的竞争，同时各企业均有自己的优势产品和技术专长，存在优势互补的可能性和内在动力。因此明确竞争与合作的相互关系，形成优势互补的集群式发展是实现中国装备制造业集群自主创新模式的实现形式之一。

3. 加大研发资金投入，获得其他商业服务支持

装备制造业集群式自主创新的发展离不开集群内企业自身对自主创新的投入和对技术的追求，反过来，集群内企业自主创新的提升更是不能脱离产业集群面临的环境和服务的支持。在获得政府的支持后，需要集群的整个体系加大对资金的投入，并发挥集群的整体优势，获取商业服务的其他支持，为进一步提升集群内自主创新提供源源不断的动力。

11.2.5 构建产业战略联盟

装备制造企业要提高自主创新能力，提高产业在国际市场上的竞争力，需要某些补充优势，而战略联盟是达成该目的的有效途径。战略联盟可以不需要单个装备制造企业投入大量资金，既节省了时间，又可获取市场上最好或最适合自己的能力，已经成为企业制定发展战略中必不可少的一部分。

1. 积极参与国际战略联盟，实行跨国企业重组

真正的企业战略联盟需要满足三个条件：战略联盟内部企业地位平等，企业的核心竞争力互补，各企业保留自己的独立运作。战略联盟打破了企业间传统的经营边界，通过股权参与或契约安排的方式使企业借助联盟伙伴的力量增强竞争优势。目前，中国装备制造业尚处于跨国经营的起步阶段，企业规模小，技术水平低，缺乏国际化管理经验，这些阻碍着中国装备制造企业的国际化经营。面对汹涌澎湃的全球化浪潮，中国装备制造企业必须加“盟”入“网”，并尽快地转向全球战略。在变幻莫测的外部国际环境中，与西方跨国

公司在某些领域结成联盟，对于提高中国企业的国际竞争力具有非常重要的现实意义。

2. 积极发展知识联盟，提升企业的自主创新能力

通过缔结以知识学习或创造为中心的知识联盟，不仅可以获得其他企业的隐性知识，又能与其他企业合作创造新的交叉知识，更新企业自身的核心能力，从而增强企业的竞争优势。同时知识联盟能适时调整联盟各成员的关系，促进企业间价值观和文化的融合，推动企业自主创新。但是在知识联盟中，企业间知识的流动不再只由优势地位的企业单一向处于劣势地位的企业输送，而是呈现出双向流动或多向流动的特征。因此中国装备制造企业应不断积累自身的特异知识，在知识流动中建立持久的联盟伙伴关系，在相互合作中创造新的知识。

11.3　企业层面的对策

增强中国装备制造业自主创新能力，除了政府提供一定的政策和外部环境支持外，更多的还是依靠企业自身的不断努力。

11.3.1　确定企业自主创新的主体地位

要提高中国装备制造业的自主创新能力，关键是要提高本土企业的创新能力，真正确立企业在自主技术创新中的主体地位，使企业成为技术创新的决策主体、投资主体、研究开发的主体、创新利益的分配主体和科技成果转化的主体：首先，装备制造企业应该明晰产权，建立有利于提高装备制造业自主创新能力的技术创新激励规则和秩序；其次，装备制造企业应加大对自主创新的投入力度，不完全依靠引进企业外或国际先进技术，而是调整人力和财力投入的结构，实现从模仿创新、合作创新到自主创新的过渡，提升装备制造业的国家竞争力；最后，装备制造企业之间应加强技术创新的合作，各个企业之间的合作有助于形成产业集群，既能分担风险、减轻资金压力，又能在人力和技术上实现互补，并使企业更了解市场，及时提供适应市场需求的差别化产品和新产品，实现产品创新和市场创新。

11.3.2　合理选择自主创新模式

装备制造企业应从中国的实际情况出发，选择合适的自主创新方向和创新

模式，推动装备制造业自主创新的发展。自主创新是一个复杂的过程，技术的综合性和集群性越来越强，单个企业完全依靠自身能力取得技术进展越来越难。因此装备制造企业间可以通过合作创新提高自主创新效率，实现资源共享和优势互补。

1. 积极开展合作研发

合作研发可以分为校企合作研发与企业之间的合作研发、国内合作研发与国际合作研发等。装备制造企业通过合作研发有利于降低研发成本，分散投资风险；有利于实现技术设备、科技人才等研发资源互补，缩短研发周期。针对中国不少企业资金不足和科技人才紧缺的情况，采取合作研发既能融资又能掌握核心技术，是企业的重要研发组织形式。

2. 加强技术收购力度

中国装备制造企业可以根据经济发展实际，收购世界品牌企业的尖端技术，实现技术转型。通过收购获得核心技术并加以消化吸收再创新，是提高自主创新能力的一条便捷途径。

3. 建立企业技术研发联盟

当今的技术进步非常迅速，研发的复杂性随之增加，需要投入的人力、物力、财力也要求较大。研发的复杂性使得研发的风险性增加，仅靠单个企业的力量不足以承担全部费用和风险，为了分散风险就需要选择研发的战略伙伴，进行共同研发，组建技术研发联盟。组建这种联盟也能使各个参与企业集中优势力量对技术难题进行攻关。

11.3.3 积极促进引进—消化吸收—再创新模式的实现

目前，中国装备制造企业在技术引进上投入大量资金，但实际上由于发达国家对核心技术的垄断，中国企业通常只能买到国外企业淘汰的技术。面对日益激烈的国际竞争，中国企业一开始就处于不利地位。所以，中国企业应该克服“重引进轻消化再创新”的观念，积极重视对引进技术的消化、吸收和创新。

1. 加强对国外先进技术的吸收和再创新

装备制造企业通过对引进技术的消化吸收，在国外先进技术的基础上进行再创造，节省大量研发费用，同时站在巨人的肩膀上进行学习再创造可能产生更高的效率。中国装备制造企业应当加强对国外先进技术的吸收工作，对引进来的技术进行二次创新，或者与用户、设计机构、配套企业进行联合消化吸收，加快技术的开发速度。

2. 完善自主创新体制机制，开发企业的核心技术

中国装备制造业企业要坚持先进技术引进和消化、吸收、创新相结合，从体制机制入手，克服重引进、轻消化吸收的现象，充分利用国外先进技术资源，依托重大工程项目，培育自主创新能力，开发具有自主知识产权的核心技术。

3. 企业应加大科研合作创新，提高原创技术的开发能力

中国装备制造企业可以加大与科研院所、地方高校的合作，整合科技资源，实行产、学、研相结合，提高原创性技术和产品的研究开发能力，创造具有自主知识产权的技术和产品。

11.3.4　重视培养和引进高端人才

装备制造业的竞争最终是人才的竞争，必须把培育富有创新能力的各类人才放在首位，作为发展先进生产力、打造“中国制造”新优势的重中之重。

1. 处理好引进人才与现有人才的关系

积极引进高端技术人才，建立有效的产权激励机制，提高装备制造企业高端人才的创新动力。同时建立培训基金，跟随国际装备制造产业发展步伐，及时对现有员工进行教育培训，培养员工的创新意识，提高员工的持续竞争力，激发员工的主观能动性，促进装备制造企业创新的发展。

2. 处理好吸引人才与留住人才的关系

要改变装备制造企业人才重引进、轻管理的现象，帮助引进人才加快适应新的环境，并在工作和生活等方面给予持续的关心。同时也要防止装备制造企业引进人才只流进不流出的现象，让人才在流动中保持稳定，使人才队伍始终充满活力。

3. 处理好关心领军人才与关心创新团队的关系

在对装备制造企业领军人才给予各方面关心和支持的同时，也要关注领军人才所带领的队伍，加强对装备制造企业创新团队的投资，真正赋予领军人才驾驭团队的相应资源，为领军人才不断拓展事业提供保障。

11.3.5　建立科学合理的人才激励系统

建立科学合理的装备制造企业内部激励机制，是激发科技人才创新热情的

重要制度保障，如鼓励研发人员进行研发活动、对研发的成果在经济上予以重奖、研发人员拥有相应的研发专利股权等。

1. 改革企业内部分配制度，营造良好的内部激励机制

要从装备制造企业内部分配制度改革入手，营造良好的内部环境，完善对自主创新人员的激励机制。尤其要做好对研发人员的激励，形成有利于优秀人才脱颖而出的激励机制和体制。

2. 从各个方面对企业创新人才进行综合激励

从社会保障、荣誉地位、经济收入等方面，对卓有贡献的装备制造企业创新人才进行综合激励。将科研人员的知识要素参与分配，根据对装备制造企业贡献的不同实行差别化的物质激励，将创新的风险、成果和创新的绩效挂钩，不遗余力奖励科技创新的功臣，更好地吸收院士、博士、硕士及海归人才，充实装备制造企业的科技创新源泉。

3. 建立多形式的创新机制，创造良好的创新环境

为了使装备制造企业科研人员更好地为企业发展服务，探索实施科技技术入股的方式，结合期权、股权等金融形式形成多方面的科技创新人才培养、使用和激励的市场创新机制；建立装备制造业创新基金，为创新人才更好地发挥实力创造良好的环境。

11.3.6 建立以企业技术中心为核心的自主创新体系

根据《中共中央关于国有企业改革和发展若干重大问题的决定》和《中共中央国务院关于加强技术创新，发展高科技，实现产业化的决定》精神，大中型企业要建立健全企业技术开发中心，加速形成有利于技术创新和科技成果转化的有效运行机制，建立企业技术中心对于中国装备制造业来说尤为重要。

1. 加快企业技术中心的建设步伐

装备制造企业技术中心建设要坚持“三个结合”：与企业技术创新体系的形成相结合，着力构筑市场、开发、生产、营销相互衔接、紧密配合的企业技术创新组织体系，使技术中心在其中发挥核心作用；与企业制度创新相结合，形成有效的市场激励机制，为技术中心建设与发展创造良好的外部条件和制度保证；与产业结构调整相结合，围绕结构调整开展技术中心工作，使技术中心在产品结构更新、产业技术升级和培育新的经济增长点中发挥重要作用。装备

制造企业要集中资金重点支持企业技术创新，切实加快技术中心建设发展步伐，加强超前研究开发，增加技术储备能力；重组后的行业性集团公司要充分发挥集团优势，在下属公司建立技术中心的基础上，本着资源整合、优化配置的原则加快建立集团公司技术中心。

2. 建立有效的企业技术中心组织体系

装备制造企业技术中心及企业技术开发体系的建立，要与企业的组织结构和发展规模相适应，兼顾企业的长、中、近期研究开发，逐步形成多层次相互衔接的技术开发体系，既为装备制造企业的长期发展形成技术储备服务，又为企业适应市场需求提供服务。企业技术中心要形成面向市场、充分调动内部资源、广泛利用外部资源的开放式运行机制，形成合理的决策程序、立项程序和管理程序，其主要职能是：技术中心要在深入分析和准确把握市场的基础上，重点做好支撑企业中长期发展需要的研究开发工作，特别要不断研究开发出有市场前景、有竞争力的新产品、新工艺、新技术，积极搞好引进技术的消化、吸收和创新，充分利用世界先进技术成果进行综合集成和应用开发，形成有自主知识产权的主导产品和核心技术。装备制造企业技术中心要具备技术和市场信息的获取、分析和判断能力，从技术机会和市场机会相结合的角度为企业技术创新决策提供咨询，并参与企业发展战略和承担技术创新战略规划的制定和实施。装备制造企业技术中心要建立有效的激励机制，吸引国内外的科技人才到企业技术中心工作，增强企业对科技人员的凝聚力，提高企业技术人员的整体素质。技术中心要对企业内其他层次的技术开发机构进行系统的指导、咨询、评价服务，使中长期研究开发工作与产品开发和商品化紧密结合，在企业技术开发体系中发挥核心作用。

参考文献

Ang, S. H.. Competitive Intensity and Collaboration: Impact on Firm Growth across Technological Environments [J]. Strategic Management Journal, 2008, 29 (10): 1057 – 1075.

Bae, Y . H.. Technological Development in Dram Industry in Korea [J]. In: Lee, K. (Ed), 1997, 7 (1): 90 – 101.

Capaldo, A.. Network Structure and Innovation: The Leveraging of a Dual Network as a Distinctive Relational Capability [J]. Strategic Management Journal, 2007, 28 (1): 585 – 608.

Carbonara, N.. New Models of Inter – Firm Networks within Industrial Districts [J]. Entrepreneurship & Regional Development, 2002, 14 (3): 229 – 246.

Carol A. Robbins. The Impact of Gravity – Weighted Knowledge Spillovers on Productivity in Manufacturing [J]. The Journal of Technology Transfer, 2006, 31 (1): 45 – 60.

Chun, Y. Tseng. Technological Innovation and Knowledge Network in Asia: Evidence from Comparison of Information and Communication Technology among six Countries [J]. Technological Forecasting & Social Change, 2009, 76 (2): 654 – 663.

Cohen, W. M., Levinthal, D. A.. Absorptive Capacity: A New Perspective on Learning and Innovation [J]. Administrative Science Quarterly, 1990, 35 (1): 128 – 152.

Dahlman E L. E.. Westphal. Managing Technological Development Lessons from Newly Industrial Countries [J]. World Development, 1987, 15 (6): 759 – 775.

Darren Filson. Product and Process Innovations in the Life Cycle of an Industry [J]. Journal of Economic Behavior & Organization, 2002, 49 (1): 97 – 112.

Dhanara, J. C.. Orchestrating Innovation Networks [J]. Academy of Management Review, 2006, 31: 659 – 669.

Dore, R.. Technological Indigenous Technical change in the Third World [D]. Technological Capability in the Third World, Macmilian, London, 1984.

Dorothy Leonard – Barton. Wellsprings of Knowledge: Building and Sustaining the Sources of Innovation [M], Harvard Business School Press, Boston, 1995: 334.

Eric H. Kessler, Paul E. Bierly and Shanthi G.. Internal VS. External Learning in New Product Development: Effects on Speed, Costs and Completive Advantage [J]. R&D Management, 2000, 30 (3): 213 – 223.

Erica, R. H. . Fuchs Rethinking the Role of the State in Technology Development: DARPA and the Case for Embedded Network Governance [J]. Research Policy, 2010, 39 (9): 1133 -1147.

Fransman, M. . Technological Capability in the Third World [D]. Technological Capability in the Third World, Macmilian, London, 1984.

Friedman, D. Evolutionary Games in Economics [J]. Econometrics, 1991, 59 (3): 637 -666.

Friedman, D. On Economic Applications of Evolutionary Game Theory [J]. Journal of Evolutionary Economics, 1998, 8 (1): 15 -43.

Furman, J. , Porter M. and Stern. S. The Determinants of National Innovative Capacity [J]. Research Policy, 2002, 31 (1): 899 -933.

Giselle R. , Pascale Q. , Indrit T. . Managing Innovation Networks: Exploratory Evidence from ICT, Biotechnology and Nanotechnology Networks [J]. Industrial Marketing Management, 2010, 39 (5): 793 -805.

Gopalakrishnan, S. and Sierly, P. . Organizational Innovations and Strategic Choices: a Knowledge Based View [M]. Academy of Management Best Paper Proceedings, 1997: 422 -426.

Dosi G. . Technological Paradigm and Technological Trajectories [J]. Research Policy, 1982, 11 (3): 147 -162.

Hekkert, M. P. , Suurs, R. A. , Negro, S. O. , Kuhlmann, S. , & Smits, R. . Functions of Innovation Systems: A New Approach for Analyzing Technological Change [J]. Technological Forecasting & Social Change, 2007, 74 (4): 413 -432.

Hofbauer, J. . Sigmund K. . Evolutionary Games and Population Dynamics [M]. Cambridge: Cambridge University Press, 1998.

John Bound, Clint Cummins, Zvi Griliches, Bronwyn H. Hall & Adam B. Jaffe. Who Does R&D and Who Patents? [M]. University of Chicago Press, 1984: 21 -54.

Julia, L. Lin, Fang, S. C. , Fang, S. R. , Tsai, F. S. . Network Embeddings and Technology Transfer Performance in R&D Consortia in Taiwan [J]. Technovation, 2009, 29 (11): 763 -774.

Katsundo Hitomi. Historical Trends and the Present State of the US Industry and Manufacturing [J]. Technovation, 2005, 25 (6): 673 -681.

Kevin, G. , Zheng Zhou, ChiKin Yim, David K Tse. The Effects of Strategic Orientations on Technology and Market Based Reek through Innovations [J]. Academy of Management Review, 2005, 69 (2): 223 -235.

Kim Linsu. Imitation to Innovation: the Dynamics of Korea's Technological Learning [M]. Harvard Business School Press, 1997.

Kokko. Foreign Direct Investment, Host Country Characteristics and Spillovers [M]. The Economic Research Institute, Stockholm, 1992.

Lee, K. & Lim, C. . Technological Regimes, Catching up and Leapfrogging: Findings From the Korean Industries [J]. Research Policy, 2001, 30 (3): 459 -483.

Leonard – Barton, Wellspring of Knowledge: Building and Sustaining the Sources of Innovation [M]. Harvard Business School Press, Boston, Mass, 1995.

Leydesdorff, L., Meyer, M.. Triple Helix Indicators of Knowledge – Based Innovation Systems: Introduction to the Special Issue [J]. Research Policy, 2006, 35 (10): 1441 – 1449.

Liu, U., White, S.. An Exploration into Regional Variation in Innovative Activity in China [J]. International Journal of Technology Management, 2001, 21 (1): 114 – 129.

Louis, H. Amato, Christie H. Amato. The Effects of Global Competition on Total Factor Productivity in U. S. Manufacturing [J]. Review of Industrial Organization, 2001, 19 (4): 407 – 409.

Maskell, P., Malmberg, A.. Localized Learning and Industrial Competitiveness [J]. Cambridge Journal of Economics, 1999, 23 (3): 167 – 185.

Mention, A. L.. Co – operation and Co – competition as Open Innovation Practices in the Service Sector: Which Influence on Innovation Novelty? [J]. Technovation, 2011, 31 (1): 44 – 53.

Micheal Hobday, M.. Innovation in East Asia: The Challenge to Japan [M]. Edward Elgar, 1995.

Miller, D. J., Fern, M. J.. The Use of Knowledge for Technological Innovation within Diversified Firms [J]. Academy of Management Journal, 2007, 50 (2): 308 – 326.

Miozzo, M., Dewick, P.. Networks and Innovation in European Construction: Benefits from Inter – organizational Cooperation in a Fragmented Industry [J]. International Journal of Technology Management, 2006, 27: 68 – 92.

Muniagurria, M. E., Singh, N.. Foreign Technology, Spillovers and R&D Policy [J]. International Economic Review, 1997, 38 (2): 405 – 430.

Shapiro, M.. Innovation: A Blueprint for Surviving and Thriving in an Age of Change [M]. McGraw – Hill, 2002.

Nijhof, A., Krabbendam, K. and Looise, J. C.. Innovation through Exemptions Building upon the Existing Creativity of Employees [J]. Technovation, 2002, 22 (11): 675 – 683.

Nonaka, I., Takeuchi, The Knowledge Creating Company [M]. Oxford University Press, Oxford, 1995.

Peter T. Ward, Rebeeca Duray. Manufacturing Strategy in Context: Environment, Competitive Strategy and Manufacturing Strategy [J]. Journal of Operations Management, 2000, 18 (1): 123 – 138.

Phillip C. Nell, Björn Ambos, Bodo B. Schlegelmilch. The MNC as an Externally Embedded Organization: An Investigation of Embeddedness Overlap in Local Subsidiary Networks [J]. Journal of World Business, 2010, 28: 782 – 794.

Porter, M. E.. Clusters, Innovation, and Competitiveness [R]. Stockholm, Sweden: EU Conference on Innovation and Clusters, 2008.

Prahalad, C. K. and Hamel, G.. The Core Competence of the Corporation [J]. Harvard Business

Review, 1990, 3 (1): 16.

Raghu Garud and Praveen R. Nayyar. Transformative Capability: Continual Structuring by Intertemporal Technology Transfer [J]. Strategic Management Journal, 1994, 15 (5): 365 -385.

Rainer Anderdassen, Franco Nardin. I. . Endogenous Innovation Waves and Economic Growth [J]. Structural Change and Economic Dynamics, 2005, 16 (4): 522 -539.

Richard, C. M. , William, L. , Esther, P. Y. , Antonio, K. W. . Analysis of Sources of Innovation, Technological Innovation Capabilities, and Performance: An Empirical Study of Hong Kong Manufacturing Industries [J]. Research Policy, 2011, 40 (3): 391 -402.

Rosen, R. J. . Research and Development with Asymmetric Sizes [J]. Rand Journal of Economics, 1991, 22 (3): 411 -420.

Schacht, W. H. . Industrial Competitiveness and Technological Advancement: Debate Over Government Policy [M], Congressional Research Service, 1997.

Schmidt, T. . Absorptive Capacity—One Size Fits All? A Firm - level Analysis of Absorptive Capacity for Different Kinds of Knowledge [J]. Managerial and Decision Economics, 2010, 31 (1): 1 -18.

Teece, D. J. , Pisano, G. , Shuen A. . Dynamic Capabilities and Strategic Management [J]. Strategic Management Journal, 1997, 18 (7): 509 -533.

Tessa, V. , Maryse, M. , Govert, W. G. . Evaluating Innovation Networks in Emerging Technologies [J]. Technological Forecasting and Social Change, 2011, 78 (01): 25 -39.

Torre, A. . On the Role Played by Temporary Geographical Proximity in Knowledge [J]. Transmission Regional Studies, 2008, 42: 869 -889.

Ulrich Dolata. Technological Innovations and Serial Change: Transformative Capacity, Adaptability, Patterns of Change: An Analytical Framework [J]. Research Policy, 2009, 38 (6): 1066 -1076.

Veugelers R. , Cassiman B. . Make and Buy in Innovation Strategies: Evidence from Belgium Manufacturing Firms [J]. Research Policy, 1999, 28 (1): 63 -80.

Wan, D. , Ong, C. H. , Lee, F. . Determinants of Firm Innovation in Sing Aporel [J]. Technovation, 2005, 25 (1): 261 -268.

Weibull, J. . Evolutionary Game Theory [M]. Cambridge: MIT Press, 1995.

Wesley, M. Cohen & Daniel A. . Levinthal. Absorptive Capability: A New Perspective on Learning and Innovation [J]. Administrative Science Quarterly, 1990, 35 (1): 128 -152.

安东内利. 创新经济学：新技术与结构变迁 [M]. 北京：高等教育出版社，2006.

蔡锐，宋健. 装备制造业集群网络创新研究：基于模块化创新体系视角 [J]. 科学管理研究，2009 (02).

曹洪军等. 企业自主创新能力评价体系研究 [J]. 中国工业经济，2009 (9).

曹休宁，戴振. 产业集聚环境中的企业合作创新行为分析 [J]. 经济地理，2009 (8).

曹亚克，和金生．企业自主创新能力的模糊综合评价［J］．天津大学学报（社会科学版），2007（9）．
常慧．高新技术企业自主创新的法律保护机制［J］．科学学与科学技术管理，2011（08）．
陈爱贞．中国装备制造业自主创新的制约与突破——基于全球价值链的竞争视角分析［J］．南京大学学报，2008（1）．
陈春明，吴会玲，吴昕运．我国大中型工业企业自主创新能力影响因素研究［J］．经济纵横，2013（04）．
陈功玉，钟祖昌，邓晓岚．企业技术创新行为非线性系统演化的博弈分析［J］．南方经济，2006（4）．
陈继初．企业自主创新动力新模式研究［J］．求索，2010（5）．
陈佳贵，黄慧群，王延中，刘刚．中国工业现代化问题研究［M］．北京：中国社会科学出版社，2004．
陈劲．从技术引进到自主创新的学习模式［J］．科研管理，1994（2）．
陈琦．高技术企业自主创新战略形成的一个理论框架［J］．财务与金融，2010（4）．
陈伟．黑龙江省装备工业配套协作体系网络组织结构研究［J］．科技管理研究，2009（07）．
陈向东，胡萍．技术创新政策特点和效应的国际比较——以中、美、韩、法等国为例［J］．中国科技论坛，2003（3）．
陈越．我国装备制造业自主创新现状、问题及建议［J］．产业与科技论坛，2008（4）．
陈至立．加强自主创新促进可持续发展［J］．中国软科学，2005（9）．
程竹生．加快振兴我国装备制造业［J］．中国经贸导刊，2004（12）．
崔万田．中国装备制造业发展研究［M］．北京：经济管理出版社，2004．
戴卫明，佘时飞．集群企业技术创新能力评价分析［J］．商业时代，2010（16）．
邓文博，吴春尚．基于博弈分析的企业自主创新动力不足的原因分析与对策［J］．中国商贸，2012（06）．
邓晓红，徐中民，程怀文．基于 DEA 模型的甘肃省经济运行和环境管理效率评价研究［J］．冰川冻土，2009（31）．
窦红宾．网络结构、吸收能力与企业创新绩效——基于西安通讯装备制造产业集群的实证研究［J］．中国科技论坛，2010（05）．
杜靖．企业自主创新驱动力模式研究［J］．山西财经大学学报，2011（03）．
冯梅．我国装备制造业技术进步研究［J］．世界经济与政治论坛，2008（2）．
弗罗门．经济演化［M］．北京：经济科学出版社，2003．
傅家骥．技术创新学［M］．北京：清华大学出版社，1998．
高山行，徐新．企业自主创新五个视角的研究现状及分析［J］．科学学与科学技术管理，2008（9）．
高伟凯．我国装备制造业技术创新力的决定因素［J］．现代经济探讨，2010（4）．

高秀艳，蒋存虎．中国装备制造业产业安全问题分析［J］．经济纵横，2007（11）．
高远．安徽省制造业循环经济评价指标体系研究［J］．现代商业，2010（9）．
葛继平，林莉，黄明．信息化提升中国装备制造业国际竞争力的机理与路径研究［J］．工业技术经济，2010（6）．
郭思，曾刚，李刚．基于企业网络组织的上海临港装备制造业集聚效应研究［J］．经济地理，2011（02）．
郭振，脱兆真．美国、欧盟装备制造业技术创新政策分析及启示［J］．中国高校科技与产业化，2006（11）．
国家发改委重大技术装备办．日本加快装备制造业发展的政策和措施［J］．装备制造，2007（3）．
韩晶．基于模块化的中国装备制造业自主创新的制约与突破［J］．科学学与科学技术管理，2009（12）．
贺本岚，范秀荣．重庆、陕西、四川大中型工业企业自主创新能力综合评价［J］．工业技术经济，2008（27）．
亨利·埃茨科威兹．三螺旋［M］．北京：东方出版社，2005．
洪银兴．自主创新投入的动力和协调机制［J］．中国工业经济，2010（8）．
胡迟．论后金融危机时期我国制造业的转型升级之路［J］．经济纵横，2011（01）．
胡海波．产业自主创新能力评价指标体系构建及实证检验［J］．财经问题研究，2010（09）．
胡静寅．市场结构与我国装备制造业的自主创新［J］经济理论与经济管理，2009（12）．
胡军．德国的工业技术创新机制：鼓励中小企业创新［J］．科技管理研究，2000（2）．
胡兴军．金融危机下中国装备制造业的现状与发展［J］．中国重型装备，2009（3）．
黄宝中．高校技术创新评价指标体系设计研究［J］．科技创新导报，2007（34）．
黄凯南．个体能动性、社会结构约束与经济演化过程［J］．新政治经济学评论，2006（1）．
黄凯南．演化博弈与演化经济学［J］．经济研究，2009（2）．
纪晶华，许正良．发展战略性新兴产业的关键是实现自主创新［J］．经济纵横，2013（01）．
江辉，陈劲．集成创新：一类新的创新模式［J］．科研管理，2000（21）．
江剑，官建成．我国国防科技工业自主创新能力评价的内容及方法研究［J］．科技管理研究，2009（9）．
姜红．加快中国装备制造业发展的意义与对策［J］．边疆经贸周刊，2004（11）．
姜绍华．影响中国企业自主创新能力的关键因素与路径选择［J］．理论学刊，2010（5）．
蒋殿春．跨国公司与发展中东道国企业的技术创新博弈［J］．世界经济，2001（9）．
蒋文明．基于主成分分析法的我国制造业自主创新能力研究［J］．经济研究导刊，2008（2）．
解学梅，曾赛星．都市圈技术创新主体协同的演化博弈分析［J］．上海交通大学学报，

2009（9）.
金吾伦．当代西方创新理论新词典［M］．长春：吉林人民出版社，2001.
李柏洲，罗小芳．大型企业技术进步推动自主创新的实证研究［J］．科研管理，2013（01）.
李东华．从技术引进到自主创新——韩国技术跨越的路径分析［J］．全球科技经济瞭望，2007（6）.
李刚．企业自主创新的动力模型与机制研究［J］．科技管理研究，2008（10）.
李光红．校企合作创新的演化博弈分析［J］．科技管理研究，2007（8）.
李凯，李世杰．装备制造业集群耦合结构：一个产业集群研究的新视角［J］．中国工业经济，2005（11）.
李廉水．中国制造业发展研究报告 2009［M］．北京：科学出版社，2009.
李琳，韩宝龙．地理与认知邻近对高技术产业集群创新影响——以我国软件产业集群为典型案例［J］．地理研究，2011（9）.
李名子，丁堃．奇瑞的而开放式自主创新［J］．企业管理，2010（9）.
李乃文，曹志娟．基于全员生产维修的设备管理指标体系研究［J］．设备管理与维修，2010（5）.
李平，崔喜君，刘建．中国自主创新中研发资本投入产出绩效分析——兼论人力资本和知识产权保护的影响［J］．中国社会科学，2007（2）.
李文辉．基于 SEM 的科技型企业自主创新能力影响因素实证研究［J］．科技管理研究，2010（16）.
李毅．当前日本制造业的产业政策动向与制造企业的调整和变革［J］．日本学刊，2005（6）.
李毅．日本制造业自主发展过程中的技术创新研究：经济史的启示［J］．经济研究参考，2007（21）.
李佐军．借鉴创新型产业集群发展的国际经验［J］．对外经贸实务，2008（3）.
林聃，何林．大企业自主创新能力测度方法的选择研究［J］．经济师，2008（1）.
刘和东．企业技术创新动因的相关研究综述［J］．南京工业大学学报（社会科学版），2009（2）.
刘建翠．我国装备制造业的发展和自主创新能力分析［J］．统计与决策，2010（1）.
刘平．中国装备制造业国际竞争力研究［M］．北京：中国财政经济出版社，2006（1）.
刘平．主导产业选择视角下中国装备制造业的发展［J］．经济纵横，2004（7）.
刘友金，郭新．集群式创新形成与演化机理研究［J］．中国软科学，2003（2）.
刘忠，董海龙，田小飞．自主创新 300 问［M］．北京：知识产权出版社，2006（5）.
陆玉梅，田野．基于演化博弈的企业自主创新与模仿创新模式选择研究［J］．科技管理研究，2008（6）.
罗登跃．基于 DEA 的大中型工业企业自主创新绩效评价［J］．科技管理研究，2009（12）.

罗建原. 企业合作创新博弈中复杂性与演化均衡稳定性分析［J］. 当代经济管理，2009（11）.

马海涛，姜爱华. 促进科技成果转化与产业化的税收支持方式研究［J］. 税务研究，2010（8）.

孟浩，张继红. 应用型科研机构技术创新的综合评价［J］. 管理科学研究，2006（24）.

彭纪生，吴林海. 论技术协同创新模式及建构［J］. 研究与发展管理，2000（5）.

彭中文. 美、日、德制造业国际化经营比较及启示［J］. 经济纵横，2005（2）.

秦军. 科技型中小企业自主创新的金融支持体系研究［J］. 科研管理，2011（01）.

R·纳尔逊，G·温特. 经济变迁的演化理论［M］. 北京：商务出版社，1997.

芮有浩，许承明. 基于 DEA 模型的我国城市商业银行效率动态研究［J］. 南京财经大学学报，2010（2）.

施培公. 自主创新是中国企业创新的长远战略［J］. 中外科技政策与管理，1996（1）.

史丹. 振兴我国装备制造业的对策研究［J］. 经济研究参考，2006（36）.

史世伟. 德国国家创新体系与德国制造业的竞争优势［J］. 德国研究，2009（1）.

宋河发，穆荣平，任中保. 自主创新及创新自主性测度研究［J］. 中国软科学，2006（06）.

宋耘，曾进泽. 后发企业从模仿创新到自主创新的演化路径研究［J］. 现代管理科学，2007（5）.

孙冰，吴勇. 地区自主创新能力评价指标体系的构建——以大中型工业企业为实例的研究［J］. 科技与经济，2006（4）.

孙冰. 技术创新动因研究综述［J］. 华东经济管理，2010（4）.

孙冰. 企业自主创新动力机制及启示［J］. 科技管理研究，2007（10）.

孙斐，黄卉，辛江龙. 我国自主创新能力影响因素的实证研究［J］. 科技进步与对策，2010（2）.

孙恒有，张丽叶. 我国区域自主创新能力评价指标体系的构建——以河南省 18 地市为例［J］. 郑州大学学报（哲学社会科学版），2010（43）.

孙林岩. 全球视角下中国制造业发展［M］. 北京：清华大学出版社，2008.

谭开明，王宇楠. 财政政策支持中小企业自主创新的路径分析［J］. 技术经济与管理研究，2010（03）.

谭荣娟，阮娴静. FDI 影响珠三角装备制造业自主创新能力的实证研究［J］. 国际贸易问题，2009（6）.

谭荣娟，周泳宏. 珠三角装备制造业自主创新影响因素实证研究［J］. 国际经贸探索，2008（24）.

谭绍鹏，孙晓华，田晓芳. 我国重大装备制造业自主创新的制约因素与培育对策［J］. 科技管理研究，2009（11）.

唐春晖. 企业技术能力演化与技术创新模式研究［M］. 北京：中国社会科学出版社，2007

(10).
唐晓华，刘春芝. 装备制造产业 R&D 投入强度、创新动力及合作趋向研究［J］. 社会科学辑刊，2005（3）.
陶良虎. 湖北装备制造业竞争力研究［M］. 湖北：湖北人民出版社，2006.
田阳. 我国装备制造业企业原始创新动力研究［D］. 哈尔滨工业大学，2008.
涂光华，谌彦. 浅谈企业技术创新活动的评价［J］. 财经理论与实践（双月刊），2001（22）.
王恩旭，武春友. 基于 DEA 模型的城市旅游经营效率评价研究［J］. 旅游市场研究，2010（3）.
王贵荣，陈彤，王建军. 基于 DEA 模型的新疆乳制品企业效率评价研究［J］. 新疆社会科学，2010（2）.
王国跃，李海海. 我国装备制造业产业集群发展模式及对策［J］. 经济纵横，2008（12）.
王坚强，阳建军. 基于 DEA 模型的企业投资效率评价［J］. 科研管理，2010（31）.
王立军. 装备制造业技术引进消化吸收［J］. 管理天地，2008（2）.
王楠林. 当前技术创新中一些问题的反思［J］. 科技导报，2000（3）.
王萍，刘思峰. 基于熵值法的高新园区自主创新能力综合评价研究［J］. 科技管理研究，2009（7）.
王伟强，吴晓波，许庆瑞. 技术创新的学习模式［J］. 科技管理研究，1993（5）.
王章豹，吴庆庆. 我国装备制造业自主创新之问题透视与路径选择［J］. 合肥工业大学学报（社会科学版），2006（10）.
王章豹，徐橄巍. 高校科技创新能力综合评价：原则、指标、模型与方法［J］. 中国科技论坛，2005（2）.
王珍，梁秀霞. 科技型企业自主创新支持体系建构研究［J］. 科技管理研究，2010（12）.
王志. 国外装备制造业政策比较与借鉴［J］. 网络财富，2009（17）.
王志. 美、日、印装备制造业政策比较与借鉴［J］. 北方经济，2009（11）.
王忠辉，苏永明，李志强. 自主创新能力测度理论与方法［J］. 统计与决策，2007（22）.
王子龙. 中国装备制造业系统演化与评价研究［M］. 北京：科学出版社，2007.
王宗光，杨春雷，李军. 甘肃中小企业技术创新能力评价体系研究［J］. 商业时代，2008（9）.
魏江. 企业集群中的技术学习分工和知识流动［J］. 科学学与科学技术管理，2002（9）：93－96.
魏江. 企业技术能力：增长过程、机理与模式［D］. 杭州：浙江大学，1997.
吴佩，陈继祥. 自主创新模式下企业技术能力提升机理研究［J］. 科学学与科学技术管理，2011（04）.
吴庆庆，王章豹. 基于自主创新的我国装备制造业振兴策略研究［J］. 科技管理研究，2006（9）.

吴天宝. 中国装备制造业技术进步及其影响因素分析［D］. 合肥：合肥工业大学，2009（3）.

吴小珊. 浅析企业技术创新能力的综合测评［J］. 科技管理研究，2010（7）.

吴晓云. 我国各省区生产性服务业效率测度——基于DEA模型的实证分析［J］. 山西财经大学学报，2010（2）.

吴勇刚，李春燕. 我国装备制造业自主创新能力评价指标体系研究［J］. 重庆科技学院学报（社会科学版），2010（13）.

吴勇刚，李春燕. 我国装备制造业自主创新能力评价指标体系研究［J］. 重庆科技学院学报（社会科学版），2010（13）.

夏美霞. 我国装备制造业的现状和发展方向［J］. 机械制造，2004（42）.

夏阳，顾新. 产业集群的自主创新推进模式研究［J］. 科技进步与对策，2012（06）.

肖条军，盛昭瀚，程书萍. 纵向型企业集团R&D及其经济增长的博弈分析［J］. 管理科学学报，2002（5）.

谢识予. 经济博弈论（第二版）［M］. 上海：复旦大学出版社，2002.

谢伟，吴贵生. 技术学习的功能和来源［J］. 科研管理，2000（1）.

谢燮正. 科技进步、自主创新与经济增长［J］. 软件工程师，1995（5）.

熊彼特·约瑟夫. 经济发展理论［M］. 北京：商务印书馆，1991.

徐珂，赵国春. 我国社会保障支出水平与效率评价——基于DEA模型［J］. 广西经济管理干部学院学报，2010（22）.

徐雷. 试论促进我国装备制造业自主创新的最优对策选择［J］. 软科学，2010（9）.

徐磊，向永胜. 多重网络嵌入对集群企业创新能力的作用［J］. 经济地理，2012（12）.

许庆瑞，毛凯军. 论产业集群中的龙头企业网络组织企业网络和创新［J］. 研究与发展管理，2003（4）.

许庆瑞，谢章澍. 企业创新协同及其演化模型研究［J］. 科学学研究，2004（3）.

许庆瑞. 研究、发展与技术创新管理［M］. 北京：高等教育出版社，2000.

阳毅，游达明. 产业集群创新中行业协会的构成体系与运行机制［J］. 经济地理，2012（5）.

杨水旸. 自主创新的理论基础和基本模式探讨［J］. 工业技术经济，2005（7）.

姚德明，王桂琴. 装备制造业人力资源现状、问题及对策研究——以上海电气集团为例［J］. 现代管理科学，2007（12）.

叶中华，赖先进. 美国先进技术计划（ATP）评估中的工具创新研究［J］. 科学学与科学技术管理，2010（3）.

易余胤，盛昭瀚，肖条军. 企业自主创新、模仿创新行为与市场结构的演化研究［J］. 管理工程学报，2005，19（1）.

易余胤，肖条军，盛昭瀚. 合作研发中机会主义行为的演化博弈分析［J］. 管理科学学报，2005（4）.

易余胤．企业技术创新投资行为的演化博弈分析［J］．科技进步与对策，2009（2）．
于鹏飞，李锐，郗敏，孔范龙．基于DEA模型的国内各地区节能减排效率研究［J］．环境科学与管理，2010（35）．
郁培丽．产业集群技术知识创新系统演化阶段与路径分析［J］．管理学报，2007（4）．
原磊，常丽萍，赵红．企业自主创新路径——基于演化范式的分析［J］．科技情报开发与经济，2008（18）．
岳琪琳．比较优势演化中的河北省装备制造业升级路径与对策［J］．经济论坛，2010（7）．
曾德明，张运生，陈立勇．高新技术企业内外部学习的契合机制研究［J］．软科学，2003（6）．
曾德明，张运生．高新技术企业内外部学习策略选择对R&D绩效影响的比较分析［J］．科学管理研究，2003（10）．
张保胜．装备制药业自主创新能力的统计分析［J］．统计观察，2007（8）．
张炳发，张艳艳．基于居民感受的城市品牌评价指标体系构建［J］．决策参考，2010（9）．
张钢，陈劲，许庆瑞．技术、组织与文化的协同创新模式研究［J］．科研管理．1997（2）．
张建鹏，石雨，张建敏．中国装备制造业的国际化战略分析［J］．区域经济与产业经济，2010（13）．
张明辉，赵玲玲．河北省装备制造业自主创新能力评价研究［J］．职业圈，2007（20）．
张默含，丁占文，杨宏林．两类企业博弈合作策略选择的演化分析［J］．统计与决策，2007（73）．
张青山，刘明．我国装备制造业实现跨越式发展的战略思考［J］．中国软科学，2001（10）．
张青山，刘明．我国装备制造业实现跨越式发展的战略思考［J］．中国软科学，2001（10）．
张世龙，崔娜，马尚平．技术突变下企业自主创新战略定位方法研究［J］．科技进步与对策，2012（02）．
张威．中国装备制造业的产业集聚［J］．中国工业经济，2002（3）．
张威．中国装备制造业的产业集聚［J］．中国工业经济，2002（3）．
张炜，杨选良．自主创新概念的讨论与界定［J］．科学学研究，2006（6）．
张燕．加快发展我国装备制造业自主知识产权问题研究［J］．中国科技论坛，2007（6）．
赵晓庆．技术学习的模式［J］．科研管理，2003（3）．
甄美荣，彭纪生．中国开发区技术创新能力评价指标体系构建［J］．中国发展，2010（10）．
郑健壮，潘虹．产业集群自主创新环境评价指标体系的构建［J］．改革与开放，2009（3）．
郑慕强，徐宗玲．国际技术溢出能否提升创新型企业自主创新［J］．财经科学，2013（02）．
郑雨．战后日本技术创新模式评析［J］．科技与管理，2006（5）．

支军，王忠辉．自主创新能力测度理论与评估指标体系构建［J］．管理世界，2007（5）．

中冈哲郎．近代日本的技术与技术政策［M］．北京：东京大学出版社，1986：78．

中国社会科学院工业经济研究所．中国工业发展报告 2006［M］．北京：经济管理出版社，2006．

周寄中．关于自主创新与知识产权之间的联动［J］．管理评论，2005（11）．

周文光，黄瑞华．企业自主创新中知识创造不同阶段的知识产权风险分析［J］．科学学与研究，2009（06）．

周亚虹，贺小丹，沈瑶．中国工业企业自主创新的影响因素和产出绩效研究［J］．经济研究，2012（05）．

周志丹，李兴森．企业自主创新的可拓创新模型构建与应用研究［J］．科学研究中，2010（08）．

朱高峰．全球化时代的中国制造［M］．北京：社会科学文献出版社，2003．

朱建新，冯志军．高新技术企业自主创新环境要素构成及测度研究［J］．科学学与科学技术管理，2009（08）．

朱孔来．创新、自主创新、自主创新能力相关理论研究［J］．山东工商学院学报，2010（10）．

朱涛．企业自主创新的动力机制及模型构建［J］．科技管理研究，2009（9）．

庄宗明，孔瑞．美国制造业变革的特征及其影响［J］．世界经济，2006（3）．